Brigid McConville, 1956 geboren, ist die älteste von vier Schwestern; sie hat auch noch zwei ältere Brüder. Bevor sie freie Journalistin wurde, absolvierte sie das Trinity College in Dublin. Später zog sie nach London, wo sie begann, für zahlreiche Zeitungen und Magazine zu schreiben. Brigid McConville hat eine Tochter, Maeve.

Deutsche Erstausgabe 1987

Titel der Originalausgabe »Sisters. Love and Conflict within the Lifelong Bond«

Umschlaggestaltung Adolf Bachmann, Reischach
Umschlagfoto Manus/Mauritius
Satz Compusatz GmbH, München
Druck und Bindung Ebner Ulm
Printed in Germany 5 4 3 2 1
ISBN 3-426-03866-8

Brigid McConville:
Schwestern zwischen Haß und Liebe

Aus dem Englischen von Gabriele Jahn

Knaur

In Liebe gewidmet meinen Schwestern
Fran, Lucy und Emily McConville
und meinen Brüdern Tom und Harry

ISBN 3-426-03866-8 880

Danksagung

Ich wünschte, ich könnte allen Schwestern, die dieses Buch möglich machten, namentlich danken. Ihrer Offenheit, ihrer Großzügigkeit und ihrer Bereitschaft, ihre Beziehungen zu erforschen, verdankt es seine Überzeugungskraft. Viele der Frauen haben Themen angerührt, über die sie nie zuvor gesprochen haben, und ich kann ihr Vertrauen nur dadurch erwidern, daß ich ihre Anonymität bewahre. Sie aber wissen, wer sie sind, und ihnen allen gilt mein Dank.
Alle Namen und die meisten Einzelheiten, die eine Identifizierung ermöglichen, wurden geändert. Dennoch habe ich versucht, den persönlichen Lebensumständen jeder einzelnen Frau treu zu bleiben, einschließlich ihres Alters und ihrer Art zu leben. Über fünfzig Schwestern haben durch ihre Gespräche einen Beitrag zu diesem Buch geleistet, die meisten sprachen alleine mit mir, einige jedoch kamen auch gemeinsam und sprachen miteinander oder nacheinander. Die von mir interviewten Frauen unterscheiden sich nach Herkunft und ethnischer Zugehörigkeit, sie kommen aus allen Teilen Englands und bewegen sich altersmäßig zwischen 16 und fast 70 Jahren.
Besonders möchte ich meiner Verlegerin Hetty Thistlethwaite für ihre Ratschläge danken, Mic Cheetham für ihre Ermutigung. Dank gilt auch dem *Women's Therapy Centre* und den Fawcett und Feminists Libraries.

Inhalt

Rivalität und Konflikt

Wahrnehmen und Verstehen

Einleitung

Jede Frau ist – und doch auch nicht – wie ihre Schwester. Sie sind Kinder der gleichen Eltern – verbunden durch gemeinsame Erfahrungen und die gründliche Kenntnis der gleichen Menschen und Plätze, der Geräusche und Gerüche des Elternhauses, Erinnerungen an Familienausflüge, Feste, Unglücks- und Todesfälle.
Und trotz dieser Ähnlichkeit ist jede Schwester einzigartig. Sie hat eine andere Beziehung zu den Eltern und Geschwistern als ihre Schwester. Sie reagiert anders auf dieses gemeinsame Umfeld, sie hat eine andere Sichtweise von Familie und Elternhaus, und wahrscheinlich hat sie sich ganz andere »Wahrheiten« zu eigen gemacht als die Schwester an ihrer Seite.
Das Wesen der schwesterlichen Beziehung besteht darin zu lernen, diese gleichzeitige Ähnlichkeit und Unähnlichkeit, dieses Gefühl, gleich und doch anders zu sein, zu akzeptieren. Frauen, die ein sehr enges Verhältnis zu ihrer Schwester haben, bezeichnen diese gelegentlich sogar als »Zwilling«, »Spiegelbild« oder »Alter Ego«. Die Beziehung zu der Schwester hat etwas von dem uralten Zauber des Doppels, des legendären »Doppelgängers«. Das Leben der Schwester gilt als »Maßstab« oder »Prüfstein«, es ist ein konstanter Bezugspunkt, von dem aus die eigene Person beurteilt wird. Diametral entgegengesetzt sind die Einschätzungen der Frauen, die sich ihrer Schwester nicht sehr nahe fühlen, die von einem »Bruch« oder einer »Entzweiung« sprechen. Sie sind wie »der Fluß und das Meer«, wie eine »zweigeteilte Persönlichkeit«: Sie waren einst vereint, jetzt sind sie getrennt.

Das Gefühl jedoch, eine gemeinsame Wurzel zu haben, geht nie verloren. Egal, wieviel Gleichgültigkeit eine Frau ihrer Schwester gegenüber zu empfinden behauptet, ihre Entzweiung ist ein fundamentaler Bestandteil ihrer selbst. Manche Frauen sagen, daß sie sich nichts aus ihrer Schwester machen; diese Schwestern sind wie »Tag und Nacht« oder wie »Öl und Wasser«. Aber selbst das ist ein Eingeständnis, daß es für die Identität einer Frau von grundlegender Bedeutung ist, sich von der Schwester zu unterscheiden.

In einer Beziehung von solcher Intensität und fortdauernden Bedeutung kann es genausoviel positive wie negative Aspekte geben. Die Bandbreite der Empfindungen zwischen Schwestern reicht von Liebe bis Haß. Ich hoffe jedoch, daß dieses Buch an keiner Stelle den Eindruck vermittelt, es gäbe ein »erfolgreiches« Verhaltensmuster im Gegensatz zu einem Verhaltensmuster, welches zum »Scheitern« der schwesterlichen Beziehungen führt.

Es ist nicht so, als ob Schwestern unaufhörlich vor der Wahl zwischen einer guten und einer schlechten Beziehung stünden. Wir befinden uns vielmehr in einem widerspruchsvollen, veränderlichen, unendlich komplexen Prozeß, in dem wir unsere Persönlichkeit durch unsere Beziehungen untereinander formen.

Es ist ein Prozeß, den man auch als »dialektischen Tanz«[1] bezeichnet hat. Der Tanz umschließt Liebe und Haß; die Liebe kann Elemente von Haß enthalten und umgekehrt. Schwesterliche Liebe kann scheitern an Vergleichen, deren Resultat als schmerzhaft empfunden wird. Schwesterliche Feindseligkeit kann auch ein Ausdruck frustrierter Liebe sein zwischen Frauen, die um die Anerkennung ihrer Persönlichkeit gegeneinander kämpfen müssen.

Genau diese Dialektik, die dem Verhältnis der Schwestern

[1] Bank, Stephen and Khan, Michael: The Sibling Bond. New York: Baisc Books 1982.

eine so außerordentliche Komplexität und Intensität verleiht, erschwert auch eine genaue Definition dieser Beziehung. Ich hätte ein ganzes Wörterbuch mit Ausdrücken für Dualität und Paradox gebrauchen können. Und ich habe nach Begriffen gesucht, um Gegensätzliches – und gleichermaßen Zutreffendes – gleichzeitig ausdrücken zu können. Vielleicht ist das auch der Grund, warum die meisten der wirklich zutreffenden Aussagen über Schwestern aus dem Bereich der Literatur stammen.

Es gibt praktisch keine Sachbücher über Schwestern. Die wenige Forschung, die geleistet wurde, beschäftigt sich mit Geschwistern – d.h. mit Brüdern und Schwestern – und konzentriert sich auf die Schwerpunkte Kindheit und »geschwisterliche Rivalität« um die Liebe der Eltern. Erst in der letzten Zeit haben Psychologen begonnen, nach den Bindungen zwischen Geschwistern und deren Auswirkungen auf ihr späteres Leben zu fragen. Das Thema Schwestern alleine ist in ein langes Schweigen gehüllt. Dies ist ein Versäumnis, das Teil eines umfassenderen Ignorierens ist, einer umfassenderen Bagatellisierung der Frau. Sicher, nicht alle Frauen haben Schwestern, doch viele der Verhaltensmuster und Probleme in der Beziehung unter Schwestern wiederholen sich meiner Meinung nach in anderen Beziehungen zwischen Frauen. Von dem Moment an, wo ein junges Mädchen ein anderes zu seiner »besten Freundin« kürt, wiederholen sich in Frauenfreundschaften die immer gleichen Kernfragen nach: Liebe und Rückhalt, Konflikten und Rivalitäten. Diese Verbindung zwischen »Schwestern« und »schwesterlichem Verhältnis« wird mehr und mehr Frauen bewußt. Sie schreit geradezu danach, weiter erforscht zu werden.

Als ich mein Buch in Angriff nahm, betrat ich ein Neuland, das, so glaubte ich wenigstens, frei von Vorurteilen war. Ich hatte noch keine Vorstellung, welche Gestalt das Buch annehmen würde, und freute mich darauf, von Schwestern selbst zu erfahren, was sie übereinander zu sagen hatten. Ich

wollte das Schweigen brechen, das Versäumte wiedergutmachen und Frauen eine Chance geben, über eine der nach meinen Erfahrungen treuesten und liebevollsten aller Beziehungen zu sprechen.
Es dauerte jedoch nicht lange, bis ich mir meiner ureigenen Interessen bewußt wurde. Natürlich hatte ich Vorurteile: Ich selbst habe drei Schwestern, die mir außerordentlich wichtig sind, und ich unterhalte Freundschaften zu anderen, mir nicht verwandten »Schwestern«, die für mich ebenso wertvoll sind. Ich wollte zeigen, wie gut und stark solche Beziehungen sein können. Denn schließlich verlasse ich mich auf sie.
Erst nachdem ich anderen Schwestern zugehört hatte, wurde mir bewußt, wie typisch mein Wunsch ist, die dunklere Seite der schwesterlichen Beziehungen zu ignorieren. Natürlich gibt es Vertrautheit, natürlich gibt es die nicht gesungenen Loblieder auf die Liebe und Sorge unter Schwestern. Doch neben ihnen existieren oft schwelende und unausgesprochene Ressentiments.
Mir schwebte vor, die Beziehung zwischen Schwestern positiv darzustellen – mit gutem Grund. Denn Frauen waren schon oft genug verunglimpft worden, so lautete mein Argument. Folglich zögerte ich, mich stärker in solch schmutzige Themen wie Wettbewerb und Rivalität zu vertiefen.
Darin glich ich der Mehrzahl der von mir interviewten Schwestern. Am Anfang einer Unterhaltung hieß es zunächst: »Es gibt eigentlich nicht viel, worüber zu reden wäre – wir verstehen uns wirklich gut.« Doch dann, nachdem die Frauen zwei, drei, vier Stunden darüber gesprochen hatten, wie eng ihre Beziehungen doch seien, begannen sie, über ihre Schwierigkeiten zu reden. Manche von ihnen hatten diese nie zuvor eingestanden, und kritische Äußerungen wurden mit Entschuldigungen umschrieben wie »Ich sage es nur ungerne, aber..., es klingt schrecklich, aber...«
Es ging ihnen ganz offensichtlich gegen den Strich, die Schwester gegenüber einem Außenstehenden zu kritisieren.

Das war nicht einfach nur eine Frage der Loyalität. Denn hierbei handelte es sich um den Teil der Beziehung, mit dem die Auseinandersetzung am schwersten fiel und der nur richtig zu verstehen war – wenn überhaupt –, wenn man ihn als Teil der gesamten Lebensgeschichte und in Verbindung mit den positiven Momenten zwischen den Schwestern betrachtete.

Ich stand vor einem Dilemma. Sollte ich die Interviews unangetastet wiedergeben und damit die Einheit und die Widersprüche jeder einzelnen Beziehung unberührt lassen? Oder sollte ich sie auseinanderreißen, um Verbindungen herzustellen zwischen den Aussagen verschiedener Schwestern, um zu zeigen, wie sich die gleichen Themen, Muster, Vorurteile bei Schwestern aller Altersstufen und Schichten wiederholen?

Am Ende versuchte ich, einen Mittelweg zu gehen. Einige Gespräche sind als Ganzes erhalten, andere werden abschnittweise wiedergegeben. Meine Entschuldigung gilt daher jeder Schwester, die das Gefühl hat, daß das Gesagte aus dem Kontext gerissen ist: Sie werden den Rest Ihrer Geschichte in einem anderen Teil des Buches wiederfinden – entweder in Ihren oder in meinen Worten.

Die Kapitelüberschriften haben sich ausschließlich aus den vorliegenden Interviews entwickelt. Die meisten Frauen sprachen zuerst über die Kindheit. Das war die Zeit, in der der Grundstein für die Beziehung zwischen den Schwestern gelegt wurde. Die Frauen konnten sich oft lebhaft an bestimmte Szenen erinnern, die sich später als Schlüssel für die Beziehung zwischen den erwachsenen Schwestern herausstellen sollten.

Die emotionalen Verhaltensmuster der Kindheit traten auch im Erwachsenenleben unverändert wieder auf. Die Lebensentscheidungen vieler Schwestern stehen im unmittelbaren Zusammenhang mit denen der Schwester. Beziehungen zu Liebhabern, Ehemännern und Freunden folgen oft dem gleichen Muster wie die Schwesternbeziehung.

Die meisten Schwestern waren, nachdem sie – buchstäblich – altes Terrain zurückerobert hatten, auch in der Lage, über die Besonderheit dieser engen Beziehung zu sprechen und was sie für sie bedeutete. Sie redeten über das intuitive, manchmal sogar telepathische Verständnis untereinander, das es ihnen möglich machte, große zeitliche und räumliche Entfernungen zu überbrücken.

Nachdem sie ihre grundsätzliche Loyalität und Verbundenheit beteuert hatten, war es ihnen auch möglich, über Rivalitäten und Konflikte zu sprechen. Es war verwirrend und doch erstaunlich, wie eine so liebevolle Beziehung mit so widersprüchlichen Gefühlen befrachtet sein konnte, so verstrickt in unausgesprochene Feindseligkeiten. Denn unausgesprochen – und uneingestanden – waren sie zuvor im allgemeinen geblieben.

Dies sind die verborgenen Seiten der Schwesternbeziehung. Die Themen werden als zu explosiv und zu gefährlich empfunden, um sie an die Öffentlichkeit zu bringen. Dies ist die Strafe für die enge Vertrautheit, der Widerspruch, der sich aus der Zusammengehörigkeit ergibt. Es gab Schwestern, die sich selbst als Janusköpfe oder als siamesische Zwillinge bezeichneten: zu einer Einheit verbunden und doch nach Trennung strebend, ganz so, als wären sie gezwungen, einen Raum zu teilen, der nicht groß genug ist, einen Raum, in dem es nicht genügend Liebe, Erfolg und Aufmerksamkeit für zwei gibt. Daher die ausgeklügelten Strategien vieler Schwestern: um zu verhindern, daß man sich gegenseitig auf die Füße tritt. Daher die vorsichtigen Versuche, dem Konkurrenzkampf auszuweichen, ihm von vorneherein aus dem Weg zu gehen. Wenn nämlich einer in einem Raum für zwei zu viel Platz für sich beansprucht, so geht das automatisch auf Kosten des anderen. Und Explosionen in einem begrenzten Raum können von vernichtender Kraft sein.

Dieser Kampf zwischen Schwestern um Stoßen oder Gestoßenwerden muß in dem allgemeineren Zusammenhang der Position von Frauen in der Gesellschaft gesehen werden.

Denn es gibt eine Menge von Faktoren, die von außen einwirken und die zu den Spannungen zwischen den Schwestern beitragen. Wir werden dazu erzogen, eher die Bedürfnisse anderer als unsere eigenen zu befriedigen, so daß wir uns schuldig fühlen, wenn wir der Schwester etwas von ihrem Anteil an Aufmerksamkeit »weggenommen« haben, und es übelnehmen, wenn sie uns etwas von unserem Anteil »wegnimmt«. Als Frauen werden wir nicht dazu ermutigt, unseren Ärger auszudrücken. Zorn und Groll werden unterdrückt aus Angst vor dem Schaden, den sie anrichten könnten, was nur dazu führt, daß die schwesterliche Beziehung noch schwieriger wird.

Von der Geburt bis zum Tod werden wir etikettiert und mit unseren Schwestern verglichen, und zwar nach den Kriterien einer höchst wettbewerbsorientierten, hierarchischen Gesellschaft, in der individuelle Leistung bedeutet, »erfolgreicher« zu sein als andere. Bei Frauen wird »Erfolg« allzu oft gesehen als die Macht, einen Mann zu finden. Die Waffen des Erfolgs sind die Jugend und das Aussehen – und wer ist uns in diesem Wettbewerb näher als unsere Schwester?

Trotz aller Widersprüche und Komplikationen war es für mich dennoch eine ermutigende und glückliche Erfahrung, Frauen über ihre Schwestern sprechen zu hören. Sie haben nicht nur einige der verborgensten Teile ihrer selbst erforscht, um über ihre Schwestern zu sprechen – als ich sie bat, das Wesen ihrer Beziehung zu beschreiben, waren ihre Antworten fast ausnahmslos vom Ausdruck der Liebe, der Verpflichtung und der Loyalität geprägt.

Ich hoffe, daß alle Schwestern, verwandt oder nicht, in diesem Buch etwas von sich und ihren Beziehungen wiederfinden werden.

Die schwesterliche Bindung

Das Entstehen der Bindung

Schwestern sind ihr Leben lang durch ein besonderes Band verbunden, ob sie wollen oder nicht. Sie bleiben Schwestern in guten wie in schlechten Tagen, bis daß der Tod sie scheidet. Woraus besteht nun diese enge Bindung? Was ist ihr Ursprung? Wie entwickelt sie sich?
In meiner Familie ist es nicht ohne Streitigkeiten und Uneinigkeiten abgegangen, aber es gibt auch gewisse Dinge, die ich, was meine Schwestern angeht, für selbstverständlich halte. Es ist schwer, über meine Schwestern zu schreiben, da die Grundlage meiner Beziehung zu ihnen auf einem viele Jahre dauernden, tagtäglichen Miteinander beruht, das wortreiche Erklärungen überflüssig macht.
Ich fühle, daß wir uns sehr nahe sind, obwohl wir weit voneinander entfernt leben und manchmal wochen- oder sogar monatelang keinen Kontakt miteinander haben. Es gibt viele Einzelheiten in ihrem Leben, von denen ich nichts weiß, und dennoch habe ich das Gefühl, sie auf eine Weise zu kennen, der die zeitliche und räumliche Entfernung zwischen uns nichts anhaben kann.
Unser Wissen voneinander ist ein intuitives, unausgesprochenes Wissen. Das heißt, daß ich etwas ganz Wesentliches über jede meiner Schwestern weiß, ohne daß ich es einem Außenstehenden gegenüber beschreiben könnte. Es ist, als hätte man einen sechsten Sinn, als nähme man die geheime Aura eines anderen Menschen wahr. In meinen Augen hat jede meiner Schwestern ihre emotionale »Farbe«.
Natürlich gibt es da Lücken, und natürlich haben wir unsere Streitigkeiten, aber diese Konflikte sind immer auch im

Zusammenhang unseres gesamten Lebens zu sehen. Jeder Streit geht um mehr – oder um weniger –, als es den Anschein hat. Das Entscheidende jedoch ist, daß diese Streitigkeiten in Grenzen bleiben, und das geschieht aus dem Wissen heraus, daß schließlich und endlich alles schon wieder in Ordnung kommen wird. Eine Auseinandersetzung wird vielleicht nicht vergessen, vielleicht nicht vollständig vergeben, sicherlich jedoch immer akzeptiert.

Wenn wir miteinander reden, so geschieht das nicht aus einem gerade erworbenen Wissen heraus oder selbst, wie bei Freunden, vor dem Hintergrund einer Lebensgeschichte, die im nachhinein durch ausgesuchte Anekdoten einen Zusammenhang erhält. Jede Unterhaltung findet auf der gerade aktuellen Seite einer Art geistigen Fotoalbums statt, das so weit zurückreicht wie unsere Erinnerungen aneinander. Wir sprechen nicht nur mit dem der Öffentlichkeit zugewandten Gesicht des anderen, sondern unterhalten uns als Menschen, die erlebt haben, wie wir gewachsen sind, uns verändert und entwickelt haben. In unseren Telefongesprächen stecken die wichtigsten Informationen meistens »zwischen den Zeilen«. Unter der äußeren Schale der Schwester befinden sich weitere Schichten ihrer Persönlichkeit. Wir waren Zeuge, wie sie sich ablagerten, ohne je ganz zu vergessen, was sich unter jeder einzelnen Schicht verbirgt.

Eine Schwester kennt die, wie Psychologen sie nennen, »Kernidentität« ihrer Schwester. Dieses Wissen gibt ihr eine enorme Macht, der anderen beizustehen, sie abzuweisen oder zu verletzen. Es ist ein Wissen und eine Macht, die man nur sehr wenigen Menschen anvertrauen wird. Und da dieses Wissen gegenseitig ist, bedeutet ein Treffen mit der Schwester auch eine Konfrontation mit den Schichten seines früheren Selbst, die in ihrer Vorstellung noch leben.

Es ist ein Wissen, das die meisten Schwestern im Laufe der Kindheit in der Familie anhäufen. Je mehr die Familie eine Einheit bildet, je harmonischer sie ist, desto wahrscheinlicher ist es, so sagen die Forscher, daß die Geschwister einander nahestehen.

Die Fäden meiner Geschichte entwirren

Eine Studie[2] hat herausgefunden, daß die Struktur der Familie die wichtigste Komponente ist für die Entstehung einer engen Beziehung zwischen den Geschwistern und daß das Gefühl der Zugehörigkeit zu einer Familie und der engen Bindung an Brüder und Schwestern für immer durch die gemeinsamen Erfahrungen der Kindheit geprägt wird.

Je mehr Gelegenheiten Geschwister haben, gemeinsame Erfahrungen zu sammeln, desto größer ist die Chance, daß sie eine enge Bindung aufbauen. Kinder gleichen Geschlechts, die altersmäßig nahe beieinander sind, haben eine gute Vorgabe: sie können die gleiche Schule besuchen, mit den gleichen Freunden spielen, ein Bett oder Schlafzimmer teilen, die gleichen Kleidungsstücke tragen, als Jugendliche können sie dem gleichen Freundeskreis angehören und mit den gleichen Leuten ausgehen.

Doch diese Art früher Nähe ist nicht der einzige Weg, eine enge Beziehung zu der Schwester aufzubauen. Ich habe mit Frauen gesprochen, die ein großer Altersunterschied in der Kindheit trennte, die sich sehr wenig sahen und dennoch als Erwachsene eine enge Bindung zueinander hatten.

Auch stimmt es nicht, daß die schwesterliche Bindung notwendigerweise auf liebevollen und begeisterten Erinnerungen an eine idyllische Kindheit beruht. Wir wurden nicht alle groß wie die Waltons: die Realität des Familienlebens ist im allgemeinen weitaus härter, und die mythische Kernfamilie ist heute weniger häufig als die »ungeregelte« Familie.

Fast ausnahmslos begann jede der interviewten Schwestern

[2] Milgram and Ross. Siehe Lamb, Michael und Sutton Smith, Brian (Hrsg.): Sibling Relationships – Their Nature and Significance across a Lifespan. US: Ehrlbaum and Associates 1982.

ihre Geschichte folgendermaßen: »Ich kann mich nicht sehr gut an meine Kindheit erinnern.« Es war Jahre her, daß sie versucht hatte, die Seiten ihres »Familienalbums« zurückzublättern. Aber wenn sie dann über ihre heutige Beziehung zu ihrer Schwester sprach, tauchten plötzlich und unweigerlich die Erinnerungen an die Kindheit wieder auf. Das Gefühl von Wärme, Streit und Loyalität, das sie beschrieben hatte, ließ in ihr die Erinnerung wach werden an wichtige Erlebnisse mit ihrer Schwester, bei denen sie die gleichen Gefühle empfunden hatte.

Diese Kindheitserinnerungen hatten tief im Gedächtnis der Schwestern weitergelebt, waren nie ganz vergessen worden und waren seit langem Teil des Verständnisses von der Schwester und Teil auch des eigenen Selbstverständnisses. Jede Erinnerung war wie eine Parabel, eine Vorstufe der gegenwärtigen Beziehung, die einen wesentlichen Aspekt der in den Kindheitstagen wurzelnden Beziehung umschloß und symbolisierte.

In ihrem Prosagedicht *Claiming an Identity They Taught Me To Despise*, was soviel heißt wie: Ich habe ein Recht auf die Identität, die sie mich verachten lehrten, forscht Michelle Cliff anhand der Erinnerungen an ihre Kindheit und an ihre Schwester nach ihrer eigenen tiefversteckten »Kernidentität«. In dem Gedicht »entwirrt sie die Fäden ihrer Lebensgeschichte« und bemüht sich um eine »genaue Bestandsaufnahme« der Vergangenheit.

In dem Cliffschen Fotoalbum findet sie Schnappschüsse aus Kindheitstagen von sich und ihrer lächelnden Schwester. Sie erinnert sich jedoch auch daran, was sich hinter dem aufgesetzten Lächeln verbirgt. »In diesem Album sind keine Bilder meines gebrochenen Handgelenks, der Schnittwunden an meinem Mund, die von dem Deckel einer Orangensaftkonserve stammen. Es gibt keine Bilder von ihrem aufgeschnittenen Kinn und ihren zerschmetterten Vorderzähnen. Diese Bilder zeigen nur angespannte Freude. Sie sind kein genaues Zeugnis der Vergangenheit.«

Cliff versucht in ihrem eigenen poetischen »Album« Klarheit zu gewinnen. Darauf kommt es an, wenn es gilt, sich zu der eigenen Identität zu bekennen: »Dies handelt von meiner Schwester«, schreibt sie, »von unserer Kindheit; davon, was es heißt, die Ältere von zwei Schwestern zu sein; von Sentimentalität; von Trennung; von dem Bedürfnis nach Wissen und Ursprüngen; von obskuren Legenden.«
In dem Bett, das die Schwestern als Kinder teilten, schufen sie ihre eigenen Legenden in einem gemeinsam gelebten Traum mit Unglück, Tod und Überleben.
– »ein Zelt in der Lichtung eines Dschungels; als Arzt und Krankenschwester verpflegen wir die Überlebenden eines Flugzeugabsturzes.«
– »ein Schiff wird in wildem Wasser hin und her geworfen; Haie nähern sich; wir jagen sie weg.«
– »ein Planwagen durchquert den Mittleren Westen; unsere Kinder haben Fieber; das Essen wird knapp; wir müssen die Rocky Mountains vor dem Schnee noch hinter uns bringen.«
Für sie ist die Wahrheit, die sich hinter diesen Kindheitsgeschichten verbirgt – von Masern, toten Hunden und Katzen, Geburtstagsfesten, Kindheitskrächen und -träumen – der Schlüssel zu dem Wissen, wie ihre im Entstehen begriffene Identität Form annahm, sich von der ihrer Schwester trennte, etikettiert und katalogisiert wurde:
»Wir waren zwei Töchter, getrennt nach Attributen wie passiv und aktiv, abhängig und unabhängig, liebevoll und zurückhaltend; wir waren nicht verantwortlich für diese Unterteilungen, aber wir haben sie durchlebt.«
Erinnerungen an die Kindheit mit der Schwester können wichtige Hinweise geben, nicht nur auf die Bindung an die Schwester, sondern auch auf unsere eigene Identität.

Wir stellten uns vor, wir lebten in einem wunderschönen Wald

Trotz großer Unterschiede in Alter und Persönlichkeit bei den interviewten Schwestern wurden auch bemerkenswerte Ähnlichkeiten in der Art ihrer Erinnerungen deutlich. Es ist, als bauten wir alle unsere eigene, individuelle Schwesternbindung auf, jedoch mit dem gleichen Vorrat an Bausteinen.

Die meisten Schwestern erinnern sich deutlich an die Spiele, die sie miteinander spielten, wer die Anführerin war und wer sich führen ließ. Selbst Jahrzehnte später spielen noch viele Schwestern die gleiche Art von »Spielen«, und die Muster, die in der Kindheit geschaffen wurden, bestimmen noch ihr Leben als Erwachsene.

Clarissa, die Anfang Dreißig ist, erinnert sich noch voller Zärtlichkeit an die Spiele, die sie mit ihrer fünf Jahre älteren Schwester Pat spielte:

»In jedem Jahr gab es ungefähr drei Monate, in denen meine Schwester gerne mit mir spielte, dann verlor sie irgendwie die Lust daran. Sie hatte eine erstaunliche Vorstellungskraft. Damals verbrachten wir viel Zeit in einem Wald ganz in der Nähe unseres Elternhauses, der voll von wunderschönen Bäumen war. Wir stellten uns vor, in ihnen seien kleine Häuser verborgen.

Es gab dort eine lange Reihe von Birken. Wir spielten Feen, was ich wunderschön fand. Die Phantasie meiner Schwester war so fruchtbar, daß ich nie an sie heranreichte. Sie war die Anführerin bei unseren Spielen. Sie war die beste Fee, die hübscheste, mit Tautropfen auf ihren Schuhen und anderen Dingen in ihren Haaren. Ich selbst wäre nie auf solche Ideen gekommen.

Sie hatte das beste Haus und den besten Baum, während ich nur eine Elfe oder ein Kobold war – jedenfalls etwas ganz Einfaches. Gewöhnlich kam sie zu meinem Haus mit einem Korb von Dingen, die wundervoll klangen, und mir fiel nichts Phantasievolleres ein als eine Roßkastanie. Schließlich begann sie sich zu langweilen, was sehr schade war, denn ich konnte das Spiel nicht alleine spielen. Für mich war es zu schwierig, mir alle diese Dinge vorzustellen.«

Heute, über zwanzig Jahre später, haben die Schwestern ihr Kindheitsspiel auf ihr Leben als Erwachsene übertragen. Das begann damit, daß Pat in einen entfernt gelegenen, idyllischen Teil von Yorkshire zog. Clarissa folgte dem Beispiel ihrer großen Schwester und ließ sich dort auch nieder.

In gewisser Weise hat die erwachsene Clarissa durch die Entscheidung, mit Pat in der ländlichen Idylle zu leben, ihre Schwester wieder in dem wunderschönen Wald getroffen, in dem die beiden ihre Freude an der Natur miteinander teilen können. Pat ist weiterhin die phantasievolle und innovative Begleiterin, und obwohl Clarissa seit langem ihre eigene Unabhängigkeit und Identität erworben hat, ist sie noch immer die liebevolle und bewundernde Schwester, die die Gesellschaft Pats sucht.

Wir waren uns so ähnlich, daß die Leute glaubten, wir wären Zwillinge

Ivy ist heute in den Sechzigern, und obwohl gegenseitige Eifersüchteleien in den mittleren Jahren zu Streitigkeiten mit ihrer Schwester Mary führten, blickt sie dennoch gerne auf ihre Kindheit zurück und sieht dem Tag mit Freude entgegen, an dem sie sich wieder näher sein werden. Ivy ist zwei Jahre jünger als Mary, und während ihrer Kindheit waren sie praktisch unzertrennlich.

»In meinen allerersten Erinnerungen sehe ich uns beide zusammen Bilder malen. Wir malten immer Phantasietiere.« Heute sind beide von Beruf Künstlerinnen. Mary verdient ihr Geld als Porträtzeichnerin, während Ivy sich auf Landschaftsmalerei spezialisiert hat.

»Wir verstanden uns sehr gut und machten vieles gemeinsam«, berichtet Ivy. »Wir gingen zusammen zur Schule, zum Schwimmen, wir fuhren zusammen Fahrrad auf der Strandpromenade, spielten Tennis miteinander und schauten zusammen den Jungen nach.« Wie so oft bei Schwestern, die als Kinder ein sehr enges Verhältnis zueinander haben, fanden es Außenstehende schwierig, sie auseinanderzuhalten:
»Ich mochte sie sehr gerne. Wir waren uns sehr ähnlich, so ähnlich, daß Leute uns als kleine Mädchen oft für Zwillinge hielten. Ich kann mich noch daran erinnern, wie ich neben Mary beim Einkaufen vor einem Schaufenster stand und unser Spiegelbild in der Scheibe erkennen konnte. Einen Augenblick lang wußte ich nicht, wer sie und wer ich war.«
Diese Identität zwischen den Schwestern wurde von den Eltern unterstützt. »Wir waren gleich gekleidet. Keine von uns wurde bevorzugt. Sie waren vollkommen gerecht und liebten uns gleichermaßen.«
Innerhalb der Familie gab es zudem ein sehr positives Rollenmodell, das die Bindung der Schwestern förderte:
»Unsere Tanten standen einander sehr nahe. Sie lebten alle fünf zusammen, als sie älter wurden und nachdem ihre Männer gestorben waren. Und sie sorgten alle füreinander.«
Die Zwillingsidentität der Schwestern wurde unweigerlich durch die unterschiedlichen Erfahrungen als Erwachsene und die Veränderung der Persönlichkeiten durch die Ehemänner zerstört. Doch selbst heute, trotz der Mißverständnisse zwischen ihnen, taucht das alte Spiel des gemeinsamen Malens immer wieder auf und bringt sie einander näher.
»Das Malen ist die gemeinsame Basis, auf der wir uns immer wieder treffen«, sagt Ivy, »und auf der wir nicht im geringsten miteinander konkurrieren. Sie hebt meine Bilder immer in den Himmel, viel zu sehr für meinen Geschmack. Ich finde, daß sie sehr gut ist, und lobe sie. Wir ermutigen uns gegenseitig und geben uns Anregungen.«
»Im Sommer diesen Jahres zeigte sie ihrem Mann meine Fotografien und sagte: ›Schau dir das an, sie kann auch gut

mit dem Fotoapparat umgehen.‹ Ich hätte von ihr nicht mehr Unterstützung erwarten können. Sie kam mit mir zu meiner Ausstellung am Ort, sprach mit jedem und sagte mir, daß ich für meine Bilder mehr verlangen sollte.«
Das Bild ihrer engen Beziehung in der Kindheit lebt in Ivys Vorstellung fort. Es hat sich vermischt mit dem Bild der miteinanderlebenden Tanten und hat in ihr die Vorstellung geweckt, daß sie im Alter ihre verlorene Einheit wiederfinden könnten: »Lange Zeit hatten wir die Idee, daß wir nach dem Tod unserer Männer an die Küste ziehen würden, wo wir groß geworden sind. Wir stellten uns vor, wir würden dort zusammenleben und wieder über die Strandpromenade gehen.« Ivy sieht sie vor sich, wie sie die Schwimmbäder am Ort besuchen, wie sie es als kleine Mädchen taten, und wie sie ein paar Runden Golf spielen – vielleicht als altersgerechtes Äquivalent für das Radfahren.

Es war ein wirkliches Abenteuer, das uns aneinander band

Janes Erinnerungen an die Kindheit mit ihrer älteren Schwester Peggy kreisen um die Spiele, an denen Peggy sie wie an einer aufregenden und abenteuerlichen Verschwörung teilnehmen ließ.
»Ich kann mich daran erinnern, wie ich mit Mumps in dem großen roten Sessel im Eßzimmer saß. Peggy und mein Bruder brachten von draußen Schnee in Eierbechern und Kochtöpfen herein, damit auch ich mit dem Schnee spielen konnte.«
»Wir hatten auch ein Spiel, bei dem wir ein ungefähr drei Fuß tiefes Loch in den hinteren Teil des Gartens gruben, in das sie mich hineinsteckten. Ich fand das herrlich. Mein Kopf war noch unterhalb der Erdoberfläche, und es war wundervoll, daß man jemanden in ein Loch stecken konnte, ohne daß sein Kopf herausschaute.«
Seitdem erwartet Jane von Peggy, daß sie für Aufregung

und Abenteuer sorgt. Mit über zwanzig zog sie zu ihrer Schwester Peggy nach Australien, wo diese ein, wie Jane fand, wundervoll faszinierendes Leben führte. Noch heute lebt Peggy in Australien, und Jane sagt, sie fühlt noch immer diese alte Erregung, wenn ein Brief der Schwester auf ihrer Fußmatte liegt.

Die Schlüsselerinnerungen von Schwestern beziehen sich oft auf Fast-Tragödien. Manche Frauen haben ihrer Schwester das Leben gerettet, andere haben ihre Schwester fast umgebracht. In jedem Fall jedoch wird diese frühe Erfahrung zu einem unvergeßlichen Bindeglied zwischen den Schwestern.

Bei einem Familienurlaub am Meer hatten Peggy und Jane eines Tages gemeinsam ihre erste ernsthafte Begegnung mit dem Tod – bei einem Abenteuer, das zunächst so schien wie viele andere Aufregungen zuvor.

»An einem Ferientag wurden wir alle auf das Meer hinausgetrieben. Unser Abenteuer ereignete sich an einem Strand mit Sandbänken und einer Flußmündung. Peggy war zu den Sandbänken hinausgeschwommen, und wir hatten sie winken sehen. Sie schwamm zurück, um uns ebenfalls dorthin zu holen. Ich hatte einen Schwimmreifen – ich war damals sieben Jahre alt –, und mein Bruder, der ein bißchen älter war, hatte Schwimmflügel.

Peggy war zu dem Zeitpunkt zwölf Jahre alt, und daher folgten wir ihr zu der Sandbank. Aber wir erreichten sie nie. Statt dessen wurden wir in Richtung auf die Felsen und Kliffs abgetrieben. Peggy bekam einen furchtbaren Krampf, mein Bruder hatte entsetzliche Angst. Als Pfadfinderin hatte ich gelernt, daß man niemals in Panik geraten darf. Daher beschwor ich sie, nicht durchzudrehen. Schließlich sah uns jemand von den Kliffs aus und schwamm zu uns heraus, aber die beiden konnten nicht alleine zurückschwimmen. Da kam ein Rettungsschiff und brachte uns zurück. Das war ein richtiges Abenteuer.

Es band uns sehr aneinander. Wir hatten große Schwierigkeiten mit unseren Eltern, aber wir waren auch die Stars am Strand. Über fünfzig Leute hatten herumgestanden und uns gesehen. Wir bekamen Tee aus der Thermoskanne und ein großes Stück Schokolade, und dann wurde ich auf einer Schulter nach Hause getragen.«

Dieses Abenteuer war bereits eine Art Vorwegnahme der dramatischen Ereignisse ihres späteren Lebens. Als Kinder hatten sie jedoch schon ein wenig von der Solidarität erfahren, die es ihnen später ermöglichte, sich in Zeiten der Krise aufeinander zu verlassen.

Meine Schwester war meine Lehrerin

Jüngere Schwestern können sich oft daran erinnern, daß ihre ältere Schwester die Rolle des Lehrers übernahm, ihnen vorlas, das Schreiben beibrachte oder ihnen halbverstandene Informationen über die Dinge des Lebens vermittelte. Doch die ältere Schwester scheint immer der Freiheit und dem Wissen der Erwachsenenwelt ein wenig näher und hält diesen Autoritätsvorsprung wohl auch im späteren Leben.

Für Laura war es ein großes Privileg, an der Welt ihrer größeren Schwester Sandra teilzuhaben.

»Eine Zeitlang lebten wir auf einem Bauernhof. Einmal holte Sandra mich mitten in der Nacht aus dem Bett, damit ich die Geburt eines Kalbes miterleben konnte. Das war wundervoll. Sie weckte mich tatsächlich auf und holte mich aus dem Bett, da unsere Eltern nicht zu Hause waren.

Sandra besuchte eine Ballettschule, worauf ich sehr eifersüchtig war, denn auch ich wollte eine Ballerina werden, und eine Künstlerin, und eine Schauspielerin, alles, was sie werden wollte. Sie gab mir Tanzstunden, zog mir ihr kleines Ballettröckchen an und ließ mich in der Zimmerecke einen Pas de deux tanzen.

Sie hat sich mir nicht aufgedrängt. Ich wollte tanzen lernen, und da ich nicht die gleiche Schule besuchen durfte, dachte

ich, sie könnte mir helfen. Aber es gab nur ungefähr drei Tanzstunden, und sie endeten wahrscheinlich mit einem Krach. Mit elf Jahren ging sie aufs Internat. Ich erinnere mich daran, daß ich weinte, als sie wegging. Sie wollte nicht gehen, und ich wollte ihr nicht auf Wiedersehen sagen.«
Das gegenseitige Unterrichten scheint für Schwestern oft ein Weg zu sein, Fertigkeiten, Informationen oder Spiele miteinander zu teilen. Und Schwestern, die als Kinder gelernt haben zu teilen, behalten diese Eigenschaft mit großer Wahrscheinlichkeit für den Rest des Lebens.

Wir teilten immer alles

Ethel und ihre ältere Schwester Mabel lebten ebenfalls zusammen auf dem Land. Sie sind heute in den Siebzigern. Ehe und Karriere trennten sie – wie die meisten Schwestern – in der mittleren Periode ihres Lebens, doch heute, im Rentenalter, nach dem Tod der Eltern und von Ethels Ehemann, teilen sie wieder ein Haus in der Abgeschiedenheit.
Die Schwestern sind weniger als zwei Jahre auseinander und können sich noch gut daran erinnern, wie ihre Mutter ihnen als Kindern das Teilen beibrachte.
»Als wir klein waren«, erzählt Mabel, »und das fiel mir erst Jahre später auf, sagte meine Mutter immer, wenn von einer Sache nur ein Stück da war: ›Das mußt du Ethel geben!‹, und zu Ethel sagte sie: ›Das mußt du Mabel geben!‹. Das war sehr klug. Wir gaben uns gegenseitig, daher hatten wir nicht oft Streit.«
Später gingen Ethel und Mabel zusammen zur Schule, dann zur Universität. »Wir waren sehr gut dran«, sagt Ethel, »denn im großen und ganzen hatten wir die gleichen Vorlieben und Abneigungen. Wir haben immer gerne die gleichen Dinge getan, die gleichen Sportarten betrieben – und wir haben immer alles gemeinsam getan.«

Selbst als Ethel verheiratet war, verbrachten ihr Mann und sie den Urlaub mit Mabel. Die beiden entschuldigten sich für die Harmonie zwischen ihnen, als ob eine Geschichte über Schwestern nur interessant sein kann, wenn sie von Zank und Streit handelt. »Wir sind nicht sehr aufregend«, sagt Ethel. »Wir haben nicht das Problem, unterschiedlichen religiösen Vorstellungen anzuhängen. Wir gehören der gleichen Kirche an.«

Die Schwestern gehen noch immer zusammen überall hin und tun fast alles gemeinsam. Sie sprechen mit nahezu identischer Stimme, manchmal sogar im gleichen Atemzug. Sie sagen, daß diese enge Bindung aus den vielen Jahren des Zusammenseins in der Kindheit resultiert. »Wir verfügen über die gleichen Erfahrungen«, sagt Mabel. »Ein Wort kann für uns eine Bedeutung haben, die es für niemanden sonst hat, ebenso ist es mit dem Hinweis auf einen Ort oder auf Dinge, über die wir lachen. Manchmal halten Leute uns für albern, weil wir über bestimmte Dinge lachen, aber für uns haben sie eben eine ganz andere Bedeutung.«

Wir schlossen Bündnisse gegen einen gemeinsamen Feind

Manche Schwestern erfinden sogar eine eigene Sprache, die andere ausschließen und das Gefühl von Solidarität vermitteln soll.

Die Mitford-Schwestern wuchsen in fast völliger Isolation in den Cotswolds heran. Die jüngeren Mädchen, so schreibt Jessica Mitford in ihren Memoiren *Hons and Rebels*, mußten ihre eigenen Spiele erfinden. Ihre ältere Schwester Unity mit dem Spitznamen Boud erfand eine eigene Sprache, die sie Boudledidge nannten und die nur sie verstehen konnten. Mit ihrer anderen Schwester Debo gründete Boud einen Bund, die »Gesellschaft der Hons«, dem nur sie beide angehörten und der seine eigene Geheimsprache hatte, das »Honnish«.

Zusammen erfanden die drei Schwestern ihre eigenen Spiele mit ganz sonderbaren Ritualen. Eines von ihnen nannten sie die »Hure Hare Hure-Feier«. Es bestand aus einem einleitenden Gesang und einer Kneifprobe, um zu testen, ob das Opfer es aushalten könnte, extrem fest gekniffen zu werden.
Diese Bündnisse dienten dem Zweck, »einen gemeinsamen Feind zu besiegen – im Normalfall das Kindermädchen«, schreibt Jessica, oder ihren Bruder, gegen den die Mädchen die »Liga gegen Tom« gründeten.
Die Schwestern lagen altersmäßig nahe beieinander, und es gab laut Jessica untereinander viele Unstimmigkeiten, wie bei »unglücklich ausgewählten Tieren, die an den gleichen Pfosten gebunden sind. Wir waren uns gegenseitig furchtbar im Weg in dem grimmigen Konkurrenzkampf des gemeinsamen Aufwachsens.« Während sie untereinander kämpften, schlossen sie sich jedoch bei jeder Bedrohung durch einen Außenseiter fest zusammen. Als die Mädchen das Teenageralter erreichten, war es nicht mehr die Kinderfrau, gegen die sie kämpften, sondern die Welt der Erwachsenen mit ihren Geboten, nach denen sie sich zu richten hatten. Und das Gebot Nummer eins für Mädchen lautete: Suche dir einen Ehemann.
Zu diesem Zweck nahm ihre Mutter sie auf eine Schiffsreise mit, und wieder verbündeten sich die Mädchen gegen die Erwachsenen. »Wir bewegten uns ununterbrochen auf einer ›Grenzlinie‹«, schreibt Jessica, »dieses Mal wollten wir sehen, wie weit wir gehen mußten, um unsere Mutter und die anderen Leute zu schockieren.«
Sie taten so, als wären sie schrecklich in einen »Lord an Bord« verliebt, wanderten auf dem Schiff herum und sangen »Strathmilton Red, come to bed«, was soviel heißt wie: Komm ins Bett, roter Starthmilton. Sie murmelten dumpf und sehr zur Verlegenheit ihrer Mutter etwas vor sich hin von weißen Sklavenhändlern, Konstantinopels Eunuchen, und nach dem Besuch von Gibraltar diskutierten sie beim

Abendessen die unterschiedlichen Bedeutungen von »Canon's balls«, die von Kanonenkugeln bis zu den Hoden eines Priesters reichen.

Im Laufe der Kindheit schloß sich Jessica besonders an ihre drei Jahre ältere Schwester Boud an. Sie hatten ein besonderes Spiel, das mit erstaunlicher Genauigkeit im späteren Leben »Realität wurde«. Die beiden Schwestern teilten ihr Zimmer in zwei Hälften, und jede von ihnen okkupierte eine der beiden Hälften im Namen der beiden großen politischen Kredos ihrer Zeit.

»Boud dekorierte ihre Zimmerhälfte mit allen möglichen faschistischen Insignien. Auf meiner Seite hatte ich meine kommunistische Bibliothek untergebracht, eine Büste von Lenin und einen Stapel der Zeitschrift *Daily Workers*. Manchmal errichteten wir Barrikaden aus Stühlen und führten regelrechte Schlachten auf, warfen Bücher und Schallplatten, bis unsere Kinderfrau kam und uns befahl, mit dem Krach aufzuhören.«

Dieses Spiel nahm für die Schwestern später ein tragisches Ende, als Boud sich dem inneren Kreis um Hitler im Nazi-Deutschland anschloß und Jessica sie als Sozialistin aktiv bekämpfte.

Dennoch verlor sich für die Schwestern diese Kindheitsbindung nie ganz, trotz des Gangs der Weltgeschichte, der sie weit auseinanderzutreiben schien. Als Boud hörte, daß Jessica nach Spanien aufgebrochen war, um dort den Kampf gegen den Faschismus zu unterstützen, schrieb sie in ihr Tagebuch, daß sie zwei Tage lang geweint habe.

Und als Boud versuchte, sich bei Ausbruch des Krieges zwischen England und Deutschland das Leben zu nehmen, durchlitt Jessica Höllenqualen vor Angst und Schmerz um die Schwester. »Ich trauerte um meine Boud aus Boudledidge-Tagen«, schrieb sie, »meine große, strahlende Gegnerin, ... als wir unter den Bannern von Hakenkreuz und Hammer und Sichel gegeneinander fochten.« Die emotionale Bindung der Schwestern aus Kindheitstagen konnte nicht einmal der folgende Weltkrieg vollständig auslöschen.

Dieser Zusammenschluß in eigenen Spielen und Sprachen ist für viele Kinder weniger eine Abwehr gegen ernsthafte Gefahren, sondern dient vielmehr der Stärkung ihrer gemeinsamen Identität gegen die Macht der Erwachsenen. Einige Kinder aber sehen sich Tragödien gegenüber, die eine ernsthafte Gefahr für ihre Gesundheit und für ihr Glück darstellen. Bei dem ersten Anzeichen eines Unglücks neigen Schwestern dazu, in der blinden Annahme zu handeln, daß das, was die eine verletzt, auch die andere verletzt. Die Stärke ihrer Bindung wird zu einer Frage des Überlebens.

Gail und Nancy, die jetzt über dreißig sind, sind zwei Jahre auseinander. Ihre frühe Kindheit war überschattet von der Krankheit und dem Tod der Mutter. Als sie klein waren, stritten sie ununterbrochen miteinander.

»Diese Kämpfe entstammten dem ganz primitiven Bedürfnis, den anderen zu bezwingen«, sagt Gail. »Ich war dick und rundlich, während Nancy dünner und größer war. Normalerweise schlug sie mich kurz und klein. Ich sehe noch vor mir, wie wir auf dem Bett miteinander kämpfen und sie meine Finger nach hinten gegen einen Schrank drückt. Wir zogen uns an den Haaren und kratzten uns, und immer ließ sie mich wie einen Haufen Knochen auf dem Boden zurück.«

Das war jedoch ein »gesundes Kämpfen«, meint Gail, und bedeutete nicht, daß die Schwestern sich nicht verstanden. Im Gegenteil, sie glaubt, daß dieses Kämpfen ihnen die Möglichkeit gab, Dampf abzulassen und einige der negativen Aspekte ihrer engen Verbundenheit loszuwerden.

Die Krankheit ihrer Mutter war die Bedrohung von außen, die die beiden verband. »Wir besuchten sie gemeinsam, wenn sie im Bett lag. Und da sie viel krank war, waren wir oft aufeinander angewiesen und machten eine Menge zusammen. Meine Mutter starb, als ich fünf war. Das verband

Nancy und mich unheimlich. Plötzlich standen wir beide gegen den Rest der Welt. Die Erwachsenen ließen uns viel alleine, so daß wir viel Zeit bei anderen Leuten auf dem Land verbrachten, zwischen denen wir hin und her geschoben wurden.«

Wir trafen uns und sprachen über Familienprobleme

Andere Schwestern erzählen, daß sie sich verbündeten, als der Streit zwischen den Eltern die Sicherheit der Familie zu zerstören drohte. Überdies zeigte sich auch bei den von mir interviewten Schwestern die Tendenz, die Seite der Mutter einzunehmen, wenn ein Elternteil gegen den anderen Stellung bezog.

Faith, die heute in den Dreißigern ist, wuchs in Amerika auf. Sie war das dritte Mädchen in ihrer Familie, und auf sie folgte noch ein jüngerer Bruder. Wie in vielen Familien war die Solidarität der Schwestern zumindest teilweise eine Reaktion darauf, daß sie weniger als die männlichen Familienmitglieder galten.

»Als mein Bruder geboren wurde, erlitt ich einen furchtbaren Schock, denn da er ein Junge war, war er viel wichtiger als ich. Ein Junge! Hallelujah! Sie hatten einen Jungen gewollt, daher hatten meine Eltern so viele Kinder. Sie hätten schon beim zweiten aufgehört, wenn es ein Sohn gewesen wäre, aber dann bekamen sie mich. Was für eine Enttäuschung!«

Zusammen mit ihrer Mutter jedoch schlossen sie ein unschlagbares Bündnis. »Es war die Aufmerksamkeit unserer Mutter, die wir wollten. Unser armer Vater litt entsetzlich. In der Rangordnung stand er nicht sehr hoch. Im nachhinein tut er mir wirklich leid.

Gegen uns vier kam er nicht an. Er wurde ziemlich in die Ecke gedrängt und arbeitete schließlich die ganze Zeit, so daß wir ihn kaum sahen. Und wenn wir ihn dann sahen, machten wir gemeinsam Front gegen ihn und begannen zu kichern. Er wußte nicht warum. Meistens gab es nicht mal einen Grund. Wir kicherten einfach nur, weil wir zu viert waren.«

Als die Kinder älter waren, beschlossen die Eltern, daß sie nicht länger zusammen leben konnten. »Wir waren sehr bestürzt«, erinnert sich Faith. »Wir Schwestern und Mutter setzten uns zusammen und sprachen über das weitere Vorgehen, sprachen über die ganze Angelegenheit.«

Die Situation wurde erschwert durch die Krankheit der Mutter. »Meine Mutter war damals im Endstadium ihrer Krebserkrankung. Als ich zehn war, war ihr eine Brust abgenommen worden. Man hatte ihr gesagt, daß der Krebs mit großer Sicherheit wiederkommen würde. In den letzten fünf Jahren der Krankheit wußten wir alle Bescheid. Meine Schwestern und ich rieten ihr, Vater zu verlassen, denn er wollte sich scheiden lassen, aber sie wollte nicht.«

Zu diesem Zeitpunkt lebten Faith und eine ihrer älteren Schwestern, Bev, bereits in England. Aber dennoch, sagt Faith, »standen meine Schwestern und ich ihr bei, wir waren immer auf ihrer Seite. Bev vergoß viele Tränen, und bis heute kann sie unseren Vater nicht ausstehen. Ich empfinde ihn als Belastung, aber er tut mir heute auch leid. Meine andere Schwester, Jenny, blieb in Amerika und war eine große Stütze für meine Mutter.«

Bis heute, sagt Faith, sind die Schwestern sich »sehr, sehr nahe«. Und wenn sie sich treffen, sprechen sie noch immer über Familienprobleme.

Bei den Coopers waren es auch die Schwestern und die Mutter, die sich gegen den Vater zusammenschlossen, als die Ehe der Eltern in die Brüche ging. Und der Grund dafür war, daß die älteste Tochter die sexuellen Aktivitäten des Vaters entdeckte. Mary Cooper war damals 13 Jahre alt, ihre jüngere Schwester Eileen war elf.

»Es brachte uns zusammen«, erinnert sich Eileen. »Ich folgte wohl eher dem Vorbild Marys, als selbständig zu

reagieren. Ich unterstützte alles, was Mary tat. Wir alle waren ziemlich ›anti‹ Vater. Mutter und wir waren gegen ihn. Es war eigentlich immer so.«
Auch heute noch fühlen sich die Schwestern eng verbunden, was auch in ihrer Sorge um das Wohl der Familie deutlich wird. Und noch immer ist es Mary, die die Last der Verantwortung auf sich nimmt. »Ich glaube, daß sie sich auch heute noch stärker für die Familie engagiert und sich um sie kümmert, als ich es tue«, sagt Eileen.
Aber nicht alle Schwestern tun sich zusammen, um die Mutter zu unterstützen. Manchmal verbünden sie sich auch *gegen* eine Mutter, mit der es schwer ist, auszukommen. Als Brendas Familie auseinanderbrach, blieb sie bei ihrer Mutter, während ihre einzige andere Schwester, Pat, mit dem Vater ging. Pat hatte sich nie mit ihrer Mutter verstanden. Brenda litt in der Pubertät unter Depressionen, und es gab eine lange Zeit, in der auch sie viele Auseinandersetzungen mit der Mutter hatte. Es war Pat, die ihr half, sich aus ihrer Situation zu befreien.
»Meine Mutter und ich stritten uns furchtbar, aber Pat hatte es zu diesem Zeitpunkt geschafft, sich völlig von meiner Mutter zu lösen. Einmal war sie bei uns, als ich einen entsetzlichen Krach mit meiner Mutter hatte. Pat hielt zu mir. Sie kam hinterher in mein Zimmer und sagte: ›Ich verstehe nicht, warum du hierbleibst, Brenda. Verlasse sie, um Gottes willen, es schadet dir nur, wenn du bleibst. Pack deine Sachen und geh. Ich werde schon mit ihr fertig.‹«
»Ich ging damals nicht sofort weg, aber bald darauf. In gewisser Weise trug Pat zu meinem Erwachsenwerden bei. Durch sie erkannte ich, was mit meiner Mutter los war.«
In anderen Familien ist es der gegenseitige Zusammenhalt gegen *beide* Eltern, der die Schwestern zusammenführt. Bei den Morisseys zementierte der Nervenzusammenbruch des Vaters, verbunden mit dem schweren Alkoholismus der Mutter, die Bindung zwischen den fünf Schwestern. Die älteste Schwester, Polly, hat auch heute noch ein starkes

Gefühl von Solidarität gegenüber den anderen Mädchen der Familie, obwohl sie schon seit langem das Elternhaus verlassen und eigene Karrieren und Familien aufgebaut haben: »Da ich die älteste Tochter war und meine Mutter da, wo wir lebten, nicht viele Freunde hatte, kam sie mit ihren Problemen zu mir, seit ich zehn Jahre alt war. Ich weiß noch, daß ich nicht in der Lage war, ihr Weinen zu beenden, und fühlte mich daher selbst furchtbar elend. Wenn ich zurückschaue, habe ich das Gefühl, daß ich zu einem sehr frühen Zeitpunkt gezwungen wurde, in die Rolle eines Erwachsenen – nämlich *ihrer* Mutter – hineinzuwachsen.

Die einzigen, mit denen ich darüber sprechen konnte, waren meine Schwestern. Auch sie hatten ihren Anteil an den allgemeinen Sorgen zu tragen. Als Vater krank war, kümmerten wir uns abwechselnd um ihn, da er manchmal von zu Hause verschwand.

Wir mußten uns auch um Mutter kümmern. Wenn sie zu viel getrunken hatte, konnte sie nicht alleine zu Bett gehen, und wenn sie hinfiel, mußten wir sie wieder aufrichten. Wir verarzteten sie, wenn sie sich verletzte, da sie sich weigerte, zum Arzt zu gehen.

Es klingt ziemlich hart, aber unsere einzige Unterbrechung bestand darin, daß meine Schwestern und ich uns in der Küche zusammensetzten und so lange lachten, bis das Lachen schließlich in ein Weinen über unsere Eltern überging. Es war ein ziemlich hysterisches Lachen, eine Art schwarzer Humor. Aber wir wurden mit unserer Situation fertig, indem wir uns die neuesten ›lustigen‹ Geschichten erzählten über das, was er oder sie angerichtet oder gesagt hatten.

Mit wem sonst hätten wir sprechen können? Es wäre wie ein Bruch der Loyalität unserer Familie gegenüber gewesen, wenn wir mit Fremden gesprochen hätten. Und außerdem haben Leute, die nicht das gleiche durchgemacht haben, kein Verständnis und fällen Urteile über deine Eltern. Sie hatten zwar ihre Probleme, aber sie waren dennoch unsere Eltern, und wir wollten nicht, daß Leute außerhalb der

Familie sie schlechtmachten. Wir konnten sie allerdings untereinander schlechtmachen, soviel wir wollten, das war erlaubt.
Unsere gesamte Kindheit über wurden unsere Treffen und Unterhaltungen beherrscht von dem Gespräch über ihre jüngsten Probleme. Wir waren davon ziemlich besessen, aber selbst heute gibt es niemanden, der wirklich versteht, was für ein Gefühl das ist. Wir haben nichts zu erklären oder zu rechtfertigen. Das einzige, was ich tun muß, ist, einen Kommentar meiner Mutter zu erwähnen, und meine Schwestern wissen, worum es geht.
Ich glaube, das, was geschehen ist, hat uns alle ziemlich stark beeinflußt. Wir können daher in den anderen Schwestern einen Spiegel unserer selbst finden. Wenn mich als Erwachsene diese oder jene Unsicherheiten quälen, sind es noch immer meine Schwestern, die mich intuitiv am besten verstehen, denn sie wurden an der gleichen Stelle von den gleichen Ereignissen getroffen.
Diese schlimmen Erfahrungen in der Kindheit hatten auch eine positive Seite. Sie ließen einen wirklich festen Zusammenhalt zwischen uns entstehen, der, glaube ich, niemals zerstört werden wird. Heute versuchen wir, weniger über die Vergangenheit und unsere Eltern zu reden, aber es gibt niemanden auf der Welt, dem ich das gleiche Vertrauen entgegenbringen würde wie meinen Schwestern.«

Muster und Prototypen

Jedes Mädchen stellt sich die Frage: »Was wird aus mir werden? Was werde ich mit meinem Leben machen?« Es gibt eine ganze Reihe von Faktoren – Klasse, Rasse, Glück, Gesundheit –, die Einfluß auf die Antwort haben. Aber es gibt einen weiteren wichtigen Faktor, der nur selten erwähnt wird: Bei einem Mädchen, das eine Schwester hat, dreht sich alles um die Frage: »Werde ich sein wie sie – oder anders?«

Viele Frauen sagen, daß das Muster, nach dem sich ihr Leben entwickelt habe, eng verwoben sei mit dem Muster, nach dem das Leben der Schwestern verlaufen sei. Der Einfluß der Schwester kann sich auf allen Ebenen bemerkbar machen, angefangen von Entscheidungen im Beruf, in der Ehe, bei den Kindern oder der Wahl des Liebhabers.

Auch auf einer tiefergehenden, emotionalen Ebene neigen Frauen dazu, in ihren Erwachsenenbeziehungen bestimmte Muster zu wiederholen, die ihren Ursprung in den Gefühlen ihren Schwestern gegenüber haben. Angesehene Theoretiker, wie etwa Bank und Khan[3], haben versucht zu erklären, »wie sich das Selbstverständnis eines Kindes anhand seiner frühesten engen Beziehungen entwickelt und wie sich dieses Beziehungsmodell bei dem erwachsenen Menschen in anderen engen Bindungen wie z.B. einer Ehe in einer gesunden oder gestörten Form wiederholt«.

Man hat sogar behauptet, daß eine Ehe höchstwahrscheinlich dann erfolgreich ist, wenn sie dem Muster der Beziehungen folgt, die die Partner in ihrer Kindheit zu ihren Geschwistern hatten. In seinem »Duplikationstheorem« spekuliert der Psychologe Walter Toman[4], daß die älteste Schwester von Brüdern sich am besten als Ehefrau des jüngsten Bruders von Schwestern eignet. Diese Theoretiker haben die Beziehungen von Schwestern und Brüdern auf ihre emotionalen Muster hin untersucht, aber nach dem, was Schwestern sagen, kann auch die Beziehung zwischen zwei Schwestern von großem Einfluß auf die spätere Wahl eines Partners und die an ihn gestellten Erwartungen sein. Jede Entscheidung, die wir treffen, in welchem bewußten oder unbe-

[3] Bank, Stephen and Khan, Michael: The Sibling Bond. New York: Basic Books 1982.

[4] Psychology Today, September 1984.

wußten Zusammenhang sie auch mit unserer Schwester steht, ist ein weiterer Mosaikstein auf dem Weg zu unserer endgültigen Identität.

Ich konnte es nicht tun, mach du es

Einem »Außenseiter« in der Familie muß es ganz »natürlich« erschienen sein, daß wir vier Schwestern geworden sind, was wir zu sein scheinen: Ich, die älteste Tochter, »gut in Englisch« – eine einigermaßen angesehene Schriftstellerin. Fran, die »immer Krankenschwester werden wollte« – als Kind hatte sie eine Schwesterntracht und ein Puppenkrankenhaus –, ist heute Krankenschwester und Hebamme.
Lucy, »die akademisch Begabte«, wurde nach ihrem Studium Lehrerin. Für Emily, die jüngste, für die die Welt der Phantasie genauso real war wie die wirkliche Welt und die von klein auf als »die Hübsche« bezeichnet wurde, schien es nur logisch, daß sie ihr Glück auf der Bühne versuchen würde. Dies alles sind plausible Beweggründe. Aber wenn ich ein paar Schichten tiefer grabe, um Dinge aufzudecken, die gesagt wurden, Dinge, an die sich meine Schwestern erinnern, dann wird das Bild komplexer, die Wechselwirkung zwischen unseren Entscheidungen erscheint subtiler.
Als älteste Tochter war ich die erste, die ins Leben entlassen wurde. Meine Entscheidungen waren beeinflußt von meinem Vater und meinen älteren Brüdern. Ich hatte kein weibliches Karrierevorbild vor Augen. Mein Weg lehnte sich eng an den meines Vaters an: Ich bemühte mich sogar um eine Stellung in seinem Fachgebiet. Meine Identität in der Welt war unabhängig, einige würden sagen »maskulin«.
Aber jede meiner Schwestern hat gesagt, daß meine Entscheidungen und meine Identität die ihren in gewisser Weise beeinflußt haben, und ich weiß, daß das umgekehrt genauso der Fall ist. Fran beklagt sich noch heute darüber, daß ich ungerechterweise als diejenige abgestempelt wurde, die »gut

in Englisch« war. Schließlich war sie es, die in der Schule einen Preis in einem Aufsatzwettbewerb erhielt, für den ihr niemand in der Familie, so meint sie, jemals Anerkennung entgegengebracht hat. Implizit will sie damit sagen, daß ich, die Älteste, sie ihrer Möglichkeiten beraubte. Unsere ganze Kindheit über kämpften wir beide wütend miteinander, um unseren Groll loszuwerden, den keine von uns beiden voll verstand.

Doch heute ist sie weit davon entfernt, mir möglichen Erfolg zu mißgönnen, sie prahlt mit mir vor ihren Freunden und bittet mich um Kopien meiner Bücher. Als mein erstes Buch erschien, schickten alle drei Schwestern mir eine Karte mit folgenden Worten: »Schwester, Du bist so großartig, es ist kaum zu glauben, daß wir miteinander verwandt sind.« Sie unterschrieben die Karte: F.L. und E. McConville.

Und ich bin stolz auf sie. – Vielleicht ist dieser gegenseitige Stolz auch ein Versuch, dem Konkurrenzkampf auszuweichen, aber er ist dennoch echt. – Fran arbeitet heute als freiwillige Helferin in Bangladesch. Ich prahle mit ihr und lobe sie vor meinen Freunden. Ich berichte von ihrem oft dramatischen und eindrucksvollen Leben. Ihr Engagement zeigt sie nicht allein in einem guten Licht, in gewisser Weise, finde ich, wirft es auch ein gutes Licht auf mich. Ich habe sie um ihr Engagement beneidet, aber ich habe mich auch eines Teils ihrer Anerkennung stellvertretend für sie erfreut. Und von einem rein egozentrischen Standpunkt aus betrachtet tut sie es nur für mich. Auch ich meldete mich als Freiwillige für ein Land der Dritten Welt, als ich 22 Jahre alt war. Ich bin nie dort gewesen, vielleicht wollte ich auch nicht wirklich dorthin gehen. Aber jetzt, seitdem Fran in Bangladesch ist, habe ich weniger Gewissensbisse. Sie ist dort an meiner Stelle. Sie ist mir zuvorgekommen. Wenn ich heute das gleiche täte, würde ich meine Schwester nachahmen, in ihr Terrain einfallen, mich selbst in einen wenig willkommenen Wettstreit mit ihr begeben. Diese freie Stelle ist jetzt besetzt.

Lucy wählte einen ganz anderen Weg. Sie lehrt Englisch als Fremdsprache in Sydney und liebt ihren Beruf. Niemals, so sagte sie mir, könnte oder wollte sie tun, was ich tue: nämlich meine Arbeit der Öffentlichkeit und der Kritik darbieten. Sie hat beobachtet, wie ich lebe, und hat entschieden, daß das nichts für sie ist, so wie sie auch Frans Lebensweg gesehen hat und sich gegen ihn entschieden hat, ohne ihn selbst auszuprobieren. Das haben wir *für sie* gemacht.
Lucys Entscheidung, in Australien zu leben, wo sie glücklich und zufrieden scheint, war eine Möglichkeit, sich von dem Einfluß der Schwestern zu lösen. Sie hat jetzt ihren eigenen Lebensweg, einen neuen Freundeskreis und die ersten Anflüge eines australischen Akzents. Als Kind war sie immer die zarteste und wurde von uns vier Schwestern am meisten drangsaliert. Ich vermute, daß es für sie notwendig war, uns zu verlassen, um eine neue, eigene Identität zu finden.
Sie ist nun ihrerseits zu einem Brückenkopf für uns geworden. Während sie in Sydney lebt und australische Staatsbürgerin wird, hält sie für den Rest von uns die verführerische Möglichkeit einer Emigration offen. Ihre Briefe sind voll Sonnenschein, Surfen und einem glücklichen Leben.
Emily hat ebenfalls die Entscheidungen ihrer älteren Schwestern für sich abgelehnt. Sie hat mir einmal gesagt: »Ich konnte niemals schreiben, weil das das ist, was du tust.« In dem Wissen, daß sie schreiben kann und tatsächlich auch schreibt, habe ich mich darangemacht, ihre Meinung zu ändern. Erst neulich hat sie ihr Interesse am Schreiben öffentlich kundgetan, indem sie ein Manuskript verfaßt hat. Frans und Lucys Entscheidungen haben auch auf sie Einfluß gehabt. Sie weiß genau, daß sie nicht das tun könnte, was Fran macht. Sie sagt, sie könnte das Elend in Bangladesch nicht ertragen. Aber Lucys Werbung für ein »gutes Leben« in Sydney hat sie dazu bewogen, dort ein Jahr zu verbringen, während Lucy versucht, ihr eine Stelle als Schauspielerin zu verschaffen.

Emilys Wunsch, Schauspielerin zu werden, geht zurück auf einen Kindheitstraum, der geprägt ist von einer heftigen Reaktion – um nicht zu sagen Rache – gegenüber ihren älteren Schwestern (und Brüdern), die alle eine Universität besuchten. Emily ist die einzige in der Familie, die dies nicht tat.

»Ich wollte immer der große Star sein, der nach Hause kommt, um seine Familie zu besuchen«, sagt sie. »Ich sah mich, wie ich zu dem Haus fuhr, in dem die Familie lebte, und ich hatte alles, was zum Erfolg dazugehört. Ihr alle wart ziemlich bemitleidenswerte, arme, euch mühsam abquälende Akademiker, und ich rollte in meinem Mercedes heran, mit allem Brimborium. Es machte mir einen wahnsinnigen Spaß.

Es ist interessant, daß ich in meinem Traum nie einen Mann am Arm hatte. Immer war ich es, die im Zentrum stand.«

Das ist ein Traum, der auch heute noch viele der wichtigsten Entscheidungen ihres Lebens leitet. »Noch immer möchte ich etwas *Großes* tun«, sagt sie.

Auf solch versteckte Art und Weise haben wir uns untereinander geholfen und behindert. Das Gewirr unserer gegenseitigen Einflüsse war manchmal eine Einschränkung, manchmal eine Befreiung. Im schlimmsten Falle haben wir die Möglichkeiten der anderen blockiert, vereitelt und sind die Ursache für schmerzhafte Eifersüchteleien und Vergleiche gewesen.

Im besten Fall haben wir uns untereinander auf die loyalste Weise unterstützt, ermutigt, geholfen, füreinander Neuland erschlossen und uns neue Möglichkeiten eröffnet. Aber der starke gegenseitige Einfluß auf die Entscheidungen der anderen steht dennoch unleugbar fest.

Sie hat ihre Ambitionen auf mich übertragen

Manche Schwestern berichteten, daß sie sich gezwungen fühlten, einen Weg zu gehen, den ihre Schwester für sie ausgewählt hatte, so wie viele Töchter erkennen, daß sie die unerfüllten Wünsche ihrer Mutter ausleben.

Die 29jährige Hilary ist zwei Jahre jünger als ihre Schwester Carey. Während der gesamten Kindheit und Jugend, die von dem traumatischen Auseinanderbrechen der Familie überschattet waren, hatte Carey die Rolle der älteren, verantwortlichen Schwester inne. Diese Belastung führte schließlich zu ihrem Zusammenbruch und zu einer Phase der Depression.

Hilary ertappte sich plötzlich dabei, wie sie viele der Dinge tat, die Carey vor dieser depressiven Phase hatte tun wollen. »Meine ältere Schwester Carey überträgt ihre Ambitionen auf mich und unsere jüngere Schwester Janet«, erzählt Hilary. »Nach Beendigung der Schulzeit begann Carey eine Ausbildung als Lehrerin und hatte einige Reisen geplant. Sie führte ihre Vorhaben nicht zu Ende, da sie eine wirkliche Pechsträhne hatte. Sie ließ sie einfach fallen. Es ist ganz interessant, daß ich diese Pläne verwirklicht habe, wenn auch erst ein paar Jahre später. Ich wurde Lehrerin und machte eine Menge Reisen.«

Ihrer Schwester Janet hat Carey ihre Ambitionen noch viel offenkundiger aufgezwungen. »Carey entwirft Strategien für Janets Leben«, berichtet Hilary. »Sie bewirbt sich für Janet um Jobs, um die Janet sich ihrer Meinung nach bewerben sollte, und schneidet Stellenanzeigen aus, um sie ihr zu geben.«

Die jüngeren Schwestern heißen diesen Einfluß nicht vollkommen gut, aber sie bestreiten nicht, daß Carey ihr Leben beeinflußt. »Ich glaube, daß Janet sehr stark davon berührt ist«, glaubt Hilary. »Sie ist hin und her gerissen zwischen einem Gefühl von Ärger und der Frage, ob Carey nicht recht hat und ob sie nicht mehr Ehrgeiz entwickeln sollte.«

Auch in ihrem Privatleben betrachtet Carey die Entscheidungen der Schwestern als ihre Angelegenheit. Sie prüft Janets Freunde auf Herz und Nieren – und hält sie oft für unpassend. Auch behandelt sie Hilarys Baby fast so, als wäre es ihr eigenes.
Sie war überglücklich, als Hilary eine Tochter bekam. Sie erklärte: »Jetzt brauche ich mich nicht mehr darum zu kümmern. Ich muß jetzt keine eigene Tochter haben, denn in gewisser Weise habe ich nun eine.«
»Sie hält mein Baby fast für ihres«, sagt Hilary. »Sie hat ein Foto von ihr an ihrem Bett, das sie jede Nacht küßt. Manchmal ist sie sehr rührselig.«

Wir beeinflussen uns gegenseitig. Es ist eine zweigleisige Angelegenheit

Der Altersunterschied zwischen Pat, heute dreißig, und ihrer älteren Schwester Melita beträgt mehr als zehn Jahre. Dennoch hat Pat den Eindruck, daß ihre Entscheidungen im Beruf und in ihren Beziehungen zu Männern sehr eng verbunden sind mit den Entscheidungen der älteren Schwester. Als Kind repräsentierte Melita die glitzernde Welt der Erwachsenen, zu der Pat unbedingt Zugang haben wollte: »Ich erinnere mich daran, wie sie an Wochenenden nach Hause kam. Sie verbreitete eine ganz außergewöhnliche Ausstrahlung um sich herum. Ich durchsuchte ihre Handtasche und machte ihr alles nach. Ich hatte meine eigene kleine Handtasche mit Schokoladenzigaretten und ein selbstgemachtes Scheckheft. Ich hatte den unbedingten Wunsch, später einmal so zu werden wie sie. Ich glaubte, dann würde das Leben erst richtig beginnen.
Sie nahm mich erst wahr, als wir beide schon viel älter waren. Wir kamen uns erst näher, als ich ungefähr 24 Jahre alt war.« Der Grund war Pats Liebhaber, mit dem Melita sich gut verstand. Die drei verbrachten sogar einen Urlaub

zusammen. »Ich glaube, als ich klein war, ging es mir besser als ihr«, meint Pat. »Ich wuchs in den sechziger Jahren auf, und das hat sie verpaßt.«
Das heißt, bis die jüngere Schwester in der Lage war, ihren Einfluß auf die ältere geltend zu machen: »Ich glaube, ich beeinflußte sie, weil ich eher Beziehungen zu Männern hatte als sie. Als sie mit uns Urlaub machte, gewann sie den Eindruck, daß ich ein faszinierendes Leben lebte, und davon wollte sie ein Stück. Sie erlebte mit mir noch einmal einen Teil ihrer Jugend, und wenn es auch eine schwierige Zeit war, brachte sie uns doch einander näher.«
Auf diese Weise, glaubt Pat, hat sie ihre ältere Schwester geleitet, die zu gewissen Zeiten sehr eifersüchtig auf sie war. »Ich hatte die Möglichkeit, mir eine eigene Wohnung zu kaufen. Die hat sie nie gehabt, hätte sie aber gerne gehabt. Sie sah, daß ich die besser bezahlten Stellen hatte, Dinge tat, die sie nie getan hatte, unter – oberflächlich betrachtet – großartigeren Bedingungen. Sie war immer sehr interessiert an dem, was ich tue.«
In der letzten Zeit jedoch ist die Initiative an Melita zurückgefallen, und Pat mußte einsehen, daß ihre ältere Schwester wieder die Führung übernommen hat:
»Sie führt ein sehr kultiviertes Leben. Als ich jung war, hat mich das überhaupt nicht interessiert. Ich war die ganze Zeit auf Achse und hatte, wie mir schien, eine Menge Spaß.
Doch jetzt ist mir klargeworden, daß sie ein faszinierendes Leben führt, und mehr und mehr interessiere auch ich mich für Kunst und Kultur. Sie hat sich selbst einen Namen in diesen Kreisen geschaffen und hat sich endlich ihren 16 Jahre alten Traum erfüllt, sich als Kunsthändlerin selbständig zu machen.
Mit vierzig Jahren scheint sie sich nun in einer Weise zu entwickeln, wie ich es niemals für möglich gehalten hätte. Ich betrachte das, um ehrlich zu sein, mit gemischten Gefühlen. Es ist witzig, wie man seine eigene Schwester als Maßstab benutzt. Sie hat sich von jemand, dem ich recht wenig

Bewunderung entgegenbrachte und den ich wenig beachtete, zu einer Person entwickelt, die ich enorm bewundere. Ich bewundere sowohl die Art, wie sie ihr persönliches Leben führt, wie auch die Weise, in der sie durch schiere Hartnäckigkeit – eine Eigenschaft, die mir ziemlich abgeht – ihr ehrgeiziges Ziel erreicht hat. Auch ich arbeite an einer Art unerfülltem Wunschtraum.«

Pat beschreibt ihren gegenwärtigen Einfluß aufeinander als eine »zweigleisige« Angelegenheit. Diese Bezeichnung trifft auch auf ihre Beziehungen mit Männern zu: »Nachdem ich eine vorangegangene Beziehung gelöst hatte, verblieb Melita in dem Kreis um meinen früheren Freund und begann eine Beziehung mit einem seiner Freunde.«

Für Pat war das ein Schock. Sie empfand ihrer Schwester gegenüber Ärger und Verbitterung. Doch seither sind die Schwestern sich wieder nähergekommen. Was Pat heute verblüfft, ist die Ähnlichkeit zwischen Melitas Liebhaber und ihrem eigenen derzeitigen Partner: »Melitas Liebhaber aus meinem alten Freundeskreis ähnelt sehr dem Mann, mit dem ich inzwischen befreundet bin. Sie haben den gleichen Beruf und ähneln sich auch äußerlich. Beide sind viel älter als wir, und keine von uns ist mit einem von ihnen verheiratet. Ich frage mich, warum ich erst so spät in meinem Leben den Wunsch habe, meiner Schwester nachzueifern, so spät erst die Entdeckung gemacht habe, daß man sie nicht unterschätzen sollte.«

Auch in anderer Hinsicht ist Melita für Pat ein Maßstab: »Die Tatsache, daß ich keine Kinder bekommen habe, hat viel zu tun mit der Tatsache, daß auch Melita keine hat. Das vermittelt mir das Gefühl, daß ich richtig entschieden habe. Ich bin sicher, daß ich anders denken würde, wenn sie Kinder hätte.«

Was ihr Privatleben, ihre Meinungen und Interessen angeht, so hat Pat zunehmend das Gefühl, daß ihr Lebensweg mit dem Melitas verbunden ist:

»Mein Interesse an den kulturellen Dingen, die für sie

wichtig sind, hat sich in den letzten fünf Jahren entscheidend verändert. Sie ist ein Mensch geworden, der sagt, was er denkt, und ich stelle an mir fest, daß ich genauso werde. In den letzten Jahren habe ich sie ganz offensichtlich nachgeahmt. Ich weiß eigentlich nicht ganz, warum.«

Wir haben die gleichen Wege beschritten

Seit Mandy erwachsen ist, ist ihr Leben eng mit dem ihrer älteren Schwester Sally verbunden. Obwohl Sally, heute 39, sechs Jahre älter ist, hat dieser Altersunterschied keine Rolle mehr gespielt, seit sie das Elternhaus verlassen haben. Sobald Mandy auf eigenen Beinen stand, reiste sie nach Amerika, um dort zu ihrer Schwester zu ziehen, die in New York arbeitete.
»Seitdem haben wir die gleichen Wege beschritten, haben uns gegenseitig sehr stark nachgeahmt. Mein Berufsleben ist genauso wirr wie Sallys, beide haben wir hin und wieder als Kellnerinnen gejobbt«, erklärt Mandy.
Auch ihr Privatleben folgt einem ähnlichen Muster. Keine von ihnen wollte unbedingt heiraten. Mandy ist heute noch unverheiratet, während Sally hauptsächlich geheiratet hat, so vermutet sie, weil sie ein Baby erwartete. Was Männer angeht, so haben sie auch einen ähnlichen Geschmack.
»Sally weckte in mir das Interesse an Männern, die Musiker sind«, erläutert Mandy. »Wie Sally begann ich, mit Musikern auszugehen. Und beide sind wir nicht an älteren Männern interessiert. Der Mann – ein Musiker –, mit dem ich zusammenlebe, ist sehr jungenhaft, und auch Sallys Mann ist geistig sehr jung. Auch waren wir beide nicht in der Lage, Männer zu finden, die uns versorgen können.«
Diese Parallelen von privatem und beruflichem Leben sind auch bei anderen Schwestern zu finden. Jane ist heute Ende Zwanzig. Wenn sie und ihre jüngere Schwester Louise zurückblicken, können sie beide das gleiche Muster erkennen.

»Ich habe festgestellt, daß unser Aufwachsen sich nach dem gleichen Schema vollzogen hat«, sagt Jane. »Wir haben beide ganz ähnliche Dinge getan: wir haben jung geheiratet, wir waren bald geschieden, wir besuchten erst spät das College. Und beide hatten wir immer wieder ›unpassende‹ Beziehungen zu Männern, die nicht die richtigen für uns waren... «

Für einen Außenstehenden ist es erstaunlich, daß Schwestern, die so unterschiedlich scheinen, selbst so viele Ähnlichkeiten untereinander erkennen. Louise bekam ein Kind, als sie 17 war, Jane ließ zur gleichen Zeit ein Kind abtreiben. Heute haben sich ihre Lebenswege getrennt: selbst ihr Lebensstil, ihre soziale Umgebung und auch die Männern, mit denen sie ausgehen, sind grundverschieden.

Wenn sich die Schwestern aber treffen, sprechen sie ausgiebig über die Antriebskräfte, die sie auf den gleichen Weg geführt und sie von ihm auch wieder abgebracht haben. Beide erkennen darin eine Reaktion auf das gleiche Bündel von elterlichen Erwartungen. Sie mögen unterschiedlich auf diese reagiert haben. Warum das jedoch so war, ist nur für sie ganz zu verstehen.

Ich wollte sie nicht nachahmen, aber ich fühlte mich ihr so verwandt...

Manchmal fühlen sich Schwestern hin und her gerissen zwischen dem Wunsch, einander gleich zu sein, und der Angst, sich gegenseitig auf die Füße zu treten. Die heute 31jährige Di erinnert sich noch daran, daß sie von Kindheit an den Wunsch hatte, ihrer großen Schwester Petra nachzueifern. Petra brachte ihrer Schwester bei, was sie gerade in der Schule gelernt hatte, während Di davon träumte, so wie Petra tanzen und malen zu können.

Um jedoch das rechte Verhältnis zu ihrer Ähnlichkeit und ihren gemeinsamen Interessen zu finden, mußten die

Schwestern mit dem Dämon ihrer Identität fertig werden. Di befürchtete nicht nur, daß der Reiz, den Petras Lebensentscheidungen auf sie ausübte, sie zu einer störenden Miniausgabe ihrer Schwester machen würde, sie mußte auch damit fertig werden, daß die Eltern ihrer Schwester mit deutlichem Mißfallen gegenüberstanden.
Als sie älter wurden, versuchte die Mutter Di davon abzuhalten, Petra nachzuahmen, indem sie die ältere Tochter als wenig erstrebenswerte Persönlichkeit abstempelte.
»Meine Mutter hielt Petra für geistig behindert, weil sie als kleines Kind sehr klein war und nicht wuchs. Aus diesem Grund behandelte sie sie immer, als wäre sie ein bißchen komisch. Sie ist auch komisch, aber wahrscheinlich nur deshalb, weil sie immer so behandelt wurde.
Im Gegensatz dazu hielt meine Mutter mich für perfekt. Ich kann mich daran erinnern, daß ich mich für etwas Besonderes hielt, daß ich glaubte, meiner Mutter und meinem Vater wichtiger zu sein als Petra. Man erwartete von mir, daß ich immer alles richtig machte. Von Petra erwartete man das nicht. Ich wollte die gleiche Schule besuchen wie sie, doch das durfte ich nicht, denn ich durfte nicht das gleiche tun wie sie.
Man hielt sie für völlig nutzlos – und sogar unfähig, eins und eins zusammenzurechnen. Das war total übertrieben. Sie war nicht akademisch veranlagt wie ich. Sie war die künstlerisch Begabte, ich die akademisch Begabte.«
Aber die enge Verbundenheit der beiden, die seit der Kindheit existierte, wog schwerer als alle elterliche Beeinflussung:
»Ich habe sie immer bewundert«, sagt Di. »Ich wollte immer sein, wo sie war. Ich wollte nicht so sehr sein wie sie, als vielmehr die gleichen Dinge tun wie sie. Ihre Art zu leben und ihre Ideen zogen mich an.
Ich weiß, daß ich mich fragte, ob ich sie nur nachahmte. Das wollte ich nicht, und doch schien mir das, was sie sagte, so verwandt. Ich glaubte, sie fühlte deutlich, daß ich ihr nach-

eiferte, daß ich sie auf ein Podest erhob und daß ich bestimmte Dinge nur tun wollte, weil sie sie tat. Das war für mich eine schwierige Situation.
Ich hielt viel zurück, weil ich nicht wollte, daß man von mir glaubte, ich versuchte, jemand anderes zu sein.«
Selbst in ihrer Entscheidung, ein Kind zu bekommen, fühlte Di sich von ihrer Schwester Petra beeinflußt: »Ich erinnere mich noch, wie ich sie zu Weihnachten besuchte, nachdem ihr Kind geboren war. Ich war erstaunt und fühlte, daß ich ein eigenes Kind haben wollte. Ich heiratete im Frühjahr darauf und wurde im Sommer schwanger, einer bewußten Entscheidung folgend, wahrscheinlich als Folge davon, daß ich sie mit ihrem Baby gesehen hatte. Dieses Erlebnis hatte meinen Entschluß bestärkt, ein Kind zu bekommen.«
Aber als Petras »kleine Schwester« wurde es für Di immer wichtiger, daß man ihre enge Verbundenheit nicht fälschlicherweise für ein bloßes Nacheifern Petras hielt. Während der Besuche bei ihrer Schwester versuchte Di, dieses Identitätsproblem mit ihr zu besprechen: »Ich begann, Petra zu erzählen, was ich tat und wie weit ich dabei gekommen war. Besonders wichtig war es zu sagen: An diesem Punkt bin ich jetzt. Sehr wichtig, aber auch sehr schwierig war es, sich von ihr zu unterscheiden, denn im Grunde sagte ich, ich bin an dem gleichen Punkt angelangt wie du, aber ich bin von einem anderen Ausgangspunkt dorthin gekommen, und das hat seine Berechtigung. *Ich* mußte diesen Weg auf diese Weise gehen.
Außerdem vertrete ich andere Standpunkte als sie, meine politischen Überzeugungen unterscheiden sich von ihren. Politik ist für mich wichtiger als für Petra. Wenn wir uns unterhalten, kann das störend sein, denn oft hat sie über bestimmte Dinge nicht nachgedacht und verdammt sie in Bausch und Bogen. Über Feminismus kann sie nur lachen.«
Nachdem sie sich von Petra gelöst hatte, fühlte sich Di freier in ihrer Beziehung; frei genug, um den Entschluß zu fassen, in die Nähe ihrer Schwester zu ziehen.

»Wir haben ziemlich ähnliche Gedanken und Träume, und einer meiner Träume ist es, irgendwohin in die freie Natur zu ziehen und dort im Kampf gegen die Elemente zu überleben. Petra hat diesen Traum bereits realisiert. Ich habe viel Zeit auf dem Bauernhof verbracht, auf dem sie seit sieben Jahren lebt. Ich weiß, worum es geht. Das ist harte Arbeit. Aber sie scheint mehr Bedeutung zu haben. Das Leben ist so viel reicher.

Als ich daher beschloß, die Stadt zu verlassen, lag die Entscheidung auf der Hand, auf den Bauernhof zu ziehen. Ich mag Petra. Ich möchte in ihrer Nähe leben. Auch für meine Tochter wäre es schön, mit ihren Kindern zusammen zu sein. Es ist wie eine Festigung der Familie. Wir arbeiten auch gut als Team zusammen. Als ich einmal drei Monate bei ihr verbrachte, arbeiteten wir zusammen, um Joghurt zu machen. Es klappte prima, ganz ohne Machtkämpfe. Wir waren erstaunt, daß es kein einziges Mal zu einem Streit kam.«

Noch immer ist es für Di schwierig, sich selbst zu erlauben, die gleichen Entscheidungen zu treffen wie Petra. Zudem besitzen die Schwestern genügend Feingefühl, was die Persönlichkeit der anderen betrifft, so daß es wahrscheinlich immer so bleiben wird.

»Manchmal macht mich die Frage verrückt, ob sie mich wirklich dort haben will. Als ich beschloß, zu ihr zu ziehen, fragte ich sie in einem Brief: Wie findest Du es tatsächlich, wenn ich so nahe zu Dir ziehe, und wie denkt Dein Mann darüber? Ich möchte sicher sein, daß ich Dir nicht auf die Füße trete und daß ich Dich nicht störe.

Sie schrieb zurück: Stell Dich nicht so an, natürlich störst Du nicht. Aber manchmal, wenn ich wochenlang nichts von ihr höre, mache ich mir Gedanken darüber, ob ich in meinem letzten Brief nicht etwas gesagt habe, was ihr nicht gefallen hat. Noch immer überkommen mich solche Momente.«

Während viele Frauen einen Zusammenhang sehen – im Positiven wie im Negativen – zwischen ihrer Entscheidung, für eine bestimmte Art zu leben, für eine berufliche Laufbahn, für einen männlichen Partner und den Entscheidungen ihrer Schwester, so sehen andere Frauen ihre frühe Beziehung zu ihrer Schwester als Prototyp der Beziehungen in ihrem späteren Leben.

Denn schließlich haben wir in der Kindheit gelernt, wie wir uns anderen gegenüber verhalten. Und die Schwester war oft die Person, die wir liebten und haßten, der wir vertrauten, die wir bekämpften, mit der wir stritten und die wir trösteten. Im Streit oder im Gespräch mit ihr schärften wir unsere Gedanken und Worte, und mit ihr zusammen erkundeten wir die Grenzen unserer Toleranz – und die anderer.

Lydia, heute über vierzig, hat sich und ihr Verhältnis zu ihrer jüngeren Schwester Penny in wenig guter Erinnerung: »Sie war immer ein Nachzügler, während ich viel energischer und extrovertierter war. Ich war ziemlich ungeduldig mit ihr und wohl auch ziemlich herrschsüchtig. Ich kann mich noch erinnern, wie eine fremde Frau mich auf der Straße ausschimpfte, als ich acht Jahre alt war, weil ich meine kleine Schwester ganz offensichtlich herumkommandierte und häßlich zu ihr war. Das überraschte mich sehr.«

Lydia empfindet heute manchmal die gleiche Art von Ärger, mit dem sie auf die kleine Penny reagierte, in ihrer gegenwärtigen Rolle als Mutter, diesmal in bezug auf ihre Tochter: »Es gibt eine Sache, die mich immer wieder verblüfft und erschreckt, das ist, daß ich meine Tochter unbewußt Penny nenne, wenn ich ihr gegenüber die Beherrschung verliere. Ich werde laut und plötzlich ist ihr Name da. Ich muß Penny gegenüber oft die Geduld verloren haben. Ich bin sicherlich schrecklich gewesen.«

Die frühe Erfahrung von Wettbewerb und Rivalität unter Schwestern hat bei anderen Frauen ihre spätere Reaktion auf andere Menschen beeinflußt. Sheila ist zwei Jahre jünger als ihre Schwester Marie, und da sie keine weiteren Geschwister hatten, wurden sie oft miteinander verglichen. Sie fochten einen stillen Kampf um die Zuwendung des Vaters aus.

Diese Rivalität spürt die heute 33jährige Sheila noch immer. »Wenn wir mit ihm zusammen sind, habe ich fast das Gefühl, daß nicht genügend Platz vorhanden ist. Daher achten wir beide sehr darauf, mit wem mein Vater sich unterhält, wem er seine Beachtung schenkt.«

Dieses Gefühl bringt Sheila in Zusammenhang mit einem generellen Unbehagen, das sie befällt, wenn sie mit anderen Frauen zusammen ist:

»Ich lebe in einem ständigen Wettstreit mit anderen Frauen. Dieses Gefühl kenne ich noch aus der Beziehung zu Marie. Ich habe den Eindruck, daß andere Frauen die Aufmerksamkeit von mir ablenken. Das resultiert zum Teil aus meinem mangelnden Glauben an meine Fähigkeit, bestimmte Dinge alleine erreichen zu können. Ich spüre ständig die Gefahr, daß jemand hereinkommen und mir alles wegnehmen könnte, was auch immer es sein mag.

Es hat eine Reihe von Gelegenheiten gegeben, wo ich den Eindruck hatte, daß andere Frauen mir meine Männer wegschnappen wollten. Ich glaube fast, daß ich Situationen inszeniert habe, in denen das geschehen konnte. Genauso im Beruf: auch dort hatte ich das Gefühl, daß meine Machtposition oder mein Einfluß mir durch andere Frauen genommen wurde. Ich bringe das mit Marie in Verbindung – und es ist durchaus möglich, daß sie ebenso über mich denkt.«

Andere Frauen empfinden die Beziehung zu ihrer Schwester als direkte Vorläuferin späterer Beziehungen zu Männern. Wendy, jetzt Anfang Vierzig, wuchs unter dem überaus dominierenden Einfluß ihrer älteren Schwester Joanna auf.

Joanna war eine sehr engagierte Intellektuelle, und Wendy verbrachte die erste Hälfte ihres Lebens unter dem Bann ihrer Ideen, bis sie einen Ersatz fand:

»Schon in der Kindheit war ich nicht in der Lage, für mich selbst zu denken, alle meine Meinungen waren die ihren. Für eine gewisse Zeit fand ich dann jemand anderes, der mich führte, einen Freund, der seine Ideen an mich weitergab. Sein Einfluß und die Auswirkungen, die seine Ideen auf mich hatten, machten mich von ihr unabhängig.

Aber diese Freundschaft dauerte nur so lange wie Wendys Rebellion gegen die Standpunkte Joannas. Später traf und heiratete sie einen Mann, der ihrer Schwester auffallend ähnlich war. Wendy erinnert sich noch an den Abend, an dem sie ihn Joanna vorstellte:

»Sie sahen sich kurz an und verstanden sich auf Anhieb glänzend. Ich habe immer gesagt, sie hätten heiraten sollen. Ganz zweifellos waren sie sehr, sehr ähnliche Persönlichkeiten, die nicht nur ihre Motivation, sondern auch ihren Antrieb aus Ideen bezogen. Beide verschlangen sie Bücher. Er ersetzte sie. Er wurde zu dem dominierenden männlichen Einfluß in meinem Leben, und wir waren sieben Jahre verheiratet. Sie war glücklich, daß ich jemanden gefunden hatte, der wie sie war, jemandem, mit dem sie auskam. Ich war stolz auf beide und stolz, daß sie einander etwas bedeuteten.«

Nach einer Weile jedoch funktionierte Wendys Ehe nicht mehr richtig. Sie verließ ihren Mann für eine gewisse Zeit und zog zu Joanna.

»Schließlich und endlich mußte ich mich von ihm lösen, und

seit einigen Jahren habe ich nicht mehr mit ihm gesprochen. Obwohl er eine Menge Gutes hatte, überwogen im Endeffekt die Nachteile in unserer Beziehung.«
Dieser Bruch mit ihrem Ehemann hat eine direkte Parallele in Wendys Beziehung zu ihrer Schwester, denn vor einigen Jahren hatten sie eine gravierende Auseinandersetzung. Joanna war in Amerika gewesen und hatte Wendy geschrieben, um ihr mitzuteilen, daß sie zurückkäme, und um zu fragen, ob sie bei ihr wohnen könnte.
»Ich sandte ihr als Antwort ein Telegramm mit nur einem Wort: Ja. Es klang wie die Annahme eines Heiratsantrages – so emotionsbeladen war ihre Rückkehr – aber wir hatten nie zuvor gestritten.«
Als Joanna zurückkehrte, stellten die Schwestern fest, daß ihre Beziehung nicht mehr wie früher war. Wendy glaubt, daß sie nicht länger bereit war, die Dominanz ihrer großen Schwester zu ertragen, und ihr Widerstand gegen die Schwester war eine Widerspiegelung des Endes ihrer Ehe.
»Es war wie das Ende eines Verliebtseins, wie es sich auch mit meinem Mann zugetragen hatte.« Und wie schon in seinem Fall wurde Wendys Ablehnung auch der Schwester gegenüber so groß, daß die beiden Frauen seitdem keinen Kontakt mehr zueinander haben.

Ich suche immer nach der ›Schwester‹ in anderen Frauen

Auch die 32jährige Helen hat den Eindruck, daß ihre Beziehung zu ihren beiden Schwestern den Prototyp schuf für einige ihrer späteren emotionalen Erfahrungen. Sie hat erkannt, daß sie sich in ihren Beziehungen – und bei ihren Schwierigkeiten – mit Männern auf bekanntem Boden bewegt.
»Als Kind war ich immer sehr introvertiert, und ich glaube, daß ich intensive Anwandlungen von Leidenschaft nur meiner jüngeren Schwester gegenüber hatte, und zwar dann,

wenn wir miteinander kämpften. Wir führten einen harten Konkurrenzkampf um unsere Mutter, wir rangen um ihre Aufmerksamkeit. Ich kann mich noch an die Kampfszenen erinnern, in denen wir uns gegenseitig am Haar zogen usw. Seitdem habe ich die Erfahrung gemacht, daß ich in meinen Beziehungen zu Männern ebensolche emotionale Schlachten schlagen kann, was mich an die Auseinandersetzungen mit meiner Schwester erinnert. Die Gründe, die für solche Streitereien ausschlaggebend sind, sind ebenfalls die gleichen: Wettbewerb, Taktik – ein Fall von:›Ich weiß darüber Bescheid, das kann ich besser als du‹ –, es ist genauso, wie es mit meiner Schwester war.
Die Art und Weise, wie ich kämpfe, ist auch die gleiche. Es ist ein physisches Kämpfen. Dazu kommt es jedoch nur in sehr intensiven, engen Beziehungen.«
Helen erzählt, daß ihre letzte Beziehung zu einem Mann nach Auseinandersetzungen in die Brüche ging, die genauso geartet waren wie die früheren Auseinandersetzungen mit ihrer Schwester. Diese Streitigkeiten waren zum Teil der Nebeneffekt einer starken Zuneigung, Emotionen, die sich entladen mußten, doch am Ende zerstörten sie die Beziehung.
Auch auf andere, unterschwellige Weise sind Helens Gefühle der Schwester gegenüber in ihren Beziehungen zu Männern gegenwärtig. Während einer gewissen Zeit ihres Lebens fühlte sich Helen ihrer älteren Schwester Meg sehr verbunden, die einen schützenden, mütterlichen Einfluß auf sie ausübte und zudem in ihrer Nähe lebte. Sobald Meg von England nach Amerika zog, begann Helen eine neue Beziehung zu einem Mann, der, so sagt sie, »wahrscheinlich teilweise ein Trost und Ersatz für die ältere Schwester war«. Manche ihrer Streitigkeiten mit diesem Mann waren fast ein Ersatz für einen Streit mit der Schwester: »Es war, als hätte ich einen Außenstehenden gefunden, um die Familie aufrechtzuerhalten.«
Auch schien die Intensität der Beziehung zwischen Helen

und ihrer jüngeren Schwester Helens Verhältnis zu ihrem Freund auszuhöhlen.

»Wenn du dich unsicher fühlst, sind die Menschen, denen du vertraust, von äußerster Wichtigkeit. Daher kann eine Schwester eine lähmende Wirkung haben. Ich verglich meinen Freund mit meiner Schwester – unter dem Aspekt, wem ich vertrauen konnte. Und dann dachte ich, wenn die Beziehung mit ihm nicht so gut klappt, habe ich auf jeden Fall noch meine Schwester, der ich vertrauen kann.«

Aber vielleicht war das nur ein Versuch, ihre eigenen Ängste in bezug auf eine sexuelle Partnerschaft zu rationalisieren: »Da es zwischen Schwestern keinen Sex gibt, braucht man keine Angst zu haben. Du kannst liebevoll sein, ohne sexuelle Probleme zu haben, und ohne die Gefahr, erdrückt oder überfahren zu werden.« Auch in ihrer Reaktion auf andere Frauen findet Helen, daß das Bild der Schwester ihre Gefühle im verborgenen lenkt: »Ich werde sehr eifersüchtig, wenn ein Mann mit einer meiner ›Busenfreundinnen‹ davongeht. Denn für mich ist eine solche Freundin fast wie eine Schwester, die ich nicht verlieren möchte.«

Ein Teil der Faszination ihres Exfreundes beruhte auf der Tatsache, daß er vorher mit einer Frau befreundet war, die ihrer äußeren Erscheinung nach Helens Schwester hätte sein können. »Er war mit einer Frau befreundet, die ein bißchen wie ich aussah. Dann wechselte er zu mir. Das war wie die Erfüllung der schrecklichen, aber dennoch fesselnden Wunschvorstellungen, die du deiner Schwester gegenüber hast. Das Tabu jedoch besagt, daß du deiner Schwester nichts wegnehmen darfst.«

Schließlich, sagt Helen, »rang ich mich dazu durch, ihn festzuhalten und ihn nicht zu der anderen zurückgehen zu lassen. Und doch habe ich immer geglaubt, daß er zu ihr zurückkehren, mich wegen einer anderen ›Schwester‹ verlassen würde. Ich habe die ganze Zeit nach der Frau Ausschau gehalten, die ihn mir wieder wegnehmen würde. Ich

wußte, ich würde sie erkennen, denn ich würde in ihr wie Narziß die ›Schwester‹ erkennen.«
Und diese »Schwester« würde – in gewisser Hinsicht – die unterdrückte Seite ihrer Persönlichkeit sein: »Sie würde die Hexe sein, die häßliche Seite, die böse Schwester, die die eigene Reinheit bestätigt. Diese – andere – Seite meines Selbst würde ihn mir wegnehmen.«

Schwesterliche Sinnlichkeit

Es ist viel über die erste Liebesbeziehung gesagt worden, die wohl jedes Baby mit seiner Mutter erlebt. Die Bedeutung des Stillens und Schmusens, die spätere Trennung des Kindes von der Mutter, alle diese Ereignisse, so wird gesagt, formen unser späteres Leben und unsere zukünftige sexuelle Identität.
Im Gegensatz dazu wurde das Problem der physischen Nähe und der Sinnlichkeit zwischen Geschwistern fast vollständig übersehen. Und da unsere Gesellschaft davon ausgeht, daß »normale« körperliche Beziehungen nur zwischen Männern und Frauen stattfinden, hat man die Vorstellung, daß auch Schwestern eine sinnliche Beziehung zueinander haben können, ganz besonders ignoriert.
In ihrer Studie über geschwisterliche Beziehungen haben Bank und Khan festgestellt, daß der sexuelle Aspekt dieser Beziehungen »angedeutet und oft unterstellt, aber selten dokumentiert, in Lehrbüchern über die menschliche Entwicklung irreführend dargestellt und schließlich und endlich übergangen wurde«.
Doch während ihrer siebenjährigen Forschungsarbeit sind sie zu dem Schluß gekommen, daß die Sexualität in der Beziehung unter Geschwistern eine beherrschende Rolle

spielt: »Geschwister des gleichen Geschlechts sprechen von einer spielerischen Neugierde in der Kindheit, berichten, wie sie ihre Körper miteinander verglichen, die sexuellen Aktivitäten des anderen während der Adoleszenz nachahmten und Neid und Eifersucht bis in das Erwachsenenalter hinein empfanden.«

Auch die meisten Schwestern, die mit mir sprachen, berichteten unaufgefordert von der körperlichen Intimität der frühen Kindheit. Angefangen vom Wechseln der Windeln bis hin zum gemeinsamen Baden oder zum Teilen des gleichen Bettes blickten sie mit großer Zärtlichkeit auf die Vertrautheit der Kindertage, einer Zeit voller Unschuld, zurück. Es ist eine der wenigen Zeiten im Leben eines Mädchens, in der es völlig entspannt mit dem Körper eines anderen Menschen umgehen kann, eine Zeit, bevor sexuelle Schuldgefühle und Befangenheit die Übermacht erlangen, eine Zeit vor der Trennung von den Jungen und vor dem Beginn pubertärer Hemmungen.

Viele Schwestern teilen die ganze Kindheit über, manchmal sogar bis in das Erwachsenenalter hinein, das Bett. Zwei Schwestern erzählten mir, daß sie sogar heute noch – und sie sind über vierzig – im gleichen Bett schlafen, wenn sie sich in ihrem Elternhaus treffen. Ihre Mutter ist darüber ziemlich konsterniert, aber die Schwestern setzen sich lachend darüber hinweg und erklären, daß dieser körperliche Kontakt ein vollkommen gesunder und natürlicher Ausdruck ihrer emotionalen Verbundenheit sei.

Vielleicht ist die soziale Akzeptanz des physischen Kontakts zwischen Schwestern eine Widerspiegelung früherer Einstellungen gegenüber der Sexualität, die den Mann als den aktiven Part mit ungestümen sexuellen Trieben sahen – im Gegensatz zu der passiven, »empfangenden« Frau. Daher auch unsere Gesetze, die die männliche, aber nicht die weibliche Homosexualität unter Strafe stellten: wie könnten denn zwei Menschen ohne sexuelle Triebe und ohne sexuelle »Ausrüstung« miteinander schlafen?

Aus welchen Gründen auch immer – viele Frauen, vor allem Schwestern, haben mangels solcher Gesetze praktisch unbegrenzte physische Freiheiten miteinander genossen. Jüngere Schwestern berichten häufig, daß sie ganz ungezwungen in das Bett einer älteren, schützenden Schwester geklettert sind, wenn sie Angst hatten oder sich traurig und einsam fühlten. Virginia Woolf hatte solch eine Beziehung zu ihrer großen Schwester Vanessa. Sie vertraute ihrem Tagebuch an, wenn sie bei »Nessa« schlief, und das war immer dann, wenn jemand in der Familie krank war.

Und das sind die Erinnerungen der heute über 60jährigen Maeve an ihre große Schwester:

»Von klein auf habe ich sie als besonders liebevollen Menschen in Erinnerung. Wenn nachts zum Beispiel eine Katze schrie und ich Angst hatte, wartete sie nur darauf, daß ich zu ihr ins Bett kam, und dann war sie sehr zärtlich zu mir.«

Andere Schwestern erinnern sich an spezielle Rituale und Spiele, wenn es daranging, ins Bett zu gehen. Bei Debbie und ihrer älteren Schwester June sah das folgendermaßen aus:

»Wir hatten ein Spiel, das wir Puzzle nannten. June legte sich auf die Seite und winkelte die Knie so an, daß unsere Beine genau ineinander paßten, so waren wir uns Nacht für Nacht sehr, sehr nahe. Ein anderes Ritual war das Schlafen in der ›Hängematte‹, den sackförmigen seitlichen Ausbuchtungen des Bettlakens, das um die Matraze geschlagen war. Jede von uns lag auf einer Seite des Bettes, um uns im Gleichgewicht zu halten. Bei einem anderen Spiel schrieben wir uns mit den Fingern Botschaften auf den Rücken.

Wir schliefen jahrelang im gleichen Bett, bis wir ungefähr elf Jahre alt waren. Das lag daran, daß nicht genügend Platz da war. Aber selbst später, als jede von uns ihr Bett hatte, schliefen wir wieder im gleichen Bett, wenn wir Horrorfilme gesehen hatten.«

Als die Mädchen älter wurden, drohte das Problem der monatlichen Periode sich zwischen sie zu stellen. »Was solche Themen wie zum Beispiel ihre Tage anbelangte, war Carol sehr gehemmt. Aber sie berichtete mir immer, wenn ihre Regel begann, da sie meinte, sie könnte mit mir nicht im gleichen Bett schlafen, ohne es mir zu sagen. Es fiel ihr sehr schwer, mit mir darüber zu sprechen, aber sie hielt es für ihre Pflicht, mir zu sagen, mit wem ich meine Nacht verbrachte. Es war wie das Eingeständnis von etwas Schlechtem.«

Winifred Beechey erinnert sich in ihren Memoiren *The Rich Mrs. Robinson*[5], wie sich die frühe körperliche Intimität mit der größeren Schwester sehr bald mit einem vagen Gefühl von Scham durchsetzte:

»Obwohl meine Schwester nur zwei Jahre älter war als ich, verhielt sie sich mir gegenüber wie eine Erwachsene. Ihre intelligenten, weit geöffneten braunen Augen blickten ernst, die Lippen waren gespitzt. Das einzige Spiel, das sie mit mir spielte, die *Geisterritte*, hatte sie selbst erfunden, und seine Zeit kam, wenn wir uns in der oberen Etage zur Nacht auszogen. Nach jedem Kleidungsstück, das wir ausgezogen hatten, trug ich sie auf meinem Rücken hin und her und immer wieder im Zimmer herum...

Auf Anweisung meiner Schwester schlief ich am äußersten Ende des gemeinsamen Bettes, da ich als irgendwie unrein galt. Insgeheim wußte ich, daß das berechtigt war. Ich hatte eine Vergangenheit, die allerdings, soviel ich weiß, nur mir bekannt war.

Die junge Winifred sieht einen Zusammenhang zwischen dem Verhalten der Schwester und ihren eigenen Schuldgefühlen bezüglich ihres unanständigen Benehmens während eines Urlaubs fern vom Elternhaus. »Von dem Augenblick an, in dem ich das Elternhaus verließ, um bei meiner Tante zu bleiben, war ich dem Bösen verfallen.«

Andere Schwestern berichten, daß ihre ersten Erkundungen des eigenen Körpers und die Entdeckung sexueller Freuden

[5] Beechey, Winifred: The Rich Mrs. Robinson. Oxford: Oxford University Press 1984.

und Phantasien gemeinsam mit der Schwester stattfanden. So berichtet Inger über ihre abendlichen Spiele mit ihrer zwei Jahre jüngeren Schwester:
»Jeden Abend, wenn wir uns auszogen, bat mich meine kleine Schwester um eine ›nackte Umarmung‹. Wir umarmten uns und preßten unsere Körper von Kopf bis Fuß aneinander. Wir waren erst vier oder fünf Jahre alt, und ich weiß noch, wie schön es war, ihren kleinen, plumpen, weichen Körper zu liebkosen. Dann zogen wir unseren Schlafanzug an und gingen ins Bett.«
Und Sarah erinnert sich an folgendes Spiel ihrer jüngeren Schwester: »Ihr abendliches Ritual war das ›Wackeln‹. Dazu legte sie sämtliche Kissen und Daunendecken aufeinander und legte sich wie eine Schildkröte auf diesen Haufen. Dann wackelte sie mit dem ganzen Körper und erklärte mir, daß das wirklich Spaß machte und daß ich es auch machen sollte. Sie war immer viel körperbetonter, viel natürlicher mit ihrem Körper als ich. Mir kam niemals der Gedanke, daß das, was sie tat, schlecht war, aber es interessierte mich auch niemals sehr. Sie war schon mit fünf Jahren sehr mit ihrer eigenen Sexualität beschäftigt.«
Andere Schwestern erinnern sich daran, daß sie sich bewußt wurden, daß diese Freuden am eigenen Körper »schlecht« waren. Manche von ihnen, die in Kindertagen ein Bett oder ein Zimmer teilten, entdeckten zusammen das Masturbieren. Carey erinnert sich, daß das passierte, als sie sieben und ihre Schwester fünf Jahre war:
»Eines Nachts sagte sie mir, daß es ein schönes Gefühl sei, wenn man sich an der richtigen Stelle kitzele. Ich versuchte es, und es war schön. Irgendwie wußten wir, daß das ›schlecht‹ war. Ich weiß sogar noch, daß ich meine Mutter fragte, ob ich dies beichten müßte, bevor ich zum ersten Mal die Kommunion empfangen könnte. Und da meine Schwester und ich wußten, daß es etwas ›Schlechtes‹ war, gaben wir vor, von deutschen Soldaten, den ›Bösen‹, gefesselt zu sein, die dies mit uns machten, um uns zu quälen.

Wir nannten es ›Kitzeltortur‹, und damit niemand erraten konnte, was das bedeutete, entschlossen wir uns, dieses Wort weiter zu verklausulieren. Wir nannten es KT – aber selbst das war nicht sicher genug, und so benannten wir es nach den entsprechenden Stellen des Alphabets, Elf-Zwanzig.«

Careys Schwester jedoch weiß nichts mehr von alledem. So wie Sandras ältere Schwester Mo, die auch ihre ersten sexuellen Erkundungen »vergessen« hat.

»Wir masturbierten normalerweise zusammen«, erzählt Sandra. »Und wir verglichen, wie man es macht. Aber Mo kann sich an nichts mehr erinnern. Ich weiß noch, wie wir entdeckt wurden, als wir gegenseitig unsere Genitalien erforschten. Ich war sieben und sie war neun. Die Frau, die auf uns aufpaßte, entdeckte uns. Sie war total entsetzt. So etwas tat man schließlich nicht.«

Es gibt also eine Tendenz, daß Schwestern einige entscheidende, frühe sexuelle Erfahrungen miteinander teilen, so wie sie auch gemeinsam von Eltern und anderen Erwachsenen die gleichen Botschaften über die Sexualität erhalten, Botschaften, die ihre zukünftige Einstellung zur Sexualität und ihre werdende Persönlichkeit formen.

Es war mir so peinlich, ich konnte darüber nur mit meiner Schwester sprechen

In späteren Kindertagen und während der Adoleszenz neigen Eltern dazu, ihren Töchtern getrennte Betten und, wo möglich, eigene Zimmer zu geben. Meistens fällt dieser Zeitpunkt mit der Pubertät und den gelegentlich schmerzhaften Gefühlen von Verlegenheit über die Menstruation zusammen. Ich war nicht das einzige Mädchen, das in der Angst vor dem drohenden »Fluch« heranwuchs und das die eigene körperliche Entwicklung beobachtete und mit der der jüngeren Schwester verglich.

Für uns beide war es furchtbar kränkend, daß meine jüngere Schwester vor mir ihre erste Periode hatte. War mit mir etwas nicht in Ordnung? Oder mit ihr? Oder vielleicht mit uns beiden?

Diese Angst wird von vielen Frauen geteilt, die mit Schwestern aufwuchsen, die ihnen altersmäßig sehr nahe waren. Eine Frau erzählte, daß ihre ältere Schwester die einzige war, der sie sich anvertrauen konnte: »Als ich meine Periode bekam, war es meine ältere Schwester, der ich davon erzählte. Ich konnte mit niemandem sonst darüber sprechen. Ich war zu verlegen. Ich wußte nicht genau, was los war. Ihre Antwort war: ›Das kann nicht deine Periode sein. Ich hatte meine erstmals vor einem Jahr, und du bist zwei Jahre jünger als ich.‹«

Andere Schwestern erfahren die Pubertät als ein Ereignis, das zu schlimm ist, um darüber zu sprechen – selbst mit einer Schwester, mit der man vorher jedes Geheimnis geteilt hatte. »Menschen, die sich mit dem jeweils anderen Geschlecht identifizieren, erfahren die Pubertät, als sei dies ein gräßlicher Fehler«, sagt Anna. »Ich wollte so sehr ein Junge sein, daß die Entwicklung zu einem Mädchen offensichtlich ein furchtbarer Irrtum war.« Anna hatte miterlebt, wie ihre zwei Jahre ältere Schwester vor ihr die gleichen Nöte durchlitten hatte, die sie als »den Verlust der goldenen Kindheitstage« bezeichnet. Und als sie diesen Verlust hinnehmen muß, bewahrt sie ebenfalls Stillschweigen: »Die Pubertät war für mich das Ende der Illusion, daß es sich um einen Irrtum handelte. Meine Schwester und ich sprachen trotzdem nicht darüber. Wir litten im stillen und waren unglücklich.«

Jüngere Schwestern neigen dazu, ihre älteren Schwestern um Rat und Auskunft über die Geheimnisse von Sex und Sinnlichkeit zu fragen, aber sie erfahren nur, daß auch sie Not und Verwirrung leiden. Brenda kann sich noch daran erinnern, daß die Pubertät ihrer älteren Schwester Pat ebensolche – wenn nicht mehr – Qualen verursachte wie ihr:

»Sie war ziemlich schüchtern, was die Periode und anderes anging. Sie versteckte die Damenbinden und sprach nicht über die ganze Angelegenheit.
Ich erinnere mich, daß ich, als von den Beatles das *White Album* herauskam, einige Verse nicht verstehen konnte, wie zum Beispiel die über die Nonne und das warme Gewehr. Ich fragte sie, was sie bedeuteten. Sie wurde furchtbar verlegen und sagte, daß sie es auch nicht wüßte. Jetzt ist mir klar, daß sie es wahrscheinlich wirklich nicht wußte.«

Wir verglichen permanent unsere Körper

Nachdem jedoch diese traumatischen Jahre der Veränderung vergangen sind, bauen viele Schwestern nach ihren Aussagen wieder einen Grad von physischer Intimität auf, den sie mit niemandem sonst erleben. »Das liegt daran, daß du von der gleichen Familie abstammst, vom gleichen Fleisch und Blut«, sagt Marina, die älteste von vier Schwestern, die im Alter nicht weit auseinanderliegen. »Jeden Sommer, wenn wir an den Strand gehen, vergleichen wir pausenlos unsere Körper. Wir sind ziemlich offen. Wir vergleichen den Brust-, Po- und Taillenumfang. Wir nekken uns in freundschaftlichem Ton, wie unfair es ist, daß eine von uns schlanke Oberschenkel hat, während meine dick sind, oder wieso eine sechs Eis am Tag essen kann, ohne ein Gramm zuzunehmen, und ähnliches.«
Andere Frauen haben auch erzählt, daß sie mit ihren Schwestern Erfahrungen über körperliche Veränderungen austauschen. »Es gab eine Zeit, da war ich mit dem Körper meiner Schwester vertrauter als mit meinem eigenen«, erzählt Mandy. »Als sie schwanger war, besuchte ich sie und betrachtete ihren Körper, um zu sehen, wie er sich veränderte. Wir wissen genau Bescheid, wie unsere Perioden verlaufen, hauptsächlich deshalb, weil wir uns darüber in

unseren Briefen beklagen. Und wenn wir uns für einige Zeit besuchen, haben wir schon bald zur gleichen Zeit unsere Regel.«

Diese eigenartige Verbindung der Körper ist ein Phänomen, das verschiedene Schwestern mir gegenüber erwähnten. Als Sue erfuhr, daß ihre Schwester eine Baby erwartete, wurde sie von einem außerordentlichen und intensiven Glücksgefühl überwältigt. Sie war so bewegt von der Neuigkeit, daß sie tagelang mit Tränen in den Augen herumlief. Sie versuchte zu erklären, welche Bedeutung dieses Ereignis für sie hatte: »Es ist schwer zu erklären, aber ich fühlte mich irgendwie als Teil von Alices Körper, oder sie als Teil von meinem. Ich konnte an nichts anderes als Kinderkriegen denken, meine Brüste schwollen und meine Perioden gingen völlig durcheinander.« Sue suchte bei sich selbst nach Zeichen von Eifersucht, die sie in anderen Bereichen ihrer Beziehung verspürte, doch sie fand nichts – nur ein starkes Gefühl von Identifikation mit ihrer Schwester Alice.

Andere Schwestern berichten, daß ihre Entscheidung, ein Kind zu bekommen – oder auch nicht zu bekommen – sehr stark von der Schwester beeinflußt wird. Manche reagieren auf die Tatsache, daß die Schwester Mutter ist, mit dem Gefühl, daß sie selbst nun eine andere Rolle übernehmen müssen, vielleicht als Karrierefrau oder als unabhängige, alleinstehende Frau. Andere meinen, daß sie nun, da ihre Schwester Mutter geworden ist, in ihre Fußstapfen treten könnten oder müßten. Traumforscher haben herausgefunden, daß Schwestern, bevor sie davon wissen, träumen, daß ihre Schwester schwanger ist.

Pollys Entscheidung, ein Kind zu bekommen, war deutlich davon beeinflußt, daß sie die Schwangerschaft ihrer Schwester miterlebt hatte.

»Ich besuchte sie direkt nach der Geburt des Babys. Zu meinem Erstaunen stellte ich fest, daß ich auch ein Baby haben wollte. Schon bald darauf wurde ich willentlich schwanger, wahrscheinlich weil ich von ihrem Kind so völlig begeistert war.« Als Pollys Kind geboren war, brachte sie es zu ihrer Schwester, wo es bleiben sollte.

»Zu diesem Zeitpunkt hatte sie drei Kinder, alle jünger als drei. Wir verglichen unsere Erfahrungen bei der Geburt. Sie konnte mir ihre schrecklichen Erfahrungen im Krankenhaus bis ins kleinste Detail berichten.

Als mein Kind geboren war, diskutierten wir über das Kindspech. Es ist sehr wichtig, darüber Bescheid zu wissen.«

Und die skatologischen Aspekte des Alltagslebens kann man nur mit sehr wenigen Menschen im Leben teilen – vielleicht nur mit der Schwester.

»Wir haben neben dem Befinden unserer Eltern ein weiteres regelmäßiges Thema«, erzählt Marina, »und das ist unsere Darmtätigkeit. Meine drei Schwestern leben an verschiedenen Orten, aber ihre Briefe sind voller Hinweise auf das Verdauungssystem der Familienmitglieder. Als eine von ihnen von zu Hause wegzog, berichtete sie mir, daß ihre Verdauung auf Reisen nicht so gut funktioniert, daher sandte ich ihr mit der nächsten Post ein Abführmittel. Für uns ist das ein Thema, das wir diskutieren, das uns beschäftigt.

Es gibt nicht viele Leute, mit denen man über diese Dinge reden kann, und doch beschäftigen sich die meisten Leute mit diesem Thema mindestens einmal am Tag. Die genetischen Ähnlichkeiten und Unterschiede zwischen uns machen dies noch faszinierender.«

Diese Art der physischen Intimität verleiht Schwestern untereinander ein Wissen und eine Freizügigkeit, die manche Frauen niemals mit einem anderen Menschen teilen, vielleicht mit Ausnahme ihrer Liebhaber. Die Leichtigkeit, mit der viele Schwestern untereinander Kleidungsstücke leihen und verleihen, ist ein anderes Zeichen ihrer Intimität.

Diese ganz besondere physische Verbundenheit ist bei vielen Schwestern in den mittleren Lebensjahren eingeschränkt, sobald sie von zu Hause wegziehen und mehr

Zeit auf ihre eigenen Familien verwenden. Aber sie wird nie ganz vergessen. Paula ist fast vierzig, aber ihre früheren Einstellungen zu Fragen der Körperhygiene sind immer noch Teil des Bildes von ihrer Schwester. »Ich kann mich daran erinnern, daß sie noch bis zum Alter von zwölf Jahren ins Bett machte. Sie weiß noch, daß ich oft keine Lust hatte, mich zu waschen, wenn ich schmutzig war. Sie hat meine Katzenwäschen gesehen und ich ihre. Natürlich ist unsere Beziehung davon berührt.«

Später im Leben kann diese physische Nähe der Kindheit wieder aufgefrischt werden. Im allgemeinen überleben Frauen ihre männlichen Partner um einige Jahre, und viele verwitwete und pensionierte Schwestern ziehen wieder zusammen und finden zu der gleichen Art von Intimität zurück wie in der Kindheit.

Es ist durchaus möglich, daß eine Frau am Ende ihres Lebens, wie am Beginn, in die kleinen, persönlichen Einzelheiten des Lebens ihrer Schwester eingeweiht ist: ihre Eß-, Schlaf- und Waschgewohnheiten, die wahrscheinlich niemand sonst, außer einem langjährigen Sexualpartner, kennen wird. Eine solche Intimität, die sich über ein ganzes Leben erstreckt, schafft eine seltene und besondere Vertrautheit.

Dies ist wahrscheinlich die einzige Beziehung im Leben einer Frau, die nicht durch Verhaltenskodizes und Tabus erschwert wird. Jede andere enge Beziehung ist von Sanktionen bedroht. Die körperliche Intimität mit unseren Vätern und Brüdern hat aus Angst vor dem Inzest ihre Grenzen. Der Unterschied im Alter und unterschiedliche Einstellungen der verschiedenen Generationen erschweren die Verständigung mit den Müttern.

Es ist wohl zutreffend, daß Mutter und Tochter in den Kindertagen der Tochter ihre Körper sehr genau kennen, aber dann wird die Mutter meist zur Vermittlerin aller sozialen Regeln des physischen Verhaltens und sexueller Hemmungen. Als Folge davon sprechen einige Töchter

niemals mit ihrer Mutter über ihren Körper oder über Sexualität.
Wir riskieren viel, wenn wir mit Männern oder Frauen außerhalb der Familie ein zu enges Verhältnis eingehen. Zudem werden wir durch die Angst gehemmt, einen falschen Eindruck zu vermitteln. Es gibt strikte Grenzen, die wir nicht überschreiten dürfen, wenn wir nicht eine Freundschaft mit einer beginnenden Sexualbeziehung verwechseln wollen.
Und der Liebhaber oder Ehepartner ist (für die meisten Frauen) männlichen Geschlechts und verfügt nicht über dieses Wissen aus erster Hand, was es bedeutet, mit dem Körper einer Frau zu leben, oder was es heißt, die Funktionen des weiblichen Körpers zu erfahren. Der gesamte soziale Kontext, in dem Männer ihre eigene Sexualität und Sinnlichkeit erleben, unterscheidet sich deutlich von dem Rahmen, in dem Frauen zu leben lernen. Doch mit Schwestern scheint es praktisch keine Tabus im körperlichen Kontakt oder im Wissen von dem eigenen oder dem anderen Körper zu geben – mit Ausnahme der pubertätsbedingten Probleme. Die Schwestern, die mir von ihrer gegenseitigen Intimität erzählten, taten dies ohne Verlegenheit und Schuldgefühle.
Natürlich haben nicht alle Schwestern ein enges körperliches Verhältnis zueinander. Manche finden sich sogar abstoßend. Aber diese Art der gegenseitigen Ablehnung ist im allgemeinen das Symptom eines tiefergehenden Unbehagens.
Andererseits mag es jedoch auch Schwestern geben, die dadurch, daß sie eine große körperliche Intimität verbindet und sie viel Energie in ihre Beziehung investieren, einen Weg gefunden haben, dem sexuellen Kontakt mit anderen Erwachsenen aus dem Weg zu gehen, indem sie an ihrer besonderen Art der Intimität festhalten. Denn schließlich ist diese Art der Intimität so tiefgehend, wie manche Frauen sie überhaupt nur mit einem Liebhaber erfahren.

Doch für viele Schwestern ist das tiefe Gefühl von Sicherheit, das sie miteinander genießen, ein zusätzliches Geschenk. Die körperliche Nähe ohne sexuelle Bedrohung gibt Schwestern eine einzigartige Freiheit und ist eines der Schlüsselelemente der schwesterlichen Beziehungen.

Sexuelle Identität

Die einzigartige körperliche Intimität, die viele Schwestern miteinander teilen, bedingt den großen Einfluß, den sie gegenseitig auf die Findung ihrer sexuellen Identität haben.

Von der Kindheit bis zum Erwachsenenalter und selbst bis ins hohe Alter hinein vertrauen sich Schwestern ihre sexuellen Erfahrungen an, oft tauschen sie Meinungen, Ratschläge und Informationen aus. Manche tun sich zusammen, andere wetteifern miteinander oder beneiden einander. Aber so wie viele andere Aspekte dieser Beziehung wird auch die sexuelle Identität der Schwestern auf subtile Weise dadurch geformt, daß das Mädchen oder die Frau sich mit ihrer Schwester vergleicht oder mit ihr verglichen wird.

Es gibt augenfällige körperliche Merkmale, die die Frauen einer Familie zum Vergleich anregen: Wer ist größer, dikker, hübscher? Schon von früh auf haben Schwestern ein Gespür dafür, wer als die attraktivste unter ihnen gilt.

Bei den Murphys waren sich die beiden jüngeren Mädchen, Una und Pam, ihres Rufs immer wohl bewußt. Una, die um zwei Jahre ältere, galt als die »Intelligente«, Pam als die »Hübsche«.

Doch seitdem Pam über zwanzig ist, erscheint ihr diese Katalogisierung fragwürdig. Sie hat den Eindruck, daß ihre

Schwester wie auch sie sich dem Druck von außen beugten, in unterschiedlichen Rollen zu glänzen und unterschiedliche Persönlichkeiten zu entwickeln:
»Una war immer sehr hübsch, warum also wurde sie nicht die ›Hübsche‹? Sie mußte schwer arbeiten, um in der Schule erfolgreich zu sein. Sie saß oft mitten in der Nacht mit ihren Büchern im Badezimmer. Warum mußte sie so hart arbeiten, um die ›Intelligente‹ zu sein?«
Und umgekehrt: Warum wurde Pam nicht die ›Intelligente‹? »In einem Schuljahr gab ich mir viel Mühe und wurde Klassenbeste«, gibt sie zu. »Jeder war erstaunt. Aber dann langweilte es mich. Vielleicht war das eine Reaktion auf Una. Ich wußte, ich würde nie so gut sein wie sie, daher war es also nicht besonders sinnvoll, es zu probieren. Ich wollte einfach anders sein.«
Auch wenn sie sich dieses Sachverhalts bewußt ist, ist es für sie schwer gewesen, diese Etikettierung abzuschütteln. Una besuchte die Universität von Oxford, während sie eine Laufbahn als Fotomodell begann. Die eingerahmten Fotos von Pam (und nicht von Una) in ihrem Elternhaus halten an dem Bild fest, mit dem sie seit der Kindheit leben.
Glücklicherweise sind die beiden Schwestern in ihren Domänen »erfolgreich« genug gewesen, so daß es im sexuellen Bereich keine Eifersucht und keine Konkurrenz gibt. Als Teenager gingen sie miteinander aus, fanden ihre Freunde gleichzeitig bei denselben Partys und stellten dann oft später fest, daß diese Freunde die besten »Kameraden« waren, so daß sie alle vier als Gruppe etwas miteinander unternehmen konnten.
Manchmal tauschten sie sogar ihre Freunde aus und luden Jungen ein, um sie der anderen vorzustellen. Und immer berichteten sie sich gegenseitig von ihren sexuellen Erfahrungen.
»Ich erinnere mich noch an die Nacht, in der Una ihren ersten Kuß bekam«, erzählt Pam. »Tränenüberströmt kam sie nach Hause, ihr Mund war völlig verquollen. Sie sagte, es

sei schrecklich gewesen, als habe man den Mund voll von den Zähnen eines anderen. Vor lauter Nervosität hatte sie auch ihre Periode bekommen.
Sie wollte nur darüber reden, aber ich war nicht sehr einfühlsam. Mir war schlecht, und ich verkündete, daß es ihre eigene Schuld gewesen sei und daß mit dem Kerl schon alles in Ordnung wäre. Ein paar Wochen später trank ich mir einen an und ging mit dem gleichen Kerl aus, und es stimmte mit dem Mund voller Zähnen. Da hatte ich richtiges Mitleid mit ihr. Sie war nicht eifersüchtig. Damals war es uns egal. Wenn du einmal jemanden geküßt hattest, war es vorbei, und du gingst zum nächsten über.«
Das nächste große Ereignis war der »Verlust von Unas Unschuld«, ein sorgfältig orchestriertes Ereignis, das Pam aus dem Hintergrund dirigierte. »Die ganze Angelegenheit war bis ins einzelne geplant. Ich badete und parfümierte sie. Ich hatte ihr selbst einen speziellen Slip gekauft. Ich wartete auf sie, bis sie nach Hause kam, aber sie hatte es nicht ›tun‹ können. Dann sprachen wir in allen Einzelheiten über das Ereignis: Vielleicht sollte sie einmal dies oder das ausprobieren? Oder hatte ihr dies oder jenes Freude bereitet?«

Die aufmerksamen Augen meiner jüngeren Schwester begleiteten meine Entwicklung

Auf diese Weise vermitteln Schwestern – normalerweise die älteren – einen Eindruck von dem, was auf dic jüngeren zukommt. Von den älteren wird erwartet, daß sie ein Vorbild liefern und in der Adoleszenz wichtige Barrieren brechen. Sie können sogar zum Maßstab für »Erfolg« und »Niederlage« werden, der für die Schwestern ein Leben lang Gültigkeit hat.
Virginia Woolfs Biograph Quentin Bell[6] erläutert die Reak-

[6] Bell, Quentin: Virginia Woolf. London: Hogarth Press 1982.

tion der jungen Virginia auf die Hochzeit ihrer Halbschwester Stella. Ihre Gefühle waren eine Mischung aus Trauer über den Verlust der Schwester und Freude über den Anblick der verliebten Stella:
»Denn Stella«, so schreibt Quentin Bell, »strahlte vor Freude. Virginia hatte nie zuvor solches Glück miterlebt; in späteren Jahren benutzte sie ihre Erinnerung an Stellas Liebe als Maßstab. Wenn von einem Paar gesagt wurde, es sei verliebt, dachte sie darüber nach, ob ihre Zuneigung mit Stellas Liebe zu Jack oder Jacks Liebe zu Stella vergleichbar sei; denn das war die wahre Liebe gewesen.«
Doch wenn die Erfahrungen der älteren Schwester weniger glücklich sind, kann ihr Beispiel der jüngeren Schwester auch als schlechtes Omen erscheinen. Vanessa Woolf, die einige Jahre älter war als Virginia, machte keine glückliche Bekanntschaft mit dem Heiratsmarkt, und dies trug nicht zu Virginias Selbstvertrauen bei: »Vom Rand des Nestes aus«, so schreibt Bell, »beobachtete sie das Flüggewerden mit Schrecken; ein Schrecken, der durch die unglücklichen Flugübungen der Schwester noch verstärkt wurde.«
Für die ältere Schwester ist es hingegen oft lästig, daß ihre ersten ungeschickten Versuche, ihre Sexualität zu formen, dem prüfenden Blick der Schwester ausgesetzt sind.
Ich kann mich deutlich an meine ersten Bemühungen erinnern, »erwachsen« auszusehen, die mit einem roséfarbenen Lippenstift begannen, als ich 13 Jahre alt war. Ich benutzte ihn morgens heimlich im Badezimmer in der Hoffnung, daß dies in dem Chaos der Schulvorbereitungen nicht auffallen würde. Aber die aufmerksamen Augen meiner jüngeren Schwestern waren zu viel für mich, und Tag für Tag wischte ich den Lippenstift auf dem Weg zur Schule wieder ab.
Obwohl ich es zu dem damaligen Zeitpunkt nicht wußte, wurden meine frühen Ausflüge in den Bereich der Beziehungen mit Jungen von zumindest einer jüngeren Schwester mit leidenschaftlicher Neugier verfolgt, die sich prompt in den Jungen verliebte, mit dem ich gerade ausging. Erst vor

kurzem erzählte sie mir, daß sie, als sie ungefähr 13 Jahre alt war, beobachtete, wie ich auf einer Party bei uns zu Hause einen Jungen küßte. Von da an betete sie eine ganze Zeit jede Nacht beim Zubettgehen, sie möge sich beim Aufstehen in mich verwandeln.

Ich fand meine Schwestern abstoßend

Zweifellos fanden meine Schwestern meine frühen Versuche, anziehend zu wirken, genauso verwirrend wie ich. Andere Schwestern haben mir von der Mischung aus Neid, Bestürzung und Abscheu berichtet, mit der sie die sich entfaltende Sexualität ihrer älteren Schwestern betrachteten. Es scheint, daß jüngere Schwestern von dem Schicksal, das sie in Form einer Schwester erwartet, zugleich angezogen und abgestoßen werden. Sie wünschen dieses Schicksal herbei und wehren sich gleichzeitig, den sicheren Hafen der Kindheit zu verlassen.

Für die heute über 60jährige Karen waren die Wunschfreunde ihrer Teenagerjahre weniger bedrohlich als die von ihr erschreckend empfundenen Erfahrungen ihrer älteren Schwester Joy mit Männern:

»Ich habe mich immer in die falschen Leute verliebt, und das führte zu nichts. Ich träumte davon, daß die Männer zu mir kamen und mich *retteten*. Aber was Sex angeht, war ich ahnungslos. Ich küßte kaum jemanden, und wenn dies geschah, war ich entsetzt und rannte weg.

Nicht so Joy. Nach Kriegsausbruch sah ich sie in engen Umarmungen mit verheirateten Männern. Ich war zutiefst erschrocken. Ich erwähnte es niemals ihr gegenüber. Ich war verwirrt und mißbilligte ihr Verhalten. Wir unterhielten uns einfach nicht über die Tatsache, daß sie Liebesaffären hatte. Ich erwischte sie einmal in einem Hotel in London. Ich war wirklich verärgert, weil ich selbst so sprachlos war. Sie war weiter als ich, sie war wohl normal und ich nicht.

Als sie eine Affäre mit einem Dichter hatte, empfand ich, glaube ich, ziemlichen Respekt vor ihr; ich war schon beeindruckt. Aber ich hätte nicht erlaubt, daß *mir* so etwas passierte.«

Ich verliebte mich in alle Freunde meiner Schwestern

Ähnliche Gefühle von Bestürzung und Bewunderung erlebte Sally in den sechziger Jahren in Amerika, als sie die Fortschritte ihrer beiden älteren, im Teenageralter befindlichen Schwestern Ann und Mary beobachtete:
»Ich fand meine Schwestern abstoßend. Sie trugen diese selbstgemachten Bikinis, und das fand ich widerlich – deinen Körper so zur Schau zu stellen. Es war schrecklich. Und sie waren supermodisch: alle diese Rock'n'Roll-Röcke. Sie sahen aus wie Flittchen.
Bis heute bin ich ein prüder Mensch. Ich mag es nicht, wenn Leute sich zur Schau stellen, das stört mich einfach. Ich weiß nicht warum, aber es störte mich auch damals. Wenn irgend jemand vor mir seine Gefühle offen zeigte, Händchen hielt z.B., wäre ich am liebsten gestorben.«
Und doch waren für die heranwachsende Sally diese peinlichen Situationen auch bestimmt von ihrer eigenen hilflosen Verliebtheit in genau die Jungen, die mit diesen schrecklichen *Moden* angelockt werden sollten. »Ich verliebte mich in alle Freunde meiner Schwestern, in jeden einzelnen von ihnen. Ich fand sie alle furchtbar anziehend, hauptsächlich deshalb, weil ich wußte, daß sie mir nichts anhaben konnten, daß ich vor ihnen *sicher* war.«
Wie viele Mädchen vor ihr mußte Sally die Feuerprobe der ersten Partys und der ersten Freunde in der Gesellschaft ihrer Schwestern durchstehen. Dabei bemühte sie sich darum, den von ihnen gesetzten Stil- und Verhaltensmodellen zu entsprechen:
»Mit 15 Jahren besuchte ich alle Partys mit meinen Schwe-

stern und ihren Freunden. Zu diesem Zeitpunkt war ich für sie leichter zu ertragen, da ich eine Zigarette rauchen konnte, Alkohol trank und mich unterhalten konnte. Ich gab mir Mühe mit meinen Kleidern und kämmte meine Haare glatt. Ich war nicht mehr so peinlich für die anderen. Mit 15 endlich war in unserer Beziehung das Eis gebrochen.«

Und bald stellte sich Sally auch in dem Wettstreit um Freunde unter Beweis:

»Ich war ungefähr 16 Jahre alt, als mir der Gedanke kam, daß ich einen Freund haben müßte. Ich fand schließlich einen. Er war schrecklich. Meine Schwestern hatten zu diesem Zeitpunkt bereits drei Freunde gehabt und wußten Bescheid.«

Sally erhielt von ihren älteren Schwestern auch klare Unterweisungen in den Regeln des sexuellen Verhaltens:

»Meine Schwester Mary hat sich das alles verscherzt. Als sie 17 war, ging sie mit einem 35jährigen aus. Mit 18 heiratete sie einen 20jährigen – und war schon schwanger. Was für eine Schande!«

Auch Ann war für Sally nicht das Beispiel, wie ihre puritanischen Eltern es gerne gesehen hätten.

»Ann ging mit einem Alkoholiker aus, was auf allgemeine Mißbilligung stieß. Sie rauchte auch, was meinem Vater sehr mißfiel. Niemand durfte bei uns zu Hause rauchen. Beide, Mary und sie, handelten aus Rebellion, dessen bin ich sicher. Meine Eltern waren sehr moralisch.«

Erst viel später fand Sally heraus, daß Ann im Verlaufe dieser Beziehung, zu einer Zeit, zu der sie noch zu Hause lebte, mehr als einmal abtreiben ließ.

»Über Sex wurde zu Hause nicht gesprochen. Wir wußten nur, daß die Eltern Sex nicht billigen würden, daher sprachen wir nicht darüber, nicht einmal untereinander. Ich nahm einmal an einer Unterhaltung zwischen meiner Mutter und einer Freundin über Sex teil. O Gott, wie sie Sex hassen mußten. Aber wenn ich meinen Vater anschaue, weiß ich warum.«

Inzwischen folgte Sally bereits dem Verhaltensmuster, das ihre Schwestern ihr vorgelebt hatten:
»Als ich 17 war, hatte ich einen Freund mit einem Motorrad. Wir fuhren an den Strand, und ich brachte ›Brandungsmale‹ mit nach Hause. Ich tat also genau das, was auch meine Schwestern getan hatten. Später traf ich einen Künstler. Meinen Eltern sagte ich, daß ich bei einer Freundin übernachtete, und blieb bei ihm. Ich bin noch einmal mit einem blauen Auge davongekommen und war glücklich, nicht schwanger geworden zu sein.«
Doch Sallys Mutter versuchte rigoros, Sally von dem Weg der Schwestern abzubringen.
»Mit 17 brachte mich meine Mutter nach Neuseeland – sie setzte mich unter Druck. Sie glaubte, sie rettete mich vor einem Leben in Sünde und Erniedrigung. Ich wollte in Amerika in einer gemischten Wohngemeinschaft leben, aber für meine Mutter hieß das, daß ich in die Fußstapfen meiner Schwestern treten würde.« Doch in Neuseeland nahm Sally, wie sie sagt, das gleiche »degenerierte« Leben wieder auf, vor dem die Mutter sie hatte retten wollen. Das Beispiel der Schwestern war stärker als das Verbot der Eltern.
Heute sind alle drei Schwestern alleinstehend. Mary ließ sich nach einer unglücklichen Ehe scheiden, die Sally nicht dazu inspirierte, *diesen* Weg zu beschreiten. »Ich würde niemals heiraten«, sagt sie, »außer es gäbe einen guten Grund, wie z.B. Geld, aber nie um des Heiratens willen.« Ann ist heute im Gegensatz zu ihr, erzählt Sally, »eine Männerhasserin. Ich hingegen liebe Männer und all die Aufregungen einer neuen Liebesbeziehung.«
Zwischen der Entwicklung von Sallys sexueller Identität und der ihrer Schwestern besteht ein eindeutiger Zusammenhang. In bestimmten Bereichen sieht Sally eine Übereinstimmung: alle drei leben heute, nach ihrer turbulenten und experimentierfreudigen Jugend, ohne Männer. In anderer Hinsicht unterscheiden sie sich allerdings: so etwa in ihren Einstellungen zu Liebe und Ehe.

Doch immer sind Sallys Schwestern ein Beispiel gewesen, dem es nachzueifern oder das es abzulehnen galt: sie liefen voraus im sexuellen Hindernisrennen und wiesen durch ihren eigenen Werdegang auf Vergnügen und Schwierigkeiten hin.

Ich hielt sie für ein Flittchen

Fast alle von mir interviewten Schwestern waren sich klar der sexuellen Identität ihrer Schwester im Vergleich zu ihrer eigenen bewußt. Eine Gemeinsamkeit war auch die Mißbilligung des Verhaltens der Schwester in der Adoleszenz – wie auch das Schuldgefühl oder die Angst, selbst mißbilligt zu werden. Es ist bemerkenswert, wie oft die Bezeichnung »wie ein Flittchen« sowohl von älteren wie jüngeren Schwestern benutzt wird, wenn es um die Erfahrungen als Teenager geht.

Bei Laura war es der Versuch ihrer jüngeren Schwester Sarah, die Aufmerksamkeit der Männer auf sich zu ziehen, der bei ihr in diesem Alter das Gefühl der Mißbilligung hervorrief:

»Was Jungenfreundschaften angeht, waren wir beide ziemlich langsam. Sie wurde Stewardeß, und Sie kennen ja das Image, das dieser Beruf hat. Ich hatte den Eindruck, daß sie versuchte, sich selbst zu verkaufen, und sie tat das mit ziemlicher Verzweiflung. Sie war entsetzlich stark geschminkt und ging mit furchtbar schmierigen Typen aus.«

Laura gibt zu, daß ihre Reaktion nicht frei von Snobismus ist.

»Sie trug Schuhe mit Plateausohle und schminkte sich. Ich war eher der akademische Typ als der Typ Flittchen. Sie ging in die genau entgegengesetzte Richtung. Das ist der Grund, warum mir das alles so peinlich war. Es bestand ein Klassenunterschied zwischen uns.«

Sie waren alles andere als Konkurrentinnen; Laura mied

sogar Sarahs Freundeskreis wie die Pest. Erst als Sarah mit einem Freund zusammenzog und gleichzeitig in ihrem Beruf Erfolg zu haben begann, besserte sich ihre Beziehung.
»Sie freundete sich mit einem Mann an und wurde viel natürlicher, ohne weiterhin zu versuchen, dem Flittchen-Image zu entsprechen. Erst seit dieser Zeit kommen wir gut miteinander aus. Für mich war sie ein Mensch, mit dem ich nichts zu tun haben wollte. Und dann wurde sie zu einem Menschen, für den ich Respekt empfand und den ich nicht ständig schlechtmachte, weil er meine jüngere Schwester war, die mich in Verlegenheit brachte.«
Doch auch wenn sie heute gute Freunde sind, haben sich ihre sexuellen Identitäten in völlig verschiedene Richtungen entwickelt. Sarah ist verheiratet und hat Kinder, während Laura eine Frau zur Liebhaberin hat. Laura ist sich ihrer gegensätzlichen Rollen sehr bewußt: »Ich habe oft gedacht, o Gott, ich bin die älteste, eigentlich hätte ich so leben müssen.«
Aber sie hat ganz bewußt entschieden, was diese Rollenfindung angeht, Sarah keine Konkurrenz zu machen. »Ich bin diejenige, die nicht verheiratet ist, die keine Kinder haben wird. Sie ist diejenige welche, und obwohl ich manchmal glaube, daß Ehe und Kinder mir Spaß machen könnten, kann ich nicht das Risiko eingehen, diese Gefühle überhandnehmen zu lassen und einen Wettstreit mit ihr zu beginnen.«
Ganz abgesehen von dem Wunsch, möglicher Konkurrenz aus dem Wege zu gehen, gibt es für Laura auch einen anderen Grund, Sarahs Position nicht anzustreben. »Ich halte ihren Mann für einen Nichtsnutz. Sie kümmert sich um ihn wie um einen kleinen Jungen. Das ärgert mich. Sie macht die ganze Arbeit.«
Laura ist also weit davon entfernt, auf den Ehemann der Schwester eifersüchtig zu sein, im Gegenteil, sie vermutet sogar, daß ihr Mann auf sie eifersüchtig ist. »Ich glaube, es hat Zeiten gegeben, in denen er sich über mich geärgert hat

und eifersüchtig war, weil ich sehr abhängig von Sarah war und sie mir so viel von sich gegeben hat. Er ist mir gegenüber ziemlich abweisend gewesen, aber sein Verhalten ist immer nur indirekt, wir haben nie darüber gesprochen.«

Wir sind in gegensätzliche Persönlichkeiten gespalten

Durch die Einschätzung und Etikettierung von Erwachsenen gelangten Katherine und ihre ältere Schwester Louise erstmals zu der Vorstellung, unterschiedliche sexuelle Identitäten zu besitzen. Katherine war das hübschere Kind, sie war extrovertierter und frecher als die eher anpassungsfähige Louise. Ihre Mutter war die Hauptschuldige an dieser Etikettierung, die auch heute noch Einfluß auf sie hat:
»Sie machte Äußerungen wie: Laßt nur niemals ein Kind abtreiben, das würde euren Vater umbringen. Aber sie wandte sich dabei an *mich*, und ich erinnere mich, daß sie mich beschuldigte, ein Flittchen zu sein, weil mein Rock zu kurz war.
Es gab keine offen ausgesprochenen Vergleiche zwischen Louise und mir, was sexuelle oder körperliche Dinge anging. Aber ich war diejenige, der man sagte, ich solle aufpassen, nicht schwanger zu werden, ganz so, als ob man Louise das alles vorenthalten wollte. Sie hatte keine sexuelle Identität. Ich habe noch heute den Eindruck, wir sind in zwei gegensätzliche Persönlichkeiten gespalten: ›Du bist dies und du bist das.‹« Es war eine Prophezeiung, die sich selbst erfüllte. Katherine wuchs auf, war bei Männern beliebt und ist nun verheiratet und hat Kinder. Noch immer fühlt sie sich unwohl bei dem Gedanken an den Einfluß, den sie möglicherweise auf Louise gehabt hat, die, was Beziehungen angeht, über wenig Erfahrungen verfügt und alleine lebt.
Als Louise eine Zeitlang endlich eine Beziehung zu einem Mann einging, war Katherine immens erfreut. »Es gab nur

einen Mann in ihrem Leben. Aber ich war ungemein erleichtert, daß jemand anders den Druck von mir nahm. Ich kann mir vorstellen, daß sie erst mit 40 heiratet. Es wäre wirklich schade, wenn sie es nicht täte.«

Die meisten Frauen, mit denen ich sprach, waren weit entfernt von der Klischeevorstellung der eifersüchtigen, miteinander konkurrierenden Frauen, die sich wegen eines Mannes die Augen auskratzen. Im Gegenteil, die meisten Frauen reagierten ungeheuer feinfühlig auf das Problem, in sexueller Hinsicht mit ihrer Schwester verglichen zu werden. Für eine Frau wie Katherine, die bei Männern »erfolgreicher« zu sein scheint, ist die Angst, die Schwester in den Schatten zu stellen oder ihr das Gefühl zu vermitteln, aufgrund eines Vergleichs abgelehnt zu werden, die Quelle eines tiefempfundenen Unglücks.

Ein Ausweg aus diesem Dilemma ist, sich gegen den Wettkampf zu entscheiden, so wie Linda es getan hat. Eine andere Möglichkeit besteht darin, der Schwester eine unerreichbare, weit überlegene Position zuzuschreiben, indem man sie z.B. als »Familienschönheit« bezeichnet und gleichzeitig die eigene Attraktivität herabsetzt.

Ich war der Wildfang, sie war das Flittchen

Carly hat eine Schwester, Agnes, die fünf Jahre älter ist als sie. Von klein auf waren ihre Persönlichkeiten durch eine gegenseitige Abgrenzung definiert:

»Ich war der Wildfang und Agnes war das Flittchen, oder anders ausgedrückt, sie konnte nichts für die Schwierigkeiten, in die sie sich selbst brachte, da sie so hinreißend aussah. Deshalb wurde ihr eine ganze Menge Toleranz entgegengebracht. Einmal fuhren wir nach Wales in den Urlaub. Dort gab es einen Schönheitswettbewerb. Alle Bauernmädchen erschienen in ihren Partykleidern, nur Agnes kam in ihren engen Jeans und einem T-Shirt. Vater

fand Agnes schön, daher drängte er sie, an dem Wettbewerb teilzunehmen, und sie wurde Siegerin.«
Carly selbst ist sehr attraktiv, aber das würde sie nicht zugeben: das ist die Rolle ihrer Schwester. »Ich haßte Kleider und sah nicht so mädchenhaft aus wie Agnes. Sie hatte einen Lockenkopf und sah aus, wie es sich gehörte, während ich dürr, klein und ein bißchen sonderbar war.«
Wie Katherine begann bald auch Agnes, sich entsprechend ihrem Ruf als attraktives Mädchen zu verhalten:
»Agnes war furchtbar. Ich hielt sie für ein Flittchen, denn sie roch nach billigem Parfüm, trug große, weitgeschnittene Kleider und hohe Absätze. Mit 14 Jahren war sie bereits abends ausgegangen und über Nacht nicht nach Hause gekommen. Als sie morgens zu Hause erschien, wurde sie von unseren Eltern angeschrien, ausgeschimpft und zurechtgewiesen.
Bei anderen Gelegenheiten wurde sie von Jungen nach Hause gebracht und saß mit ihnen an der Hecke. Wir sahen alle aus dem Fenster zu, ich aus Agnes Zimmer oben, die Eltern – rauchend – von unten –, und Agnes knutschte draußen herum. Dann kam sie herein und wurde zurechtgewiesen. Ich hörte von oben zu. Die Türen knallten. Die Eltern waren wütend auf sie, sie hielten sie für eine Nutte. Ich glaube, selbst die Nachbarn sprachen mit meiner Mutter über sie.«
Zunächst stimmte Carly in die Mißbilligung ihrer Eltern mit ein. Als Carly 14 Jahre alt war, schickte die Mutter Agnes weg in der Hoffnung, sie von Schwierigkeiten mit den Jungen fernzuhalten. Diese Lektion ging nicht spurlos an der aufmerksamen Schwester vorbei:
»Ich lernte aus Agnes Erfahrungen, wenn es um Aktivitäten außerhalb des Elternhauses ging. Ich hielt meine Beziehungen mit Jungen stärker geheim. Ich küßte sie nicht am Hauseingang, ich küßte sie auf dem Sportplatz. Und meine Eltern wußten immer, wohin ich ging, wenn ich ausging, und wann ich zurück sein würde.«

Als Carly älter wurde, löste Bewunderung die frühere Mißbilligung der Schwester ab:
»Wenn sie nach Hause kam, verbrachten wir drei aufregende Wochen zusammen. Es machte mir Spaß, mit ihr durch die Gegend zu gehen und zu sehen, wie die Leute ihre Kleidung und ihren Schick bewunderten. Ich war sehr beeindruckt. Sie sah unglaublich gut aus, während ich mit meinen 19 Jahren noch ein bißchen Babyspeck hatte.
Agnes war großartig, und ich hatte immer das Gefühl, daß die Männer sich selbst übertrafen, um an sie heranzukommen. Vor allem einer, den ich wundervoll fand. Aber ich wußte, daß ich nicht die geringste Chance bei ihm hatte, solange Agnes in der Nähe war.«
Carly bestreitet, daß sie sich über die Konkurrenz ärgerte, und läßt nicht ab von der Vorstellung, daß Agnes weitaus schöner war als sie. Vielleicht meint sie, daß ein unschöner Wettstreit ihre heute sehr enge Beziehung zu Agnes trüben könnte:
»Ärgerte es mich? Nein, nicht wirklich. Ich nahm es hin. Das war mein Schicksal. Agnes hätte sich furchtbar über mich lustig gemacht und mir gesagt, daß ich nicht die geringste Chance gehabt hätte, da ich zu eckig und zu kühl war. Daher konnten wir über die ganze Situation unsere Scherze machen.«
Als der Altersunterschied zwischen den beiden an Bedeutung verlor, begann Agnes, Carly mehr über ihre Schwierigkeiten in ihren Beziehungen anzuvertrauen. Heute ist Carly in der Lage zu sagen, daß sie besser ankam, als beide Schwestern früher bereit waren zuzugeben. Carly sagt sogar, daß einer von Agnes Freunden sich allem Anschein nach für sie interessierte. »Vielleicht war es so, denn Schwestern sind sich ziemlich ähnlich. Und da war Agnes Freund, der mich vielleicht für ein attraktives junges Ding hielt – und ich bemerkte es nicht. Es ist mir nie in den Sinn gekommen.«
Heute sind die Unterschiede in ihren sexuellen Identitäten überwunden. Beide Schwestern leben mit Männern zusam-

men, die sich in mancher Hinsicht ähneln. Carly ist sich inzwischen bewußt geworden, daß Agnes älter wird und daß ihre vergleichsweise Jugend ihr, was die Attraktivität angeht, einen Vorteil verschafft. Ein wenig von dem Glanz von Agnes früher Schönheit ist allmählich verblaßt. Carly empfindet dies als Verlust, und es macht sie verlegen, dies zu sagen, aber sie ist froh, daß sie beide in ihrer Beziehung eine größere Ausgewogenheit gefunden haben.
Denn je weniger eine Frau ihre Schwester als gegensätzlich empfindet, desto eher kann sie sich zu bislang geleugneten Aspekten ihrer Persönlichkeit bekennen und desto eher können ihre Schwester und sie sich voll und ganz akzeptieren, ihre Ähnlichkeiten wie auch ihre Unterschiede.

Was ist, wenn deine Schwester perfekt ist?

Dieses leise, intensive und weithin uneingestandene Drama um die Findung der sexuellen Identität ist ein Lieblingsthema von Schriftstellern. In Judith Rossners Roman *Auf der Suche nach Mr Goodbar*[7], der auch verfilmt wurde, steht Theresa Dunns Abgleiten in die Entfremdung und Promiskuität in Zusammenhang mit ihrem familiären Background, vor allem mit der Beziehung zu ihren Schwestern.
Theresa führt ein Doppelleben: Sie arbeitet als Lehrerin und unterhält eine Beziehung zu einem aufrechten und seriösen Mann, der sie heiraten möchte, doch ohne Wissen ihrer Freunde aus dieser ehrenhaften Welt frequentiert sie nebenher Aufreißerlokale in New York und nimmt Männer, die sie dort kennenlernt, für ein flüchtiges Abenteuer mit zu sich nach Hause. Ihr Geheimnis wird erst entdeckt, als sie von einem dieser Männer brutal ermordet wird.
Theresas Promiskuität liegt begründet in ihren Gefühlen für ihre ältere Schwester. In einer Frauengruppe, in der die

[7] Rossner, Judith: Looking for Mr Goodbar. London: Cape 1975.

Teilnehmerinnen über die Ablehnung ihres eigenen Körpers diskutieren, hört Theresa eine Frau sagen: »Menschen müssen nicht perfekt sein, nur Gegenstände müssen es.« Ihre innere Reaktion darauf ist: »Was ist aber, wenn man eine Schwester hat, die zufällig tatsächlich perfekt ist? Wie wird man damit fertig?«

Als Teenager empfindet Theresa dieser »perfekten« Schwester Katherine gegenüber, die jung heiratet und den »faszinierenden« Beruf einer Stewardeß ausübt, eine Mischung aus Bewunderung und Abneigung.

Doch niemals vertraut Theresa ihrer Schwester oder liebt sie wirklich, und als sie die schmutzige Wahrheit ihres Privatlebens entdeckt – mit seinen Abtreibungen, Partnerwechseln und Scheidungen –, ist es, als ob ihre eigenen Hoffnungen auf Liebe und Glück zerstört worden wären. Katherine war für sie die Alternative gewesen, ein Modell für die Verwirklichung dieser Hoffnungen, statt dessen erweist sie sich als Heuchlerin.

Als dann die manipulative Katherine Theresa bittet, sich des Mannes anzunehmen, den sie verlassen hat, hat ihre jüngere Schwester das Gefühl, als würden ihre ureigenste Persönlichkeit und Autonomie unterminiert:

»Sie fühlte sich verunsichert, ihrer eigenen wie auch immer gearteten Impulse beraubt. Sie hatte Kopfschmerzen. Sie wünschte nur, daß Katherine endlich ging. Sie wollte weglaufen. Sie wußte nicht, was sie tun sollte. Sie mußte heraus, aber sie wollte nicht, daß Katherine das sah. Was zum Teufel hatte Katherine ihr angetan? Sie hatte das Gefühl, als ob sie sich hätte fesseln, in eine Truhe sperren und auf den Meeresboden versenken lassen mit dem vagen Versprechen, daß irgend jemand sie später einmal von dort wieder hochholen würde.«

Ihre andere Schwester Brigid, deren Identität ausschließlich darauf beruht, verheiratet und Mutter zu sein, erscheint Theresa noch fremder. Bei einer Familienweihnachtsfeier, an der Katherine nicht teilnimmt, da sie ihre zweite Abtreibung in Puerto Rico vornehmen läßt, verkündet Brigids Mann, daß seine Frau wieder ein Kind erwartet:

»Brigid errötete vor Stolz, so als ob sie in der zweiten Hälfte des zwanzigsten Jahrhunderts nicht nur das Recht, sondern auch einen besonders guten Grund hätte, eine katholische Gebärmaschine zu sein. Theresa dachte an ihre Schwester Katherine in Puerto Rico, und zum ersten Mal empfand sie tiefes Mitleid mit ihrer Schwester.«

Es ist, als ob beide Schwestern Möglichkeiten gewählt hätten, die Theresa auch hätte ergreifen können, und bewiesen hätten, daß sie nicht realisierbar seien. Daher verliert Theresa den Glauben an die Liebe und löst ihr emotionales von ihrem sexuellen Ich. Diese beiden Ichs werden nie mehr integriert, und sie stirbt in dem Bruch zwischen ihrem »ehrenhaften« und ihrem promiskuitiven, sexuellen Ich.

Theresas Erfahrung gehört an das negative Ende des ganzen Spektrums schwesterlicher Beziehungen, aber ihre Geschichte macht deutlich, wie das Thema der sexuellen Identität zu einem Schlüsselelement in dem »dialektischen Tanz« der schwesterlichen Beziehungen werden kann. Diese sexuelle Identität ist für viele Schwestern ein ganz sensibles, ja sogar ein Tabu-Thema. Die Probleme der schmerzhaften Vergleiche zwischen Schwestern sind nur schwer zu lösen, denn der Wunsch, die negativen Auswirkungen eines Wettstreits zu vermeiden, ist oft unvereinbar mit der Erfüllung, die sexuelle Erfolge und Popularität verschaffen können.

Einige der wichtigsten Entscheidungen unseres Lebens können oft aus der Notwendigkeit entspringen, ein akzeptables Gleichgewicht mit der Schwester und eine sexuelle Identität zu finden, die ohne Schwierigkeiten neben dem der Schwester bestehen kann.

Schwestern sprechen über sich

Es ist wie verheiratet sein, glücklich verheiratet sein

Susan und Marie erzählten mir gemeinsam ihre Geschichte, und beide beschrieben ihre Beziehung in den wärmsten und lobendsten Tönen. Sie ist die stärkste, glücklichste und erfreulichste Beziehung ihres Lebens und bedeutet ihnen mehr als alle übrigen Beziehungen.

Susan, Anfang Vierzig, ist zwei Jahre älter als ihre Schwester. Sie lebt in New York und verdient ihren Lebensunterhalt als Journalistin. Marie ist Schriftstellerin und Lehrerin und lebt mit ihren beiden Kindern in Neuseeland. Wie Susan ist sie einmal geschieden, ist aber eine neue Beziehung zu einem Mann eingegangen.

Wenn sie nicht zusammen sind, schreiben die Schwestern sich fast täglich und geben den größten Teil ihrer freien Zeit und ihres gesparten Geldes her, um die Welt zu durchqueren und sich ungefähr zweimal im Jahr zu sehen.

Ihre Mutter, so glauben sie, hat diese enge Beziehung von früh auf gefördert. »Sie hatte einen älteren Bruder und war von Jungen umgeben«, sagt Susan. »Sie wünschte sich verzweifelt eine Schwester. Als größtes Manko ihres Lebens empfand sie die Tatsache, daß sie keine Schwester hatte. Daher wünschte sie sich zwei Töchter, damit sie Schwestern sein konnten.

Von klein auf sagte sie uns wieder und wieder, daß wir glücklich sein könnten, uns zu haben. Sie wollte, daß für jeden von uns die Schwester die wichtigste Bezugsperson wäre. Nachdem Marie zwei Söhne hatte und ihre Enttäuschung darüber ausdrückte, sagte sie: ›Du brauchst keine Tochter, du hast eine Schwester.‹ Sie arbeitete darauf hin, daß unsere Beziehung für uns beide die wichtigste unseres Lebens wurde.

Sie schweißte uns sogar so fest aneinander, daß wir uns

selbst gegen sie richteten. Sie konnte keine von uns kritisieren, ohne die andere gegen sich aufzubringen. Sie machte uns nicht von sich, sie machte uns voneinander abhängig.«
Selbst heute ist ihre Mutter am glücklichsten, wenn sie weiß, daß ihre Töchter zusammen sind, entweder in Neuseeland oder in New York. »Sie kümmert sich viel um meine Kinder, damit Susan und ich zusammen sein können«, erzählt Marie. »Außerdem gab sie mir bei meiner Abreise Geld, damit wir zwei zusammen ausgehen können. Wir beide sind ihre große Freude.«
Maries und Susans Mutter gründete ihre großen Erwartungen auf eine Schwesterbeziehung, die sie später auf ihre Töchter projizierte, auf das Vorbild ihrer eigenen Mutter und deren Schwester. Diese beiden Frauen waren sich sehr nahe gewesen, hatten sich unterstützt und hatten nach dem Tod der Männer zusammengelebt und ihr Alter miteinander verbracht. Viele der Schwestern, mit denen ich sprach, hatten eine solche Art von Modell übernommen.
Susan und Marie gehören nun zu der dritten Generation, die dieses leuchtende Vorbild von Großtante und Großmutter vor Augen hat, das auch für sie den Charakter einer Vision eines kommenden Paradieses hat.
»Wir haben ein Dorf für unseren Ruhestand geplant, das sich deutlich von allgemeinen Zukunftsvorstellungen unterscheidet«, berichtet Marie. »Es bedeutet nicht das Ende eines Lebens, es bedeutet nur, daß alle anderen Dinge im Leben beendet und erledigt sind und daß wir dann endlich zusammenleben werden.
Wir denken da an eine Insel in einer warmen, sonnigen Gegend. Ich werde Tomaten züchten und Susan wird weitere Bücher schreiben. Und ich werde sie in einem Rollstuhl herumfahren – und zwar schnell.«
Diese Vision eines glücklichen, harmonischen Alters, so wie die Schwestern es beschreiben, ist nur die natürliche Fortsetzung einer Beziehung, die ihnen beiden seit ihrer glücklichen und harmonischen Kindheit Kraft gegeben hat.

Als Kinder schützten sie sich gegenseitig vor Außenstehenden, Susan mit ihren verbalen Fähigkeiten, Marie mit ihrer körperlichen Kraft.
»Eine Zeitlang kam Susan nachmittags weinend von der Schule nach Hause«, erzählt Marie, »bis ich zur Schule ging und alle miteinander verdrosch.«
Der gemeinsame Feind waren damals die Jungen, die Susans Hut immer wieder aus dem Fenster des Schulbusses warfen. »Zu dieser Zeit beschützte ich dich körperlich, aber du nahmst oft für mich Partei«, erinnert sich Marie.
Wie bei vielen Kindheitserlebnissen, die Schwestern als »Geschichten« in Erinnerung haben, wiederholt sich dieses Muster des gegenseitigen Beschützens noch immer. »Früher sagte ich immer: ›Paß auf, ich hole meine Schwester‹«, berichtet Susan. »Und auch heute noch ist es unsere Achillesferse, wenn wir uns gegenseitig verteidigen. Wir tun es nicht für uns selbst. Wenn meine Mutter mich kritisiert, dann zucke ich nur mit den Schultern, aber wenn sie dich kritisiert, werde ich scharf, genauso wie du.«
Angriffe auf Susan, selbst verbale Kommentare, stimmt Marie zu, »gehören zu den wenigen Dingen, die mich auf irrationale Weise ärgerlich machen. Das ist nicht bei vielen Dingen der Fall.« Ihr ganzes Leben lang spielten die Schwestern die Rolle des Beschützers und des Schützlings. »Wir haben eine Theorie über den Ablauf von Zyklen«, führt Marie aus, »über die wir viel sprechen. Es scheint, daß immer eine von uns beiden zu bestimmten Zeiten die Führung in unserer Beziehung übernommen hat. Ich kümmerte mich um Susan, als sie noch ganz jung war. Sie kümmerte sich um mich, als ich zur Schule ging und sie zur Universität. Dann hatte sie eine Krise, und ich kümmerte mich um sie. So ist es immer gewesen. Als ihre Ehe in die Brüche ging, war ich die Stütze, als meine Ehe auseinanderbrach, war sie es.«
Letztes Jahr, so berichtet Susan, fuhr sie nach Neuseeland und kam in einem Zustand der Depression dort an. »Ich

sagte zu ihr: ›Jetzt bist du an der Reihe.‹ Mehr mußte ich nicht sagen. Sie hatte genug eigene Probleme, aber sie machte sich sofort an die Lösung meines Problems. Zu unterschiedlichen Zeiten übernehmen wir die Initiative in der Sorge um die andere. Wenn eine von uns beiden immer depressiv wäre und die andere ihre ganze Energie auf sie verwenden müßte, dann könnte ein Gefühl von Ungerechtigkeit entstehen. Aber das ist uns nie passiert. Es war immer gegenseitig.«

So weit, so gut. Aber die Schwestern müssen doch auch hin und wieder Konflikte miteinander gehabt haben? Sie geben zu, daß sie die üblichen Kindheitskräche hatten, doch selbst das, sagen sie, hatte seinen positiven Effekt, weil es eine Art von ritueller Therapie war.

»Ich erinnere mich an einen ständigen Streit«, erzählt Marie, »bei dem es immer ums Abwaschen ging. Susan hatte sehr gepflegte Fingernägel und war sehr stolz auf sie, sie war immer sehr sauber. Ich hatte abgekaute Fingernägel und war immer schmutzig. Gewöhnlich steckte ich ihren Kopf in das Abwaschwasser und während der ganzen Prozedur neckten wir uns gegenseitig. Unser Streit drehte sich ausschließlich um das Abwaschen. Wir testeten unsere Geschicklichkeit. Es begann mit verbalen Neckereien, zur Übung sozusagen. Es war unser abendliches Ritual, unsere Art, den Tag zu beschließen. Alle Frustrationen des Tages kamen hoch. Anschließend fühlten wir uns gut und gingen gemeinsam ins Bett, um noch zu lesen.«

Welche Spannungen auch immer diesem rituellen Kampf zugrunde lagen, Psychologen haben bestätigt, daß solche Kindheitskämpfe jüngeren Geschwistern wichtige Gelegenheiten bieten, mit ihren Aggressionen zu experimentieren – um zu sehen, wie weit sie gehen können, bevor der andere reagiert, um zu lernen, sich selbst, körperlich und verbal, zu verteidigen.

»Bis zum Alter von 15 oder 16 Jahren kletterten wir jeden Abend ins gleiche Bett, lasen, alberten herum und unterhielten uns. Irgendwann kam unsere Mutter und schaltete das Licht aus, aber wir hatten einen riesigen Vorrat an Süßigkeiten wie auch Taschenlampen parat, und so lasen wir uns gegenseitig etwas vor.«

»Es gab eine Zeit«, erzählt Susan, »da war mir Maries Körper fast ebenso vertraut wie mein eigener, wenn nicht sogar vertrauter, denn ich schmiegte mich Nacht für Nacht an ihn. Wir schlafen immer noch in einem Bett, wenn wir Vater und Mutter besuchen. Wir benutzen das Doppelbett und reden bis tief in die Nacht, und oft wachen wir aneinandergekuschelt wieder auf.«

Zusammen bieten die beiden das Bild ungetrübten Glücks. Aber was ist mit dem Schmerz und den Konflikten, die oft auch Teil der engsten und liebevollsten Beziehungen sind?

»Es gab keine Streitigkeiten oder schmerzliche Zeiten«, erklärt Susan. »Und wenn wir sie gehabt haben, haben wir sie heruntergespielt«, sie fügt hinzu, »und vergessen.«

Wie glauben sie, haben sie diese äußere Ruhe erreicht? Die Antwort lautet: durch Vorsicht und Disziplin. Sie behaupten, daß sie zueinander ehrlich sind: »Äußerst ehrlich«, sagt Susan, »aber ohne es auf eine Konfrontation ankommen zu lassen. Wir haben angenehmere Arten, Dinge zu tun und zu sagen. Wenn ich etwas tue, was Marie nicht mag, sprechen wir darüber, aber sehr vorsichtig und fürsorglich, so daß nicht ein Gefühl der Bedrohung entsteht. Es wird nicht viel unter den Teppich gekehrt.«

»Es gibt gewisse Dinge, die wir zu bestimmten Zeiten nicht ansprechen würden«, fügt Marie hinzu, »weil es heikle Themen sind, für die die Zeit noch nicht reif ist. Aber irgendwann werden sie immer besprochen.« So zum Beispiel war es mit ihrer nicht sehr hohen Meinung von ihren angehenden (ehemaligen) Ehemännern: »Man wartet darauf, daß sie sagt, daß er ein Scheißkerl ist«, sagt Marie, »und dann sagt man, das wußte ich schon immer.«

»Man muß vorsichtig sein«, erläutert Susan. »Ich wartete darauf, daß Marie begann, ihren Mann zu kritisieren, bevor ich es tat. Ich hatte alles Erdenkliche getan, um ihn in einem guten Licht erscheinen zu lassen. Aber von dem Augenblick an, wo sie aufhörte, ihre Energien in ihn zu investieren, ließ ich es auch bleiben.«

Sie haben niemals zugelassen, daß ein Mann, den sie beide mochten oder zu dem sie sich beide hingezogen fühlten, sich zwischen sie stellte. »Wir haben unser Leben ziemlich fest im Griff«, erklärt Marie, »und wir vermeiden Dinge, die Schwierigkeiten bereiten könnten. Wir haben einen überdurchschnittlichen Intelligenzquotienten, und es gibt gewisse Risiken, die es nicht wert sind, daß man sie eingeht.«

»Wir machen es genauso wie glücklich verheiratete Ehepaare«, erläutert Susan, »wie das Vorbild, das Mutter und Vater uns vorgelebt haben. Wenn du eine Beziehung aufrechterhalten willst, mußt du deine Energien in sie stecken. Es gibt gewisse Dinge, die nicht so wichtig sind. Es ist nicht so, als ob du dich nach ihnen sehntest, aber wenn sie gar nicht erst aufkommen, ist es wahrscheinlich besser. Aber ich kann mich nicht erinnern, mich jemals für jemanden interessiert zu haben, an dem Marie interessiert war.«

Weltanschauungen und Politik spielen in ihrer Beziehung ebenfalls nur eine untergeordnete Rolle. »Wenn wir uns in politischen Fragen uneins wären«, so Marie, »würden wir unsere Anschauungen ändern. Aber wir haben keine Meinungsverschiedenheiten gehabt, die Politik ist für uns nicht wichtig genug, um darüber zu streiten.«

»Es gibt sehr wenige Dinge, über die wir abweichende Meinungen haben«, fügt Susan hinzu, »es klingt fast kitschig...«

»Früher diskutierten wir über die Bedeutung von körperlicher Fitness«, gibt Marie zu, »aber seitdem ich ihr ein Jane-Fonda-Video geschickt habe, macht sie ihre Übungen, und wir können nicht einmal mehr darüber streiten.«

Um diese Harmonie zu erreichen, so die Schwestern, war es auch notwendig, die Unterschiede in ihren Persönlichkeiten herauszuarbeiten sowie einen Wettstreit zu vermeiden, der möglicherweise hätte gefährlich werden können. Da sie sich der Gefahren ihrer Ähnlichkeit bewußt waren, hielten sie sich gegenseitig auf sicherer Distanz, indem sie ihre entscheidenden Unterschiede kultivierten.

»Susan war eindeutig das typische ältere Kind«, erklärt Marie, »sehr hübsch und anständig und nett und sauber. Ich war das zweite Kind. Für mich waren diese Möglichkeiten also bereits erschöpft. Daher war ich rauh, robust, sportlich, fluchte, schlug und prügelte. Darin besteht die einzige Möglichkeit, als Schwester zu überleben, wenn man altersmäßig nur wenig auseinander ist. Sonst schafft man Konkurrenz. Ich glaube, Susan, da du die ältere warst, hast du dein Terrain in vielerlei Hinsicht abgesteckt, und ich habe darauf reagiert. Ich fand andere Möglichkeiten.«

Susan faßt ihre Oppositionshaltung weiter, in eine Art Formel: »Marie ritt die Pferde – und ich fiel von ihnen. Marie ist eine exzellente Schwimmerin – und ich ging unter.«

Beide Schwestern definierten sich ex negativo, aus Achtung vor den positiven Eigenschaften der Schwester.

Marie jedoch gibt zu, daß sie Ärger verspürt über die Art, wie andere Leute ihre beruflichen Leistungen miteinander vergleichen. »Ich habe mich in Susans Domäne – das Schreiben – vorgewagt. Ich habe ein Buch geschrieben, Susan hat mehrere Bücher geschrieben. In diesem Bereich gelte ich immer nur als ›Susans Schwester‹. Das trifft mich, gelegentlich, an meiner schwachen Stelle. Ich würde diesen Leuten gerne sagen: ›Entschuldigen Sie, aber ich bin auch noch hier.‹ Zehn Jahre lang hat Susan einen großen Teil ihres Lebens dem Schreiben gewidmet, während ich Kinder bekommen habe. Das Buch, das ich geschrieben habe, entstand zwischen zehn Uhr nachts und drei Uhr morgens. Das Buch, an dem ich jetzt arbeite, wird noch mehr Zeit in Anspruch nehmen. Manchmal fühle ich mich ein wenig in die Defensive gedrängt, und dann denke ich: ›Ach was. Auch ich kann Bücher schreiben.‹«

Wie auch andere Schwestern mir berichtet haben, die im

gleichen Bereich tätig sind, entstehen ihre Probleme nicht untereinander, sondern mit den Außenstehenden, die die eine Schwester weniger günstig beurteilen als die andere.
»Dies führt nicht zu Problemen zwischen uns«, sagt Marie. »Ohne ihre Unterstützung hätte ich nie zu schreiben begonnen. Ich habe ihr das geschickt, was ich geschrieben hatte, und sie hat mir seitenlange Kommentare zurückgeschickt. Ich würde es auch noch einmal so machen.
Während des Schreibens war ich nicht sehr glücklich, Kinder zu haben. Es schien keine großartige Leistung, ganz im Gegensatz zum Bücherschreiben. Jeder kann Kinder haben, aber nicht jeder kann ein Buch schreiben. Es schien einfach wertvoller.«
Das Problem löste sich, wie so oft bei Schwestern, durch die intellektuelle Etikettierung eines Elternteils. »Ich erinnere mich, wie mein Vater einem alten Freund erzählte, er habe zwei Töchter, eine, die Schriftstellerin in New York sei, und eine andere, die Kinder habe. Daraufhin griff ihn meine Mutter an, und er korrigierte sich: ›Natürlich könnte jede von ihnen den Job der anderen genausogut ausüben.‹«
Über die anderen beiden Bereiche, die die beiden Schwestern ganz entscheidend trennen, die Tatsache, daß Marie Kinder hat und daß beide an den entgegengesetzten Enden der Welt leben, sprechen sie nicht sofort. Die Diskussion über diese Unterschiede gibt Anlaß, darzulegen, wie sie – wie zwei Hälften eines Ganzen – zusammen gewirkt, zusammen gearbeitet und zusammen gelebt haben.
»Wir haben unsere Masterprüfung zusammen gemacht«, erklärt Susan. Da die Schwestern das Angebot ihrer Fakultät ein wenig aufgeblasen fanden, teilten sie den Lehrplan auf, unterwiesen sich gegenseitig in den Büchern, die sie nicht selbst gelesen hatten und schafften so ihr Examen – sehr zum Verdruß ihrer Lehrer, denen sie dies später erzählten.
Dieses Element von frecher Herausforderung in ihrer Zusammenarbeit ist einer der Schlüssel zu ihrer engen Verbundenheit, dieses vergnügliche Gefühl von »wir beide gegen

den Rest der Welt«, das Schwestern so oft beschreiben, diese Allianz gegen einen gemeinsamen Feind, seien es nun Schuljungen, Prüfer oder später Ehemänner oder Literaturkritiker.
»Wir haben bei so vielen Gelegenheiten anderen eine Falle gestellt«, berichtet Susan, »daß wir uns in den etablierten Kreisen nicht besonders beliebt gemacht haben, indem wir z.B. Telefonanrufe für die Schwester entgegengenommen haben, uns für sie ausgegeben haben, was uns auch heute noch auf Anhieb gelingt. Das ist natürlich ein Spiel gegen die Zeit, wenn man mit den Einzelheiten nicht vertraut ist, aber wir können es noch jederzeit spielen und hinterher darüber lachen. Das haben wir immer getan. Selbst wenn unsere Mutter rief: ›Marie, Marie, wo bist du?‹ antwortete ich: ›Hier, hier.‹« Diese gegenseitige Widerspiegelung setzten sie bis in das Erwachsenenalter fort. »Wir unterrichteten an der gleichen Schule«, fährt Susan fort, »wir machten unsere Prüfungen zusammen, wir fuhren im gleichen Auto zur Schule, wir gingen zusammen einkaufen.«
Dann heirateten beide Schwestern, Susan ein Jahr nach Marie. »Wir wohnten ganz in der Nähe, gleich um die Ecke«, erzählt Susan, »und wir sagten unseren Männern, daß sie selbst herausfinden müßten, wo das Abendessen serviert würde, da wir nicht beide ein Essen kochen würden. Sie mußten miteinander sprechen, um herauszufinden, wo es stattfinden würde.« Es war, als ob sie ihre herausfordernde Haltung den Schuljungen gegenüber auf ihre Ehemänner übertragen hätten.
Wie dachten ihre Männer über diese intensive Verschmelzung ihrer Persönlichkeiten?
»Unsere Männer wußten beide, daß sie die andere mitheirateten«, antwortet Susan. »Oder«, verbessert Marie, »daß sie zwei Hälften bekamen. Mein Mann nahm es als selbstverständlich hin, daß er sich, als er sich mit mir einließ, auch mit Susan einließ. Er mochte Susan nicht, aber er mußte es einfach lernen, sich auf sie einzustellen.«

»Er konnte nicht viel dagegen tun«, fährt Susan fort, heiter und ohne Reue. »Ich war immer da. Und unsere Männer trafen sich und sagten: ›O Gott, die beiden werden uns noch verrückt machen‹, aber sie hatten nicht die geringste Chance, die Situation zu ändern.«
Auch wäre ihnen nie die Idee gekommen, daß sie vor der Schwester rangieren könnten. Susan hatte nicht vor, die enge Verbundenheit mit der Schwester durch ihren Mann zu zerstören. Ihr Mann, so sagt sie heute, war nur »ein Anhängsel«.
»Wir lebten einfach sehr eng zusammen«, erinnert sich Susan, »bis Marie ihre Kinder bekam.« Zur gleichen Zeit ging Susan für ein Jahr fort, um an einem anderen Ort zu lehren. »Das war die Periode unseres Lebens, in der wir den wenigsten Kontakt miteinander hatten. Wir beide empfanden diesen Verlust als schmerzlich. Marie bekam ihre Kinder, das war es... wir konnten einfach nicht zusammenkommen.«
Endlich, so scheint es, hatte Marie etwas getan, das sie drastisch von Susan unterschied. Genauso wie sie in der Kindheit ein Raufbold geworden war, um sich von ihrer damenhaften älteren Schwester zu unterscheiden, gab ihr nun ihr Muttersein die Möglichkeit, sich von Susan abzusetzen.
Für Susan war es schwer, das zu akzeptieren. »Ich bin ihr wirklich auf die Nerven gegangen«, gesteht sie, »weil ich immer wieder zu ihr sagte: ›Warum hast du *das* nur getan? Warum nur?‹ Und sie antwortete: ›Ich weiß nicht.‹ Dieses Kinderkriegen ist eine Angelegenheit, die wir nie richtig geklärt haben. Wir haben nie herausgefunden, warum Marie Kinder bekam und ich nicht.«
»Ich glaube, du hast keine Kinder bekommen, weil ich welche hatte«, antwortet Marie. »Wenn du welche gehabt hättest, hätte ich vielleicht keine bekommen. Es gab eigentlich nichts, das ausgerechnet mich dazu bestimmte, Mutter zu werden. Aber es hätte mich nicht erstaunt, wenn *du* Kinder gehabt hättest und *ich* nicht.«

Nachdem Marie diesen Schritt von Susan weg gemacht hatte, etablierte sie gleich wieder ein neues Gleichgewicht, indem sie einen anderen Schritt auf sie zu machte.
»Nach der Geburt ihres ersten Kindes«, erzählt Susan, »zu der Zeit also, als ich sehr weit weg wohnte, entließ Marie sich selbst aus dem Krankenhaus, wütend wie ein Stier, bestieg mit dem Baby ein Flugzeug und kam zu mir. Wir wußten nicht, was wir mit dem Kleinen machen sollten, wir hatten nicht die geringste Vorstellung. Das verdammte Ding schrie und schrie. Wir tranken ziemlich viel. Aber dann stellten wir fest, daß das Kind allergisch auf Alkohol reagierte, was uns natürlich nicht weiterhalf.«
»Ich stillte«, erläutert Marie, »und der Kleine bekam einen furchtbaren Hautausschlag, der immer dann wegging, wenn ich aufhörte, Rotwein zu trinken. Aber ich hörte mit dem Rotweintrinken nicht auf, sondern cremte ihn mit irgend etwas ein, so daß der Ausschlag ihm nicht so viel zu schaffen machte. Wir beide fanden auch ohne Hilfe eine ganze Menge heraus. Dennoch mußten wir eine Freundin von Susan anrufen, um herauszufinden, warum das Kind immer schrie. Es war alles ein bißchen eigenartig, nicht wahr?«
Eigenartig war es in der Tat. Die Schwestern hatten eine der »Hauptregeln« unserer Kultur umgestoßen, daß nämlich die Ehemänner den Vorrang genießen. Jetzt verstießen sie gegen eine noch strengere Regel, indem sie ihrer Beziehung Vorrang gaben – die Regel der aufopfernden Mutterschaft.
Die Schwestern verbrachten eine Woche zusammen, während der Marie sich an ihr Kind gewöhnte und Susan sich daran gewöhnte, daß Marie eins hatte. Auch heute ist Susan strikt dagegen, daß ihre beiden Neffen sich zwischen ihre Schwester und sie drängen.
»Ich gebe ihnen Geld, damit sie verschwinden«, sagt sie. »Mir ist es völlig egal, wofür sie es ausgeben. Sie können ihre Zähne ruinieren, das ist mir total gleichgultig. Ich sage ihnen nur: ›Kommt nicht vor der und der Zeit nach Hause.‹«
Wie reagieren andere Leute auf die Beziehung der Schwe-

stern? Susans Neffen haben ganz ohne Zweifel das Gefühl, daß es ihrer Tante lieber ist, mit ihrer Mutter alleine zu sein. Auch machen die Schwestern weder einen Hehl aus der Feindseligkeit, mit der ihre Ex-Ehemänner ihre enge Beziehung betrachteten, noch aus der Tatsache, daß ihnen das völlig gleichgültig war.

Sie glauben ganz fest, daß sie etwas viel Besseres besitzen. Für sie bedeutet Schwesternsein »so etwas wie verheiratet sein«, erklärt Susan. »Nein«, korrigiert sie Marie. »Es ist wie *glücklich* verheiratet sein. Wir sind sehr vorsichtig miteinander. Es gehört unendlich viel guter Wille dazu, aber es macht sich bezahlt.«

»Ja«, fügt Susan hinzu, »warum sollten wir dies ändern wollen? Unsere Beziehung ist eines der besten Dinge, die uns zugestoßen sind. Für mich ist sie die reine Freude.«

Aber die Schwestern – noch immer zu zweit gegen die Welt – können andere Menschen, mit denen sie in Berührung geraten, durchaus verlegen oder sogar höchst ärgerlich machen. Ein Kollege an der Schule, an der sie beide unterrichteten, sagte: »*Nicht* Sie beide. Das ist zuviel. *Nicht* Sie beide.« Und Susan, die sich daran erinnert, lacht über ihre eigene Persiflage auf seine Verzweiflung.

Auch andere Kollegen und Bekannte übten Kritik an ihnen. »Es gibt ein Phänomen, das uns noch immer fasziniert«, sagt Susan. »Wir haben gerade eben die Bekanntschaft einer Frau gemacht, die Marie eine Geschichte erzählt und mir eine andere Version derselben Geschichte. Sie gibt sich äußerste Mühe bei ihrem Versuch, uns beide gegeneinander auszuspielen. Warum kann sie bloß nicht einsehen, daß selbst wenn sie mir die schlimmsten Dinge über Marie erzählte, ich doch nur denken würde: ›Mein Gott, sie lügt.‹ Das steht außer Frage.

Es gab immer wieder Gelegenheiten, bei denen wir ruhig beobachtet haben, wie jemand versuchte, Unruhe zwischen uns zu stiften. Vor einer ganzen Weile haben wir beide zur gleichen Zeit ein Buch publiziert, und es gab eine ganze

Reihe von Leuten, die zu uns sagten: ›Was, und ihr versteht euch noch immer, aber spätestens morgen abend werdet ihr euch streiten.‹ So ging es immer wieder. Selbst wenn wir uns hätten streiten wollen, nach diesen Bemerkungen wäre es unmöglich gewesen.«

Ihre Ex-Männer haben ihnen vorgeworfen, daß sie niemals unabhängige, erwachsene Individuen geworden seien. Ist es möglich, daß eine Frau, indem sie ihre emotionalen Bedürfnisse primär auf ihre Schwester konzentriert, vielen anderen Problemen aus dem Weg geht, die Bestandteil anderer Erwachsenenbeziehungen sind, wie zum Beispiel Sex? Vor wem ist man, was das Sexuelle anbelangt, sicherer als vor der Schwester?

Susan ist sich dieser potentiellen Kritik durchaus bewußt und weist sie mit charakteristischer Verachtung zurück. »Die meisten Psychologen würden sagen, daß Marie und ich unreif sind, daß wir keine Erwachsenenbeziehungen aufgebaut haben. Als ob wir vor der Welt oder was oder wem auch immer Angst hätten.« Der Gedanke daran bringt sie zum Lachen. »Ich glaube, Psychologen können nur Erklärungen für das finden, was sie um sich herum beobachten können. Es kann jedoch alle Arten von komischen Beziehungen geben, die gut funktionieren. Und unsere Beziehung, solange sie gut funktioniert, gibt mir außerordentlich viel Freude. Wenn es Marie nicht gäbe, wäre mein Leben völlig anders. Wir akzeptieren uns bedingungslos, und das ist sehr selten im Leben der Fall. Stimmt das nicht?«

»Ich glaube schon«, antwortet Marie. »Ja, es stimmt.«

Rivalität und Konflikt

Schwestern sprechen über sich

Eine zweigeteilte Persönlichkeit

Angela ist eine der wenigen Schwestern, die ich traf, die sogleich und offen ihre Antipathie ihrer Schwester Chris gegenüber zum Ausdruck brachte und die bereit war, darüber zu sprechen. Ich hatte sogar den Eindruck, daß sie darüber sprechen wollte in der Hoffnung, mit einigen ihrer eigenen Gefühle ins reine zu kommen, denn sie beschrieb ihre Schwester Chris als derb, roh, laut, langweilig und abstoßend, und zwar mit einer Vehemenz, die alles andere als Gleichgültigkeit deutlich werden ließ.

Chris' Standpunkt muß ein Geheimnis bleiben, denn die beiden Schwestern leben an den entgegengesetzten Enden der Welt. Außerdem hat Angela mit ihr seit Jahren keinen Kontakt mehr gehabt und weiß nicht einmal ihre Adresse.

Angela ist Anfang Vierzig, ein paar Jahre jünger als Chris, und lebt in England, wo sie als Lehrerin arbeitet. Chris ist Journalistin und lebt mit Ehemann und zwei Kindern in Kalifornien.

Nicht immer hat Angela ihrer Schwester gegenüber diese Antipathie empfunden. In ihrer Kindheit und Jugend waren sie sich sehr nahe, doch schon von früh auf kämpfte Angela in ihrer, wie sie es beschreibt, Haß-Liebe-Beziehung mit dem Problem, ihrer Schwester ähnlich und doch auch wieder nicht ähnlich zu sein.

Angela und Chris wuchsen in den 40er Jahren in Israel auf.

Sie hatten keine weiteren Brüder und Schwestern und waren daher sehr stark aufeinander angewiesen. Angela beschreibt die Schwester ihrer Kindertage als »sehr beschützend, aber auch dominierend«. Von Anfang an gab es also eine Ambivalenz, denn beschützt werden wollte sie, nicht aber beherrscht werden.

Chris war das Zentrum von Angelas Kinderwelt. In einer ihrer frühesten Erinnerungen nimmt sie Chris' Bücher und versteckt sie. »Ich wollte ihre Aufmerksamkeit auf mich lenken«, sagt Angela. »Ich war auf ihre Bücher eifersüchtig, weil sie sie mir wegnahmen. Ich wollte, daß sie mit mir spielt, und die Bücher nahmen sie ausschließlich in Beschlag.«

Im großen und ganzen erinnert sich Angela an die große Schwester ihrer Kindheit mit großer Freundschaftlichkeit und Wärme. »Sie versuchte mich einzubeziehen in das, was sie interessierte. Sie gab sich außerordentliche Mühe, um das zu erreichen. Sie war sehr gut zu mir und war für mich eine sehr wichtige Person. Freundschaften konnten kommen und gehen, sie waren von ziemlich flüchtiger Dauer, Chris aber war immer da. Sie war auch der Mensch, zu dem ich ging, wenn ich Unrecht erlitten hatte, eher als zu meiner Mutter.«

Die Wurzeln des späteren Konflikts sind bereits von früh auf erkennbar. In Angelas Vorstellung hatte nämlich Chris teilweise die Rolle der Mutter übernommen. Das war jedoch eine Rolle, die die »bemutterte« Person dazu bestimmt, in der Rolle des Kindes zu verbleiben, indem sie Sicherheit bietet, Unabhängigkeit jedoch verwehrt. Damals bereits spürte Angela den einengenden Druck von Chris' dominierender Persönlichkeit. Es war ein Druck, der sich als liebevolle Sorge ausgab. Daher war es um so schwerer, ihm zu widerstehen, und das vor allem ohne das Gefühl von Schuld.

Bei der ersten Gelegenheit, dem ersten Gefühl von Freiheit und Loslösung von der Schwester machte Angela einen

dramatischen Versuch, ihr Anderssein deutlich zu machen. Es war ein Ereignis, das sich später – und mit verheerendem Einfluß – wiederholen sollte.
Angela war sich bereits eines Unterschiedes zwischen der Schwester und sich bewußt. Chris war, wie sie sagt, »eine glühende und leidenschaftliche israelische Nationalistin. Wir wuchsen mit einer Menge von Umzügen und einer Menge Indoktrination auf. Sie war ein sehr, sehr engagiertes, ein sehr politisches Kind. Alle Kinder wurden in Israel so großgezogen. Ich aber war viel weniger engagiert.«
Und um eine solche Frage von Nationalismus – also einen sehr wichtigen Ausdruck der Persönlichkeit –, sagt Angela, ging es auch, als »die Unterschiede in unseren Persönlichkeiten begannen, sichtbar zu werden«.
Als die Familie nach England zog, verließen Angela und ihre Mutter Israel einige Monate vor Chris und ihrem Vater. (Ihre ganze Kindheit über stand Angela nach eigenen Worten ihrer Mutter näher. Sie verband eine warme, ungezwungene Beziehung, in der die beiden miteinander plauderten und »klatschten«, während Chris ihrem Vater näherstand, einem Intellektuellen und Hochschullehrer.)
»Als meine Schwester zwei oder drei Monate später in England ankam«, erinnert sich Angela, »weigerte ich mich, hebräisch mit ihr zu sprechen. Ich sagte zu ihr: ›Ich lebe jetzt hier, dies ist meine Heimat.‹ Ich hatte vorher Englisch weder lesen noch schreiben können. Ich machte eine 180-Grad-Wendung in diesen zwei Monaten. Ich wollte mich anpassen.«
Auch heute, dreißig Jahre später, spricht sie noch sehr offen über die Wirkung ihrer Entscheidung auf ihre Schwester: »Zum ersten Mal war Chris nicht in der Lage, mir ihren Willen aufzuzwingen, ich leitete eine Art Zäsur ein.«
Chris schien den Wunsch der Schwester nach Autonomie einerseits zu akzeptieren, paßte jedoch andererseits ihr eigenes Verhalten Angelas Forderungen nicht an. »Sie kaufte sich weiterhin hebräische Kinderzeitschriften. Und wenn

ich mich nicht geweigert hätte, hätte sie uns alle gezwungen, die ganze Zeit hebräisch zu sprechen. Aber so wie es war, hatte ich diese Sprache innerhalb von sechs Monaten fast vollständig ausgelöscht.«

Das tägliche Leben der Schwestern nahm seinen Lauf: »Bald gingen wir wieder sehr schwesterlich miteinander um, wir bauten Flöße und spielten ›Schwalbe und Amazone‹ und all den anderen Unsinn.« Doch jetzt bewegten sie sich auf verschiedenen Gleisen: sie waren sich ähnlich und doch auch wieder nicht. Bei ihrem ersten Kampfeinsatz hatten die Schwestern das Schlachtfeld klar und deutlich abgesteckt.

Sobald die Mädchen ihre neue Schule in England besuchten, bemerkte Angela, daß die Schwester ihrer Vormachtstellung in mehrerlei Hinsicht beraubt war: »Sie haßte England und war entschlossen, sich mit diesem Land nicht abzufinden«, berichtet Angela. »Sie widersetzte sich allem. Soweit ich weiß, war diese Umsiedlung die schrecklichste Erfahrung ihres Lebens. Sie ist nie darüber hinweggekommen. Sie sagte solche Dinge wie: ›Ich kann Backsteinhäuser nicht ausstehen‹, da sie Backsteinhäuser mit England verband. Sie war zwölf Jahre alt und in der Pubertät, somit bedeutete der Umzug den Verlust ihrer goldenen Kindheit.«

Israel war für Chris der Inbegriff ihres vergangenen Glücks, der Platz, wo sie bei Freunden beliebt war und von ihren Bezugspersonen respektiert wurde. Sie war entschlossen, nach Israel zurückzugehen, wenn sie erwachsen war, bis ihre politische Ablehnung des Zionismus diesem Traum ein Ende setzte.

Um wieviel mehr mußten Chris angesichts ihres eigenen Unglücklichseins in England Angelas Bemühungen um eine englische Identität wie ein Betrug erschienen sein?

»Es war eine furchtbare Enttäuschung für sie«, erzählt Angela. »Das Blatt hatte sich gewendet. Ich war entschlossen, mich anzupassen, sie war entschlossen, sich eben nicht anzupassen. *Ich* erinnere mich an eine sehr glückliche Zeit, in der ich englische Pflanzen entdeckte, Froschlaiche, Spaziergänge... «

Aber innerhalb von wenigen Jahren wendete sich das Blatt erneut. Die Schwestern besuchten gemeinsam ein Internat. »Für sie war es eine Befreiung«, erinnert sich Angela. »Ich aber litt. Sie war wieder in ihrem Element. Sie war glänzend in der Schule, und ich war nicht in ihrer Klasse. Als ich unsere alte Schule besuchte, war das einzige, wofür man sich dort interessierte, was aus *ihr* geworden war.

Ich vermißte meine Eltern ganz entsetzlich, ich wurde schikaniert und hatte Probleme mit anderen Menschen. So wurde sie zu meiner alleinigen Familie.«

Chris war wieder in ihrer Mutterrolle. »Tag für Tag ging ich zu ihr aufs Zimmer und weinte mich an ihren Schultern aus. Sie kümmerte sich um mich. Ich muß eine ziemliche Nervensäge gewesen sein. Ich war immer auf ihrem Zimmer.

Ich erinnere mich daran, daß ich furchtbar abhängig von ihr war. Ich stand sehr in ihrem Schatten. Ich suchte bei ihr nach Schutz und Hilfe.«

Doch während Angela den Trost und die Mütterlichkeit der großen Schwester akzeptierte und sogar suchte, wehrte sie sich gleichzeitig gegen die Persönlichkeit der Schwester und kämpfte darum, sich als eigenständiges Wesen durchzusetzen. »Ich wollte nicht unbedingt wie *sie* sein, nein, wirklich nicht.« Angela hatte sich entschieden, daß sie im akademischen Bereich nicht mit Chris konkurrieren konnte und wollte, und arbeitete an ihrer eigenen Selbstverwirklichung.

»Wir hatten eine strenge Rollenteilung. Es gab eine Zeit, ich kann mich nicht mehr erinnern, wann, da waren wir wie eine zweigeteilte Persönlichkeit, wie ein Lehrplan, den man in der Mitte geteilt hatte. Ich entwickelte die ästhetische Seite, sie die akademische. Ich akzeptierte, daß ich solche Examen wie die ihren nicht schaffen konnte, und interessierte mich nicht für Bücher. Ich arbeitete statt dessen an meinen Interessen im Bereich der Musik und der Kunst, die ihr bis heute fremd geblieben sind.«

Zur gleichen Zeit sorgte die sich entwickelnde Sexualität der Mädchen für einen weiteren Unterschied. Beide, so Angela, litten still die ganze Pubertät hindurch, immer in der Hoffnung, es würde alles wieder vorübergehen. In den frühen Teenagerjahren hatte keine von ihnen einen Freund.

Zu Angelas Erstaunen entwickelte sich jedoch der gesamte sexuelle und soziale Bereich zu einem Feld, in dem Chris auf sie eifersüchtig war.»Sie war glänzend in der Schule, und es schien mir, daß ich auf sie hätte eifersüchtig sein müssen. Daher war ich sehr erstaunt, als sie mir später anvertraute, daß sie seit den Teenagertagen unglaublich eifersüchtig auf mich war. Das lag daran, daß ich weniger häßlich war. Sie litt furchtbar in allen Situationen, in denen ihr Intellekt ihr nicht weiterhelfen konnte, wie z.B. beim Tanzen. Nicht daß ich besonders erfolgreich gewesen wäre, aber ich war weniger erfolg*los*.«

Als sie auf die Zwanzig zuging, begann Chris, mit Sex zu experimentieren. »Sie hatte wohl eher sexuelle Begegnungen als Freunde«, sagt Angela. »In ihren Briefen berichtete sie mir von ihnen. Sie hatte einen sehr politischen Freund – er war Mitglied einer Guerillagruppe gewesen und war gefoltert worden, es war ziemlich erschreckend.

Dann machte ich eine schlechte Erfahrung mit einem Mann, den ich in der National Gallery kennengelernt hatte. Ich war furchtbar unschuldig, und dies war meine erste Erfahrung. Es fühlte sich fast an wie eine Vergewaltigung, obwohl es keine war. Zuerst dachte ich, er wäre mir freundlich gesinnt. Wir gingen ins Kino, und er küßte mich die ganze Zeit, schlurf, schlurf, wissen Sie – Zunge, Lippen, etcetera, sabber, sabber.

Ich dachte, o Gott, wie furchtbar, was ist nur los? Ich sagte ihm immer wieder, daß ich erst 15 sei, und schaffte es, ihn wieder loszuwerden.

Und dann erinnere ich mich an dieses Gefühl von Schock, als ich einen Brief von Chris bekam, in dem sie über ihren Freund schrieb: ›Er wußte, wie man ein Mädchen küßt!‹ Und plötzlich wurde mir die Bedeutung dessen bewußt, und ich dachte, pfui Teufel! Es war das Gefühl eines unmittelbaren Unterschiedes – sie hatte die gleiche Erfahrung gemacht und ihr hatte sie *gefallen*.

Es ist so, als ob deine einzige sexuelle Erfahrung eine Vergewaltigung gewesen wäre, und jemand verbreitet sich darüber, wieviel Spaß das macht. Und du denkst natürlich, er muß doch pervers sein. Ich dachte, was für ein Mensch ist sie nur? Das alles hat einen solchen Eindruck auf mich gemacht, daß ich mich noch immer an die Worte ihres Briefes erinnern kann.«

Innerhalb weniger Jahre hatte Chris, so Angela, »ein emsiges Sexleben, während ich noch Jungfrau war. Sie hatte ein unanständiges Sexleben, was ich nie hatte.«

Obwohl Angela diese Einschätzung ihrer Schwester nicht mit der starken Abneigung in Verbindung bringt, die sich später entwickeln sollte, ist dieser Zwischenfall in ihrer Jugend bereits eine Andeutung des Gefühls der körperlichen Ablehnung, das sie heute mit ihrer Schwester assoziiert.

Diese körperliche Antipathie gestattete nicht einmal das Tauschen von Kleidern, eine ansonsten charakteristische Verhaltensweise von Schwestern. »Nicht im Traum hätte ich etwas von ihr genommen«, erzählt Angela. »Sie war zu feist und zu fett – aber darauf komme ich später zurück.«

Schließlich fand Angela doch noch einen Freund, der durch seine Dominanz eher die Funktion einer Alternative zu Chris erfüllte als die eines Sexualpartners. Mühelos schloß sich Angela seinem Hippie-Vegetarismus an und hielt Sex auf sichere Entfernung. »Ich wollte meine Unschuld bis zu meiner Hochzeit bewahren«, lächelt sie. »Eine Reise voller Hoffnung war besser als die Ankunft, und ich reiste ein Jahr lang voller Hoffnung.«

Die Schwestern beendeten schließlich die Schule, verließen das Elternhaus und begannen ihr Studium an verschiedenen Colleges. Eine Zeitlang teilten sie eine Wohnung. Es ist nicht schwer, Angelas Schuldgefühle zu entdecken, weil sie das Wohlwollen ihrer Schwester ausnutzte, während sie gleichzeitig so viele aufrührerische Gefühle gegen sie hegte. »Wir wiederholten die Art von Beziehung, wie wir sie zueinander hatten, als wir zu Anfang gemeinsam die Schule besuchten«, berichtet Angela. »Das heißt, ich war viel bei ihr und klammerte mich an ihre Bekannten. In der Cafeteria schwänzelte ich dauernd um sie herum und besuchte die Partys mit ihr zusammen. Wenn ich zurückschaue, dann habe ich damals geglaubt, meine Abhängigkeit würde ewig andauern. Aber während der Schulzeit entstand diese Abhängigkeit aus einem tiefempfundenen Heimweh, während sie in diesem Jahr auf purer Faulheit basierte.«

Nach einer Weile ging Angela an einen anderen Ort, um dort ihr Examen zu machen. »Ich begann, die gleichen alten dummen Angewohnheiten zu wiederholen, indem ich meine Schwester an jedem Wochenende besuchte. Ich nutzte sie wirklich erbarmungslos aus. Sie war auch weiterhin die großzügige ältere Schwester, während ich nicht die geringste Vorstellung von den Kosten für Lebensmittel, Strom oder ähnlichem hatte.

Sie beklagte sich nie, mit Ausnahme eines gelegentlichen Brummens. Sie nahm es auf sich, bekam jedoch mit ihren Mitbewohnern Schwierigkeiten wegen der kleinen Schwester, die schon wieder kam und Platz beanspruchte. Manchmal brachte ich auch eine Freundin mit, die die Wohnung ebenso in Beschlag nahm, und wir gingen mit ihr auf Partys.«

Inzwischen war die Politik zu einer wichtigen Beschäftigung im Leben der Schwestern geworden. »Sie entwickelte sich zu einer ernsthaften Linken«, führt Angela aus, »und sie leitete mich an. Ich glaube, das ist ihr Vermächtnis an mich. Ich war nie in der Lage – von Kindheit an –, für mich selbst zu denken. Alle ihre Meinungen waren auch meine.« Und wie ein Kind seiner kleinen Schwester das Lesen beibringt, so versuchte Chris, wie Angela es formuliert, »verzweifelt, ihr eben erwachtes Interesse am Marxismus an mich weiterzugeben«.

Angela entschloß sich, Anarchistin zu werden. »Das war meine Art zu sagen: ›Nein, ich schließe mich eurer Gruppe nicht an.‹« Chris stellte ihre Ideen in Frage, schenkte Angela das Abonnement einer anarchistischen Zeitschrift und zwang sie, Bakunin zu lesen in der Hoffnung, daß sie darüber miteinander streiten könnten. Aber sie hatte den emotionalen Aspekt von Angelas Verhalten nicht verstanden. »Ich hatte noch nie von Bakunin *gehört*«, protestierte Angela. »Ich klammerte mich an meine Anarchie, so wie sie von meinem Freund vertreten wurde, um von *ihr* unabhängig zu sein.

Es war unsere alte Haßliebe. Die Frage blieb bestehen: Sind wir eine zweigespaltene Persönlichkeit oder hat sie mich geleitet und geformt? Ich hatte sowohl den Wunsch, von ihr unabhängig zu sein, wie auch, mich an sie anzulehnen.

Während einer dieser Sommerferien, in denen ich in einem von ihren Betten schlief und mich von ihren Nahrungsmitteln ernährte, gelang es ihr schließlich, mich auf linke politische Thesen einzuschwören. Aber um unabhängig zu bleiben, schloß ich mich – wiederum – einer anderen Organisation an. Ich war ziemlich stolz auf die Tatsache, daß ich meinen eigenen Weg ging, meine eigenen Urteile bildete.«

Angela fand schnell heraus, daß sie – ihrer Meinung nach – mehr politisches Talent besaß als Chris. Schließlich, sagt sie, »war ich vollkommen sicher und überzeugt, in einer Diskussion mit ihr meinen Standpunkt verteidigen zu können«.

Diese neue Unabhängigkeit wurde unterstützt durch die Beziehung zu einem Mann, den Angela heiraten wollte. Und sie ist sich seiner Rolle in bezug auf ihre Schwester deutlich bewußt.

Schon als sie die beiden miteinander bekannt machte, be-

merkte Angela, wie gut ihr Freund und ihre Schwester sich verstanden, wie ähnlich ihre Persönlichkeiten waren, wie ähnlich ihre Interessen.
Es war fast so, als ob sie es gewesen wären, die hätten heiraten sollen.
Angela war auf ihr gutes Einvernehmen nicht eifersüchtig. »Überhaupt nicht«, berichtet sie, »denn er fühlte sich weder emotional noch körperlich zu ihr hingezogen. Wir machten unsere Scherze über sie, die sich auf ihre eigenartige äußere Erscheinung bezogen, die in der letzten Zeit immer auffälliger geworden ist.«
Angela erinnert sich genau an den Abend, an dem sie sich kennenlernten, und wieder liegt die Betonung auf dem abstoßenden Äußeren der Schwester. »Wir kamen spät abends an, und sie kam aus ihrem Schlafzimmer in einem widerlichen, schmuddeligen Nachthemd mit völlig wirrem Haar. Sie warf einen Blick auf ihn und begann eine Diskussion.« Sie unterhielten sich zwei Stunden lang. »Ich fühlte mich nicht ausgeschlossen, ich war nur sehr stolz auf beide.«
Mitterweile unterteilten sich ihre jeweiligen politischen Gruppen in Splittergruppen, und Chris fiel einer »Reinigung« zum Opfer. Angela berichtet, daß sie »politisch demoralisiert war und die Erfahrung nicht überlebte«. So erwies sich die jüngere Schwester auf diesem Gebiet als »erfolgreicher« als ihre Mentorin, die sie ermutigt hatte, es zu betreten.
»Als ich begann, mich politisch zu engagieren, war ich ihre ›kleine Schwester‹, aber sie hielt sich nicht lange. Sie hatte die richtigen Bücher gelesen, aber ich wußte genau, daß meine Ideen viel schärfer waren als ihre. Sie sehen, auf lange Sicht erwies ich mich als die Härtere, Schärfere und Politischere von uns beiden.«
Ideen und Politik waren immer Chris Domäne gewesen, bis Angela bewies, daß sie die größeren Fähigkeiten zum Überleben besaß. »Ich glaube, mein entscheidender

Triumph war der Augenblick, als *sie* sich der Organisation anschloß, die *ich* gegründet hatte«, berichtet Angela.
Dann bezog Angela einen Standpunkt in bezug auf den 67er-Krieg in Israel – dieses Mal innerhalb des familiären Rahmens –, der sich als weiterer »Triumph« der Schwester gegenüber erwies. Ihre Stellungnahme gegen die Zionisten führte zunächst zu einem ernsthaften Bruch mit ihren Eltern, die sie enterbten und nach Israel reisten, um die Regierung zu unterstützen. Chris wandte ein, daß Angela den Vater hätte nicht so provozieren dürfen. Aus emotionaler Sicht, so gibt Angela zu, hatte sie vielleicht recht, »aber das sollte nur die Tatsache überdecken, daß sie politisch so unentschlossen gewesen war«.
Doch innerhalb von sechs Monaten war die Familienkrise vorüber, und Angela schien recht zu bekommen. »Unser Problem löste sich, als mein Vater sah, was sich in Israel tat, einen anderen Standpunkt als die Regierung bezog und nach England zurückkam. Danach stand er mir näher als ihr.« Damit hatte Angela die Treue und Vorliebe des Vaters auf Kosten der Schwester gewonnen, die seit Kindertagen die besondere Verbündete des Vaters gewesen war.
Angelas Ehe war in der Zwischenzeit in die Brüche gegangen. Als ihr Mann ihr gegenüber immer ausfallender wurde, suchte sie bei Chris Zuflucht und floh wieder und wieder in die Sicherheit ihrer Wohnung. Trotz ihrer neuentdeckten Autonomie existierte ihr Wunsch nach dem Schutz der Schwester noch immer, wie auch von seiten der Schwester die Bereitschaft zu einem solchen Schutz. Bis Chris mit ihrem eigenen Mann für drei Jahre nach Amerika ging.
»Ich verließ meinen Mann in der Zeit ihrer Abwesenheit«, erzählt Angela, »daher konnte ich auch nicht in ihr Sicherheitsnetz zurückfallen. Und vielleicht war das gut so, da ich um meine Unabhängigkeit kämpfte, mir eine eigene Wohnung und eine Berufstätigkeit suchte.«
Nach Ablauf ihrer Zeit in Amerika schrieb Chris ihr, daß sie zurückkommen würde, und fragte, ob sie bei ihr wohnen

könnte. Und damit brachen schließlich die großen Schwierigkeiten zwischen den Schwestern aus, die nicht mehr zu kontrollieren waren. »Unser Wiedersehen war emotionsgeladen – und dann lebte *sie* plötzlich in *meiner* Wohnung. Mein Gott, was für ein Unterschied! Wir stritten uns, wie wir uns nie zuvor gestritten hatten. Wir stritten über alles und jedes. War ich nicht so gelassen wie sie, oder was war der Grund? Ich fühlte nur, daß ich ihren Anblick nicht länger ertragen konnte.

Als sie ging, war sie jemand, den ich brauchte, auf den ich mich verlassen konnte, der mir viel gab. Doch sie kam verändert zurück. Vielleicht lag das daran, daß ich in der Zwischenzeit ein unabhängiger Mensch geworden war und all das nicht mehr brauchte. Ich weiß es nicht.

Wir hatten ein oder zwei furchtbare Auseinandersetzungen miteinander, die jedoch nicht unwiderruflich waren, sondern mehr wie Temperamentsausbrüche. Und dann starb mein Vater ganz plötzlich.

Vor seinem Tod hatte er sie mehrmals besucht, und sie hatten schlimme Auseinandersetzungen miteinander gehabt. Nach all den Kindheits- und Jugendjahren, in denen sie so viel gemeinsam hatten, stellte auch er fest, daß er sie nicht länger ertragen konnte, er fand sie roh und ungehobelt. In seinen letzten Lebensjahren war ich zu seiner Lieblingstochter geworden, zu der er leichter Zugang fand, weil ich ein wenig zartfühlender war. Und das, obwohl sie vorher, während des Krieges von 1967, die Familie richtig zu nehmen wußte.«

Chris' Vorherrschaft war schon vorher ausgehöhlt gewesen, nicht allein im Bereich politischer Leistungen, sondern auch im Herzen des Vaters. Dann verlor sie ihren Vater durch den Tod, ohne sich vorher mit ihm versöhnt zu haben, und die darauffolgenden Ereignisse mit Angela unterminierten ihre Position noch stärker.

Der Vater starb plötzlich in Übersee, und Angela fuhr zu ihrer Mutter, um ihr zu helfen. »Da Chris einen Beruf und eine Familie hatte, konnte sie dies nicht tun, während ich meiner Mutter half, die Wohnung zusammenzupacken, und ihre Hand hielt.« Dieses Ereignis beschreibt Angela wie einen Wettbewerb um die Liebe des verbleibenden Elternteils.

»Ich glaube, das verschaffte mir einen Vorteil vor ihr, zumindest zu dieser Zeit. Dies war die einzige Situation, in der sich eine heftige Eifersucht zwischen Chris und mir entwickelte, und es ging dabei um die Zuneigung meiner Mutter.«

Wissenschaftler[8] haben herausgefunden, daß die geschwisterliche Bindung durch den Tod eines Elternteils Schaden erleiden kann, daß bittere Familienfehden entstehen können, weil Brüder und Schwestern um die Führungsposition innerhalb der verbleibenden Familie kämpfen. Diese Erkenntnisse scheinen auch auf die Situation dieser beiden Schwestern übertragbar, die schon vorher um Dominanz und Führung gekämpft hatten.

Und dann hob die Erbschaft, ein wichtiges Totem, um das schon viele Verwandte gerungen haben, ihr häßliches Haupt.

Angelas Mutter entdeckte, daß ihr Mann ihr Geld hinterlassen hatte. »Ich scheute mich nicht, ein wenig opportunistisch zu sein«, gibt Angela zu. »Ich machte ihr den Vorschlag, zu mir zu kommen und zusammen mit mir eine Wohnung zu kaufen. Es sollte ein Heim für die Familie, für uns alle sein, in dem auch Chris mit ihrer Familie willkommen sein würde und wo wir alle zusammensein könnten. Ich hatte mir ausgemalt, wie wunderbar alles sein könnte, und dementsprechend präsentierte ich meiner Schwester diesen Vorschlag.

Natürlich hatte ich kein anderes Zuhause. Ich kaufte eine wunderschöne, große und großzügige Wohnung, die aller-

[8] Stephen and Khan, Michael: The Sibling Bond. New York: Basic Books 1982.

dings nur über ein Schlafzimmer verfügte. Das war wohl ein bißchen problematisch.«

Nach Chris' Einschätzung jedoch war dieser Kauf mehr als nur ein bißchen problematisch. Sie konnte den Eindruck gewinnen, daß Angela, die ihr die Zuneigung des Vaters vor seinem Tod genommen hatte, ihr nun auch sein Eigentum nehmen wollte. Auch andere Schwestern haben mir von ihrem Ärger und ihrer Bestürzung über Auseinandersetzungen um das Erbe von Verwandten berichtet. Dieses Eigentum der Toten scheint für sie einen großen emotionalen Wert zu besitzen.

Obwohl Angela sich ihrer eigenen »Entschuldigungen« in bezug auf die Wohnung bewußt war, nahm sie es ihrer Schwester gleichzeitig jedoch übel, daß sie diese Entschuldigungen akzeptierte. »Sie kam, sobald ich eingezogen war. Sie sah sich um, und die Augen traten ihr aus dem Kopf vor Eifersucht. Sie war unglaublich eifersüchtig, was das Materielle wie das Emotionale anging, und ihre Art, damit fertig zu werden, bestand darin, daß sie unser Grundprinzip absolut wörtlich nahm, daß diese Wohnung Familieneigentum sei.

Aber sie lief auf meinen Namen und war mein einziges Zuhause. Und Chris kam und riß sich alles unter den Nagel. In der Vergangenheit hatte sie immer die Führung übernommen. Ich weiß nicht warum. Ob sie vielleicht unfähig war, sich wie ein Gast zu benehmen? Sie hatte doch schon immer eine Wohnung, Eigentum, ein Heim besessen.

Erst war es die Politik gewesen, dann der Vater und jetzt die Rolle der Hausbesitzerin, die Angela übernommen hatte, alle die Bereiche, auf die sich die Schwester spezialisiert hatte und in denen sie ihr nun allem Anschein nach überlegen war. Die große Schwester hatte ihre Macht verloren, und die Folge war – zweifellos verstärkt durch ihre Schuldgefühle –, daß Angela die Anwesenheit ihrer Schwester nicht länger ertragen konnte.

»Ich konnte sie nicht ansehen. Ich mußte immer denken: ›O

Gott, was für eine grauenvolle, grobschlächtige Person. Was für eine schreckliche Last.‹ Sie schlürfte ihr Essen in der ganzen Wohnung, und wir hatten endlose Streitigkeiten, bei denen ihre Stimme, die ansonsten auch schon laut werden konnte, sich förmlich überschlug.

Jedesmal, wenn sie zu Besuch kam, nahm sie die Wohnung in Besitz und herrschte. Wenn ich sie besuchte, war sie viel gelassener und toleranter mir gegenüber. Doch obwohl ich egoistisch war, versuchte ich nicht, ihr Haus in Beschlag zu nehmen, da ich ein viel weniger dominierender Mensch bin. Ich begann auf alles aufmerksam zu werden, was mit ihrem Körper zu tun hatte: ihre Derbheit, ihre Häßlichkeit, ihre laute Stimme. Ich fand sie körperlich abstoßend. Ich konnte mit ihr nicht in einem Raum sein.«

Angela kämpft immer noch mit der Frage, warum sie so stark auf ihre Schwester reagierte. »Ich kann es einfach nicht verstehen. Ich habe immer zurückgeschaut und gesagt – Freud, Freud, es passierte, als mein Vater starb. Aber es begann bereits, *bevor* er starb.«

Und in der Tat, viele der wie Angela sie nennt »Abscheulichkeiten« der Schwester verlaufen nach dem Muster ihrer ersten Entzweiung in der Kindheit über die Frage der nationalen Identität, der Anpassung an England. »Man hatte uns dazu erzogen, unsere Mutter ›Mammy‹ zu nennen, aber sobald ich das Internat besuchte, wurde mir klar, daß niemand ›Mammy‹ sagt, und sofort hörte ich auf, dieses Wort zu benutzen. Sie aber sagt noch heute ›Mammy‹. Das scheint eine Kleinigkeit zu sein, aber sie steht für so viel mehr.

Vieles hat damit zu tun, daß sie sich in vielen dummen Kleinigkeiten nicht ihrer Umgebung anpaßt. Sie spricht viele Wörter noch immer Hebräisch aus, wie z.B. *pitta*, Brot. Einmal saß ich mit dieser Person im Bus, und immer wieder sprach sie über ›Mammy‹, während ich versuchte, sie zum Schweigen zu bringen. Ihre Reaktion darauf war: ›Sag' mir nicht, daß ich still sein soll, das hat Vater auch immer getan.‹

Ein derart starrsinniger Mensch erweckt in mir ein akutes und erschreckendes Gefühl der Verlegenheit und Feindseligkeit. Sie ist wie ein Rhinozeros, das sich seinen Weg durch das Leben bahnt. Und dennoch ist sie bei ihren Freunden als die unglaublich großzügige, ältere Schwester bekannt.
Wann ich sie zum letzten Mal gesehen habe? Das war nicht einer der Tage, die sich tief in meinem Gedächtnis eingeprägt haben. Sie ging, und weiter nichts. Sie ist jetzt seit fünf Jahren fort, und wir haben uns nicht geschrieben. Ich glaube, zu ihrem vierzigsten Geburtstag habe ich ihr ein Telegramm geschickt. Sie mir umgekehrt nicht.
Mir ist nie der Gedanke gekommen, daß ich sie noch einmal sehen könnte. Der Zauber, die Gefühle, die Neugierde, das alles ist vorbei. (Nicht unbedingt der Eindruck, den ihr stundenlanges, leidenschaftliches Reden mir vermittelte.) Ich habe nicht den Wunsch, sie zu sehen. Sie ist so dickhäutig, daß sie vielleicht nicht einmal ahnt, daß ich so fühle.
Vielleicht ist ihre Version der Geschichte über meine Inbesitznahme der Wohnung völlig anders, oder wie ich sie aus der Wohnung warf, als ich sie nicht mehr sehen konnte und ihr schließlich und endlich sagte: ›Du mußt jetzt gehen.‹ Ich habe sie anschließend sogar noch einmal besucht! Kann man mir das übelnehmen? Ich weiß es nicht. Liegt es an meinem Mangel an Großzügigkeit?«
Das Gefühl der körperlichen Abneigung besteht noch immer, und daß sich ihr Ekel darauf konzentriert, ist für sie eine Quelle der Beschämung. »Als Feministin finde ich es völlig falsch, Menschen nach solchen Kriterien zu beurteilen. Auch andere Leute, die ich kenne, sprechen laut oder schmatzen beim Essen und haben alle möglichen anstößigen Eigenarten. Und dennoch mag ich sie und würde nicht im Traum daran denken, sie danach zu beurteilen.«
Dieses Gefühl der physischen Abneigung ist auch das gleiche, das Angela im Alter von 15 Jahren empfand, als sie mit den sexuellen Erfahrungen der Schwester konfrontiert wurde, Erfahrungen, von denen sie vielleicht fürchtete, daß sie

auch ihr bald aufgedrängt würden. Denn letztlich ist es ihre Ähnlichkeit mit Chris, die Angelas Revolte auslöste.
»Wenn ich mich dabei ertappe, so zu gehen wie sie oder so zu sprechen wie sie, halte ich entsetzt inne – aber eins steht fest, ich gehe wie sie und ich spreche wie sie. Wir haben den gleichen Körper. Wir sind keine siamesischen Zwillinge, aber ein bißchen davon ist auch in uns, nicht wahr?
Ich kenne grobschlächtigere Menschen, lautere Menschen – und dennoch, sie ist mein Fleisch und mein Blut – ich bin überzeugt, dieses Gefühl ihr gegenüber ist zum Teil Selbsthaß. Es ist nicht erlaubt, bestimmte Dinge bei anderen Menschen zu hassen, zumindest nicht bei Freunden, aber es ist erlaubt, diese Dinge bei sich selbst zu hassen. Du kannst dein eigenes Äußeres kritisieren, denn schließlich könntest du ja eine Diät machen.
Es hätte nur einer geringfügigen Änderung bedurft, und ich wäre wie sie gewesen. Es ist eine furchtbare Vorstellung, ›wie sie, aber dank einiger weniger Gene doch ich geworden zu sein‹, und das ist schon das ganze Problem.«

Wettbewerb und Konfrontation

Wir bekamen Angst vor dem Streit

Nur wenige Schwestern erreichen je einen solch extremen Grad an Antipathie und Entfremdung wie Chris und Angela. Aber viele werden in ihrem Konflikt und in der Art und Weise, wie er sich äußert bzw. nicht äußert, verwandte Züge entdecken. Denn Angelas Schwierigkeiten mit Chris resultieren aus einem Widerspruch, der sich in der schwesterlichen Beziehung ständig wiederholt.
»Wir waren eine Persönlichkeit, die in zwei Teile gespalten

war«, sagt Angela: die Schwestern waren unterschiedlich und doch gleich, Individuen und doch nicht vollständig getrennt. Hierin zeigt sich die Komplexität der schwesterlichen Beziehung, daß nämlich genau dieser Widerspruch in manchen Fällen die Quelle außerordentlicher Nähe, in anderen der Grundstein für einen furchtbaren Konflikt sein kann.

Und wieder und wieder entsteht das Dilemma, wie das eigene Ich und die Gemeinsamkeiten mit der Schwester in ein Gleichgewicht gebracht werden können. Auf der einen Seite steht das Bedürfnis, sich zu einem eigenständigen Individuum zu entwickeln, das sich von der Schwester unterscheidet. Dies kann zu einer schmerzlichen Trennung führen, zu einer Ablehnung der Schwester und vielleicht – in besonders schwerwiegenden Fällen – sogar zu einer Leugnung von Teilen des Ichs, die mit der Schwester identifiziert werden.

Auf der anderen Seite steht der Wunsch, der Schwester nahe zu sein, das Bedürfnis nach Rückhalt, Wärme und Identifikation. Doch dieser Wunsch beinhaltet das Risiko des Verlustes der eigenen Individualität oder, schlimmer noch, des Vergleichens und Wettstreitens um die gleiche Identität.

Als Kind erlebte Angela, wie ihre Schwester als die »akademisch« Begabte bezeichnet wurde. Sie gestand ihr diese Identität zu und bemühte sich, ihre eigene, »künstlerische« Seite zu entwickeln. Jahre später entdeckte sie dann – weil sie von Chris gedrängt wurde, sich ihren politischen Meinungen anzuschließen –, daß sie das Talent hatte, Ideen zu entwickeln, die denen ihrer Schwester überlegen waren. Damit bekannte sie sich zu einem bislang unerforschten Teil ihres Ichs, der heute ein integraler Bestandteil ihrer Persönlichkeit ist.

Doch im Verlaufe dieses Prozesses gingen die Schwestern ein Risiko ein, das zu vermeiden viele Schwestern ihr Äußerstes tun würden: sie waren in offene Konkurrenz zueinander getreten.

Es ist nicht nur für Schwestern ein Problem, sich mit einer Wettbewerbssituation auseinanderzusetzen. Frauen in unserem Kulturkreis werden generell nicht dazu ermutigt, allzu wettbewerbsorientiert zu erscheinen. Wettstreit kann durch die Darstellung von Stärke Aggression, Dominanz und Erfolg nach sich ziehen. Nach traditionellen Vorstellungen sind dies »unweibliche« Züge.
Doch der bedrohlichste Aspekt des Wettbewerbs ist die Tatsache, daß er zu einer Konfrontation führen kann und zu einem Gefühl, das gerade Frauen enorme Probleme verursacht: Ärger. Es ist nicht erstaunlich, daß wir es schwierig finden, mit Ärger umzugehen. Von Kindheit an ist es Jungen erlaubt, ja, sie werden sogar dazu ermutigt, ihren Bereich zu verteidigen. Aber kleine Mädchen, die miteinander kämpfen, werden als abweichend von der Norm betrachtet.
Als Mädchen lernen wir schnell, unsere Aggressionen zu kaschieren oder mit ihnen auf Umwegen umzugehen. In jungen Jahren kratzen und kämpfen Schwestern vielleicht miteinander, aber sobald wir die Pubertät erreicht haben, haben wir Konflikte im allgemeinen unterdrückt, auf anderes umgeleitet oder nach innen gegen uns selbst gelenkt.
Eine Frau erzählte, wie in früher Kindheit die Balgereien mit ihrer Schwester »unterbunden« worden waren: »Ich glaube, daß unsere Streitereien ziemlich gesund waren. Sie gaben uns die Möglichkeit, unsere Frustrationen auszudrükken. Aber je älter wir wurden, desto größer wurde unsere Angst vor einem Streit. Ich habe das Gefühl, daß ich gewisse Dinge zurückhalten muß, daß es Dinge gibt, die ich meiner Schwester nicht sagen kann. Wir befinden uns in einer ausweglosen Situation, da wir einerseits eine sehr enge Bindung aneinander haben, die uns von Anfang an das Gefühl gab, zu zweit gegen den Rest der Welt zu stehen, uns aber andererseits auch die Möglichkeit nahm, gegeneinander zu kämpfen und gewisse Dinge auszuprobieren aus Angst, diese enge Beziehung zu stören oder zu zerstören.«

Als Chris und Angela ihre Konkurrenz – um Erfolg, die Zuneigung der Eltern, Eigentum – schließlich offen austrugen, eröffneten sie damit eine Serie von Streitigkeiten, die zu ihrer endgültigen Entfremdung führten. Angela versteht immer noch nicht ganz, was eigentlich passiert ist oder warum keine von ihnen beiden es je geschafft hat, der anderen in konstruktiver Weise gegenüberzutreten.

Jocelyn Chaplin, eine Therapeutin, die am Women's Therapy Centre in London Seminare für Schwestern abgehalten hat, vertritt die Ansicht, daß diese Fragen von Wettbewerb, Identität und Konfrontation das Kernproblem der Schwesternbeziehung darstellen. »Schwestern haben oft das Bedürfnis, sich voneinander zu unterscheiden, Gegenpositionen zu beziehen«, sagt sie, »damit sie nicht miteinander konkurrieren müssen. Sie tun ihr Äußerstes, um den Wettstreit zu vermeiden.«

Sie sieht den schwesterlichen Kampf um die eigene Identität in Zusammenhang mit der Beziehung zur Mutter: »Die Beziehung zwischen Mädchen und ihren Müttern ist sehr intensiv. Oft identifiziert sich eine Tochter mehr mit der Mutter als die andere. Eine Tochter ›nimmt‹ die Identität der Mutter ›an‹ und leitet damit einen Wettstreit um diese Identität ein. Durch diese ›Übernahme‹ der mütterlichen Identität komplizieren sich die Beziehungen der Töchter untereinander, da die eine Schwester in den Augen der anderen mit der Mutter ›verwechselt‹ wird.

Diese Schwierigkeiten werden noch dadurch verstärkt, daß wir Frauen dazu erzogen werden, die Bedürfnisse anderer zu befriedigen, oft auf Kosten unserer eigenen. Das macht es für Mädchen besonders schwer, die ihnen entsprechende Identität zu ergreifen, ihren eigenen Bereich abzustecken und sich selbst zu behaupten.

Ebenso schwer ist es für uns, in unserer Rolle als Sorgende unsere eigenen emotionalen Bedürfnisse nach Fürsorge geltend zu machen. Während Männer im Normalfall von der schützenden Liebe der Mutter zu der sorgenden Liebe der

Ehefrau oder Liebhaberin übergehen, haben viele Frauen das Gefühl, daß ihre eigenen Bedürfnisse nach Fürsorge nie voll befriedigt werden. Schwestern sprechen oft von dem Eindruck, »daß nicht genug für sie da ist, nicht genügend Liebe, nicht genügend Aufmerksamkeit«.

Und in dem (oft uneingestandenen) Wettbewerb um das wenige, das zur Verfügung steht, konkurriert man mit der Schwester. »Schwestern leiden oft unter der Vorstellung«, erläutert Jocelyn Chaplin, »daß die andere das hat, was man selbst nicht hat. Auf beiden Seiten gibt es eine Menge Eifersucht.«

Sie bringt diese Tatsache mit einem Vorgang in Verbindung, der als »Projektion« bezeichnet wird. »Frauen tendieren dazu, alle die Eigenschaften auf die Schwester zu projizieren, die sie sich versagen, die sie unterdrücken oder nie in sich selbst entwickelt haben. So ist es zum Beispiel leicht zu sagen, daß die Schwester eine gute Köchin ist, wenn man nie versucht hat, selbst zu kochen.«

Es ist die Spitze des Eisberges – wir sprechen nie über diese Schwierigkeiten

Da es für Frauen nicht schicklich ist, nach Konkurrenz zu streben und aggressiv, ärgerlich oder egoistisch zu sein, kann es sein, daß einige der intensivsten Gefühle zwischen Schwestern nie offen ausgedrückt werden. Und genau diese Neigung von Schwestern, dem Konflikt und der Konfrontation auszuweichen, macht die schwesterliche Beziehung noch schwieriger, da gerade die schmerzlichen Aspekte dieser Beziehung vielleicht niemals eingestanden werden.

Ein Teil des Problem liegt in dieser Mischung von Haß und Liebe, über die so viele Schwestern sprechen. Wie kann man es riskieren, einen Menschen durch die Demonstration der eigenen Verärgerung zu entfremden, wenn man ihn gleichzeitig sehr liebt und braucht?

Jenny, die über ihre ältere Schwester Libby spricht, drückt dies folgendermaßen aus: »Die Schwierigkeit, eine Schwester zu sein, besteht darin, daß es in allen schwierigen Situationen einen Widerstreit der Gefühle gibt. Auf der einen Seite empfindet man eine sehr ursprüngliche Liebe für seine Schwester, die sich jedoch mischt mit ganz außerordentlichem Zorn und Ärger über etwas Unrechtes, das einem angetan wurde.«

Die Schwesternbeziehung geht so tief und ist so komplex, daß die Betroffenen selbst oft nicht wissen, *warum* sie so empfinden. Manche Frauen haben sogar ein starkes, aber uneingestandenes Interesse daran, ihrer Schwester Zuneigung oder Ablehnung entgegenzubringen: für das eigene Ich kann es möglicherweise einfacher sein, die Schwester auf Entfernung zu »hassen« oder sie auf ein Podest zu heben.

So können wir also auch unsere Beziehung zu der Schwester nur so gut verstehen, wie wir uns selbst verstehen. Unsere Gefühle für unsere Geschwister, so sagen die amerikanischen Psychologen Bank und Khan, sind »oft nur die Spitze des Eisberges, dessen Fundament eingetaucht ist in die unbewußten oder vorbewußten Erfahrungen, die der Erwachsene spürt, ohne sie jedoch sogleich artikulieren zu können«.

Das geschwisterliche Band, so meinen sie, »wird oft instinktiv und stark erlebt, ohne jedoch bewußt verstanden zu werden, aber mit einem sechsten Sinn dafür, daß diese Beziehung für das Wissen über die eigene Person von entscheidender Bedeutung ist. Der Kern des eigenen Ichs, gesehen mit den Augen eines Geschwisters oder verglichen mit dem eines Geschwisters, bleibt ein wesentlicher Bezugspunkt für die eigene Identität. Und da Worte niemals diese Eindrücke voll wiedergeben können, sind die fundamentalen Probleme zwischen Geschwistern die am schwersten zu lösenden.«

Wissenschaftler[9] haben auch herausgefunden, daß Brüder und Schwester sich generell weigern, Rivalitäten und Konflikte zu besprechen. Sie folgern daraus, daß das Eingeständnis solcher Empfindungen das gleiche wäre wie das Eingeständnis, unsozial zu sein. Die »schwesterliche Beziehung« ist mit idealisierten Bedeutungen befrachtet, und möglicherweise widerstrebt es Frauen, zuzugeben, daß sie diese hehren Gefühle von Einheit und Zusammengehörigkeit nicht empfinden.

Es kann für eine Frau genauso schwer sein, zuzugeben, daß sie ihre Schwester nicht uneingeschränkt liebt, wie für eine Mutter, daß sie nicht vor Liebe überwältigt war, als sie ihr gerade geborenes Kind zum ersten Mal sah. Nur wenn mehr Frauen den Mut besitzen, mit solchen Wahrheiten herauszurücken, werden die versteckten Schuldgefühle und Zweifel offengelegt, nur so hat die Liebe eine Möglichkeit, sich zu entwickeln und zu entfalten.

In einer problematischen Beziehung, in der es vor allem um die Fragen von Macht und Selbstschutz geht, wird die Schwester, die ihre Eifersucht eingesteht, nur verletzlicher. Zudem läuft sie Gefahr, die Beziehung zu der trotz allem geschätzten und geliebten Rivalin zu beeinträchtigen.

Keine Regeln, keine Rituale

Eine klare Definition der Schwesternbeziehung wird weiterhin erschwert durch das Fehlen einer »Norm« in unseren Erwartungen an sie. In fast jeder anderen Beziehung innerhalb der Familie gibt es Regeln und Rituale des Zusammenlebens, die sich an anerkannte Strukturen anlehnen.

Die Geburt und das Aufwachsen eines Kindes sind eingerahmt von religiösen Ritualen, Geburtstagsfesten, dem

[9] Milgram and Ross: Siehe Bank, Stephen and Khan, Michael: The Sibling Bond. New York: Basic Books 1982.

Abschluß von Schule und Ausbildung. Die meisten heterosexuellen Beziehungen werden noch immer durch Verlobung und Einheirat in eine Familie formalisiert. Die Hochzeitszeremonie bekräftigt diese Verbindung für die Öffentlichkeit, und wenn das Eheversprechen wieder gelöst wird, ändert die gesetzliche Scheidungsmaschinerie den Status des Paares wieder in aller Öffentlichkeit.

Im späteren Leben verleihen Jubiläen, Pensionierungen und Beerdigungen, den wichtigsten Veränderungen im Familienleben, einen offenen und deutlichen Ausdruck. Mit diesen Ritualen gehen gesellschaftliche Regeln, Erwartungen und »Gebote« einher, wie man sich gegenüber Ehepartnern, Kindern oder Eltern zu verhalten hat. Ob wir sie befolgen oder nicht, zumindest wissen wir, wo wir stehen.

Für Schwestern jedoch gibt es keine Regeln, keine Rituale. Man mag mit seiner Schwester den größten Teil seines Lebens verbringen oder sogar sein ganzes Leben. Man mag kaum noch mit ihr sprechen oder nicht einmal mehr Kontakt zu ihr haben. Wie auch immer das Verhältnis, niemand wird mit der Wimper zucken. Das gleiche Verhalten einer Mutter einem Kind oder einem Ehepartner gegenüber, und die Dinge würden ganz anders aussehen.

Bank und Khan vertreten die Theorie, daß es die Eltern sind, die in diesem Erwartungsvakuum der Beziehung der Kinder Regeln auferlegen, aber daß diese Regeln sowohl mehrdeutig als auch widersprüchlich sind. Sie haben folgende Liste von widerstreitenden »Geboten« aufgestellt:

Seid euch nahe – aber auch distanziert genug, um eigenständige Individuen zu sein.
Liebt euch – aber engagiert euch nicht zu intensiv und auch nicht körperlich.
Seid kooperativ – aber nicht abhängig.
Seid loyal – aber nicht auf Kosten eurer Eltern.
Bewundert euch – aber laßt euch nicht ausnutzen.
Konkurriert miteinander – aber seid nicht dominierend.

Seid aggressiv – aber nicht rücksichtslos.
Seid tolerant – aber verteidigt euren eigenen Standpunkt.

Alte Familientraditionen und -bande sind ebenfalls Änderungen unterworfen. Die Großfamilie schrumpft, und die Bindungen, die früher einmal Geschwister automatisch zusammenhielten, sind nahezu verschwunden. Es ist daher heute wohl ein Zeichen der Zeit, wenn Schwestern von zu Hause ausziehen und Männer heiraten, die mit der Familie vorher nichts zu tun hatten. Viele der Schwestern, mit denen ich sprach, leben auf verschiedenen Kontinenten, manchmal an den entgegengesetzten Enden der Welt. Die alten Bande, die sich durch Geographie und Gemeinde ergaben, wurden durch die Bequemlichkeit des modernen Reisens und durch eine mobile Gesellschaft restlos zerstört.
Die soziologische und ethnische Zugehörigkeit macht noch immer gewisse Unterschiede aus. Je weniger wohlhabend man ist, desto geringer ist die Chance, daß man sich für einige Jahre nach Amerika oder Australien absetzt, und desto wahrscheinlicher ist es, daß man mit seiner Schwester zu teilen lernt, daß man auf ihre Hilfe angewiesen ist bei der Betreuung der Kinder oder in Geld- und Wohnangelegenheiten.
Wie dem auch sei, in den meisten Fällen können Schwestern heute wählen, welche Art von Beziehung sie sich wünschen, ohne sich die Bürde gesellschaftlicher Ablehnung aufzuladen. Das führt allerdings zu der Ambivalenz, die Schwestern heute generell im Verhältnis zueinander spüren.
Denn die eigene Wahl der Art der Beziehung kann von der Schwester als Urteil empfunden werden. Sie kann das Gefühl haben, daß sie nicht genügend Aufmerksamkeit erhält – während man selbst den Eindruck hat, sie viel zu sehen – oder umgekehrt. Und je weniger klar die Erwartungen an die schwesterliche Beziehung sind, desto größer ist der Grundstock für Mißverständnisse.

Jede schwesterliche Beziehung ist einzigartig, und jede Schwester wird mit den Problemen, die durch Wettbewerb und Konflikte entstehen, auf ihre Weise umgehen. Aber es gibt auch gewisse Muster, die Schwestern zu wiederholen scheinen, indem sie sich entweder bewußt aus einer Konkurrenzsituation zurückziehen, alles daransetzen, um sie zu gewinnen, oder leugnen, daß es überhaupt eine solche Situation gibt.

Im Laufe der Jahre hat Lisa, die heute 35 Jahre alt ist, beobachtet, wie ihre jüngere Schwester Diana alle die von Familie und Gesellschaft an sie gerichteten Erwartungen erfüllte, indem sie sich der Rolle der Freundin, dann Ehefrau und schließlich Mutter erwartungsgemäß anpaßte. Lisas Entscheidungen haben sie in eine entgegengesetzte Richtung geführt: »Ich konkurriere nicht mit Diana. Ich gehe der Konkurrenz aus dem Weg, indem ich keinen Freund habe, kein Haus kaufen will, nicht verheiratet bin und keine Kinder haben werde. Ich habe mir selbst diese Rolle zugeteilt, sie kann die andere haben, das ist schon in Ordnung.«

Und doch – so gibt Lisa zu – ist es nicht *vollkommen* »in Ordnung«.

»Ein Teil von mir würde wahrscheinlich schon gerne Kinder, ein eigenes Heim und all die anderen Dinge haben. Aber wenn ich meinen Gefühlen freien Lauf ließe, könnte vielleicht ein Wettstreit zwischen uns ausbrechen.«

Die Beziehung Lisas zu ihrer anderen Schwester Fiona ist insofern komplexer, als die beiden in einem vergleichbaren Bereich arbeiten: Lisa ist Malerin, Fiona Bildhauerin. Lisa kann sich dieser Konkurrenzsituation nicht einfach entziehen, zum Teil schon deswegen nicht, weil sie als erste ihre Laufbahn in diesem Bereich aufnahm, während die acht Jahre jüngere Fiona ihr erst später folgte.

Aber Lisa ist es gelungen, einen Wettkampf zu vermeiden,

indem sie eine andere Strategie einschlägt: von vorneherein gesteht sie Fionas Überlegenheit ein, so daß erst gar keine richtige Konkurrenz aufkommen kann:
»Ich glaube, daß sie in ihrem Arbeitsbereich begabter ist als ich. Das bedeutet aber auch, daß ich sagen kann: ›Sie ist besser als ich‹, daher können wir nicht miteinander konkurrieren. Ich wünsche eine klare Rollenteilung. Ich will keine Rivalität mit ihr. Ich sage: ›Sie ist besser als ich, und ich werde niemals versuchen, mit ihr zu konkurrieren.‹«
Andere Frauen gehen das Problem auf andere Weise an, indem sie zum Beispiel versuchen, eine derart dominierende Überlegenheit in dem Bereich ihrer Wahl zu entwickeln, daß jegliche Konkurrenz von vorneherein ausgeschlossen ist. Auf diese Weise schützte Helen ihre eigenen besonderen Leistungen gegen Übergriffe ihrer jüngeren Schwester Pam:
»In unserer Familie hatte die akademische Leistung einen hohen Wert. Es muß Pam von früh an klargeworden sein, daß ich nicht bereit sein würde, mit ihr in meinen Bereichen zu konkurrieren: bei den guten schulischen Leistungen oder in der Fähigkeit, mit meinem Vater über Begriffe und Ideen zu sprechen. Gott, ich war schrecklich.«
Helen wiederum wurde von ihrer älteren Schwester Sarah, die nachuniversitäre Studien trieb, daran gehindert, ihre Leistungen so weit voranzutreiben, wie sie es gekonnt hätte.
»Ich hätte – wegen meiner älteren Schwester – niemals eine akademische Laufbahn einschlagen können. Sie ist die Akademikerin. An der Universität studierten wir beide Geschichte, aber irgendwann gelangte ich an einen Punkt, an dem ich einsah, daß ich nicht wie meine Schwester oder wie mein Vater werden würde.«
Einige Frauen, die sich bewußt werden, daß ihr Erfolg ihren Schwestern Schmerzen bereitet, weil er immer wieder zu Vergleichen herausfordert, bemühen sich um eine gewisse Wiedergutmachung. Sie versuchen, das Ungleichgewicht des »Erfolgs« wettzumachen, indem sie ihre Schwester loben, ihr in ihrem Bereich viel Beachtung schenken und sich

gleichzeitig darum bemühen, die eigenen Leistungen herunterzuspielen.
Während einer Untersuchung zum Thema Schwestern trafen amerikanische Forscher auf eine Konzertpianistin, die mit Talenten gesegnet war, die ihre Schwester nicht hatte. Sie bemühte sich, ihre eigenen Leistungen vor ihrer Schwester schlechtzumachen – ohne je zu erwarten, daß ihre Schwester im Zuschauerraum säße – für den Fall, daß sie den Eindruck haben sollte, daß ihre Karriere bergab ginge. Und um dieses Ungleichgewicht ihrer Begabungen noch weiter auszugleichen, wandte sie sich immer an die andere um Rat und Hilfe, wenn sie mit ihren Freunden Probleme hatte. Diese beiden Schwestern hatte ein sehr enges Verhältnis und versuchten, sich nicht wehzutun. Es war fast so, als ob die »Erfolgreiche« sich ihrer Reichtümer entledigte, um der anderen nahe zu sein und sie nicht zu verletzen.

Sie will nicht mein Leben leben, und ich nicht ihres

Eine andere Strategie, um Wettbewerb und Konflikte zu vermeiden, besteht darin, die Beziehung zur Schwester zu leugnen. Wenn man nichts gemein hat, wie kann dann etwas, was sie tut, einen berühren – oder umgekehrt?
Barbara war zehn Jahre alt, als ihre kleine Schwester Suzie geboren wurde. »Ich war ziemlich verärgert, denn ich mußte dieses Baby in seinem Kinderwagen durch die Gegend schieben. Die Leute sagten zu mir: ›Oh, findest du es nicht schön, eine so niedliche kleine Schwester zu haben?‹ Und ich dachte: ›Nein, ich finde es nicht schön.‹ Ich war eifersüchtig. Die Leute bewunderten das Baby und nicht mich.«
Diese Feindschaft dauerte Barbaras ganze Kindheit über: »Ich fand mich mit ihr ab, aber ich mochte sie nie. Ich erinnere mich, daß ich, wenn ich mit ihr das Bett teilen mußte, sie am liebsten so fest gedrückt hätte, daß es schmerzt. Da lag dieses kleine Mädchen zusammen mit mir

im Bett, und in mir stieg plötzlich der Wunsch auf, ihr den Hals umzudrehen.«

Auch heute noch, in fortgeschrittenem Alter, dauern die alten Feindseligkeiten fort. Barbara wußte mit ihrem Wettstreit um Aufmerksamkeit umzugehen – oder vielmehr vermied sie es, mit ihm umzugehen –, indem sie sich selbst total von Suzie abgrenzte.

»Ich war nie in der Lage, ein enges Verhältnis zu Suzie zu haben. Es ist, als ob eine Steinmauer zwischen uns stünde. Wir sind einfach völlig verschieden. Wir haben verschiedene Weltanschauungen, verschiedene Vorstellungen, Zielsetzungen, Ansichten von Menschen. Sie will nicht mein Leben leben, und ich nicht ihres. Wir haben nicht an den gleichen Dingen Spaß, wir denken nicht auf die gleiche Art und Weise. Sie hat ihren Weg eingeschlagen, ich meinen eigenen.«

Es war wie kalter Krieg – nach diesem Streit sprachen wir nicht mehr miteinander

Manchmal manifestieren sich die Rivalitäten und Spannungen zwischen Schwestern in einer Art von kaltem Krieg. Die Schwestern Nora und Melanie waren einem offen Konflikt nie so nahe wie bei einem scheinbar unbedeutenden Kindheitsgeplänkel. Ihre Feindseligkeiten wurden niemals öffentlich erklärt, aber von diesem Moment an waren sie durch ihre eigene »Berliner Mauer« getrennt.

Nora ist heute Mitte Dreißig, und sie ist eine der wenigen Frauen, mit denen ich sprach, die gleich zu Beginn sagten, daß sie für ihre drei Jahre jüngere Schwester keine Zeit habe. »Wir sind wie Tag und Nacht«, erklärte sie, »Sie würden niemals glauben, daß wir Schwestern sind.«

Ihre Streiterei liegt 25 Jahre zurück. Nora war damals zwölf Jahre alt. Vordergründig ging es um die Hausarbeit, tatsächlich aber ging es um Macht und Kontrolle, Autorität und Identität.

»Unsere Mutter übergab alle anfallende Hausarbeit Melanie und mir. Wir wiederum teilten die Wohnung untereinander in zwei Hälften auf. Was Melanie für gewöhnlich ärgerte, war die Tatsache, daß, sobald sie aufstand, um die Hausarbeit zu erledigen, ich aufstand, um nach draußen zu gehen, so daß sie mir immer wieder sagte: ›Schau, Nora, es ist halb vier, meinst du nicht, wir sollten allmählich anfangen?‹ Sie war böse und verärgert, weil ihre Art, die Dinge zu erledigen, nicht meine Art war.
Wir hatten nur ein einziges Mal Streit, es ging dabei um das Zimmer unseres Bruders. Er hatte nicht die gleichen Pflichten wie wir. Unsere Auseinandersetzung ging darum, wann und wie ich sein Zimmer in Ordnung bringen sollte. Daraufhin beschimpfte ich sie. Sie war empört und befahl mir, mir den Mund auszuwaschen. Schließlich warf sie mir ein Wort an den Kopf, das so ähnlich war wie ›Schlampe‹. Seitdem haben wir nie wieder miteinander gesprochen.
Ich war verärgert darüber, daß sie mich die Arbeit nicht dann machen ließ, wann es mir paßte. Sie schien am meisten verärgert darüber, daß ich sie ausgeschimpft hatte. Es war so, als ob sie ihre Würde oder was auch immer verloren hätte. Wir waren gleichermaßen verärgert. Dieser Streit gab uns wirklich den Rest.«
Von diesem Tag an sprachen die beiden nur noch miteinander, wenn es absolut notwendig war:
»Bei Tisch hätte ich Melanie nicht einmal gebeten, mir das Salz zu reichen. Es war lächerlich. Unsere Eltern merkten nichts davon. Wir müssen unsere Hausarbeit wohl auch weiterhin erledigt haben, aber wir gaben uns nicht mehr die Mühe, miteinander zu sprechen. Wir hatten nie Vertrauen zueinander gehabt, und daher vermißten wir auch nichts wirklich. Unser Verhalten hat sich bis heute nicht verändert. Wir haben unsere Probleme nie gelöst.«
Nora kann selbst nicht erklären, warum alles so kam oder warum sie sich in dieses 25jährige Mißverständnis so versteift haben. Wenn man jedoch den familiären Zusammen-

hang betrachtet, wird eher verständlich, welche Arten von Spannungen, Rivalitäten, Ressentiments und Enttäuschungen sich hinter diesem Bruch verbargen und verhinderten, daß er wieder zuheilte.

Zum einen hatte Nora nicht Melanies Erwartungen von einer größeren Schwester entsprochen. An Melanie haftete ganz zweifellos – und auf Kosten ihres unbeschwerteren Ichs – der Stempel der »verantwortlichen älteren Schwester«:

»Ich hatte gehofft, daß sie so sein würde wie alle anderen älteren Schwestern, daß sie mit uns draußen spielen würde. Statt dessen war Melanie immer ein wenig distanziert, wodurch sie sehr zurückhaltend und reserviert wirkte. Sie war ein sehr religiöser, stiller, demütiger Mensch, der versuchte, an einem sozialen Wohnungsbauprojekt in London mitzuarbeiten. Ich hätte mir gewünscht, daß sie mehr Spaß gehabt hätte und nicht so ernsthaft gewesen wäre, daß sie gesehen hätte, daß das Leben schon in Ordnung ist, daß man auch ungestraft davonkam, wenn man erst eine halbe Stunde bevor die Mutter nach Hause kam, aufräumte – und warum also dann nicht?«

Auch wies Melanie keine Wege im Bereich der Liebe, als die beiden älter wurden. Es war immer Nora, die Neuland betrat und von den Eltern bestraft wurde, während die fleißige Melanie zu Hause saß. »Jungen hatten mit unserem Verhältnis nichts zu tun. Sie war keine Konkurrenz, Jungen waren einfach kein Thema.

Nachbarn und Freunde, die uns besuchten, sagten zu meiner Mutter: ›Nora wird Freunde haben, sie wird einen Mann finden, und dann wirst du sie nicht mehr sehen.‹ Von Melanie sagte man das nie. Man nahm sie immer hin als... Melanie. Rückblickend betrachtet fühle ich mich ziemlich betrogen. Sie unterstützte mich nicht, sie hielt sich aus allem heraus. Wir redeten noch immer nicht miteinander.«

Was Melanie denkt, bleibt für Nora ein Geheimnis, aber in Anbetracht der Macht der Gewohnheit, daß die ältere Schwester als erste »Erfolge« bei Männern hat, ist es wahrscheinlich, daß Noras Frühreife Jungen gegenüber Melanies Feindseligkeit schürte. Vielleicht hatte sich Melanie unfreiwillig aus einem sexuellen und gesellschaftlichen Wettbewerb zurückgezogen?

Es ist jedoch selten, daß eine Schwester in allen Bereichen des Wettbewerbs überlegen ist, und auch Melanie hatte mehrere Eisen im Feuer – sehr zu Noras Leidwesen.

»Bis heute behauptet meine Mutter, daß Melanie die Schönste und auch die Intelligenteste der Familie ist. Und da wir gerade über Ressentiments sprechen: Ich besuchte die gleiche Schule wie Melanie im Abstand von einigen Jahren, und immer wieder hielt man mir vor, daß sie besser war als ich. Dieser alte Drachen von Lehrerin kramte alte Arbeiten von Melanie hervor und sagte zu mir: ›Schau mal, was deine Schwester geleistet hat, als sie hier war.‹ Ich war damals ungefähr neun Jahre alt und stolperte so vor mich hin. Es hatte dieser Lehrerin viel Freude gemacht, Melanie zu unterrichten, und ich war nun einmal nicht wie sie.«

Bei einer bestimmten Gelegenheit hatte Nora die schulischen Autoritäten herausgefordert und hatte dabei eine gewisse Sympathie und Unterstützung von der Mutter erhalten, bis die Direktorin der Schule sie beide zu sich beorderte.

»Und da saß ich nun in dem gleichen Raum mit meiner Mutter und der Direktorin, und sie sprach die ganze Zeit nur über Melanie. Sie sagte: ›Ich kann es einfach nicht verstehen, Melanie ist so gut und so gescheit.‹ Meine Mutter war so unterwürfig! Sie hätte nicht im Traum daran gedacht, zu sagen: ›Ich glaube, Nora hat ein Recht, sich zu beschweren.‹ Sie gab klein bei, und das einzige, was sie zu ihren Gunsten zu sagen wußte, war, wie gut und intelligent Melanie war, auch auf dem Gymnasium, und daß sie nicht verstehen könnte, warum ich das Gymnasium nicht besuchen würde. Melanie war nicht von Anfang an die große Hoffnung und der Star meiner Mutter gewesen, aber irgendwie war es dazu gekommen. Meine Mutter hatte begriffen, daß Melanie ihr

Ruhm einbrachte und daß sie jemand war, auf den sie stolz sein konnte.«

Nora ist das Gefühl der Rivalität und Ungerechtigkeit niemals losgeworden:

»Selbst bis heute schneide ich bei einem Vergleich mit ihr ungünstig ab. Vor kurzem erhielt ich zwei Einser-Noten. Ich fragte meine Mutter: ›Bist du nicht stolz auf mich?‹ Und sie antwortete: ›Als deine Schwester 15 Jahre war, erhielt sie zehn Einser.‹ Woraufhin ich zu ihr sagte: ›Aber die Dinge liegen doch ein bißchen anders, wenn man 35 ist!‹ Aber statt mir nun zu sagen: ›Ja, Nora, das hast du gut gemacht‹, unterließ sie eine solche Äußerung lieber. Und ich ging wütend nach Hause. Selbst mit 35 bin ich noch verärgert. Wenn sie gesagt hätte, prima, oder selbst wenn sie gelacht hätte, wäre alles bestens gewesen. Aber wie immer gelang es ihr, Melanie wieder ins Spiel zu bringen.«

Nachdem Nora ihr Elternhaus verlassen hatte, nahm sie keinen Kontakt mehr mit der Schwester auf. In den Jahren danach haben beide geheiratet und haben Kinder bekommen, ohne sich davon gegenseitig in Kenntnis zu setzen. Nora hat Melanie auch nur einmal gesehen, als sie nach Hause kam, um mit ihren Eltern Weihnachten zu feiern. Es hätte die Gelegenheit bestanden, ihre Beziehung ein wenig zu entfrosten:

»Zu diesem Zeitpunkt hatten wir etwas Gemeinsames: wir beide hatten Kinder. Am Weihnachtstag gelang es uns, über Kinder zu reden, ein paar kleine Fragen hier und da. Ich dachte: ›Toll, so ist es wirklich viel besser.‹ Wir hatten das Schweigen gebrochen, aber das war kein Neuanfang, es ergab sich nichts daraus. Ich wünschte, ich hätte mehr mit ihr reden können, aber ich konnte nicht. Er war immer noch da – der tiefe Abgrund.«

Nora leugnet noch immer, daß dieser Konflikt irgendeine Bedeutung für sie hat:

»Selbst bis heute habe ich mir nie Gedanken oder Sorgen darüber gemacht, daß es diese Kluft zwischen uns gibt. Sie war und ist noch immer da. Sie beunruhigt mich nicht, und ich bin sicher, sie beunruhigt auch sie nicht.« Ihres Erachtens entspricht dieser Mangel an Kommunikation zwischen ihrer Schwester und ihr einem generellen Mangel an Kommunikation innerhalb der Familie.

»Unsere Familie hat keine sehr engen Beziehungen untereinander. Mein Mutter ist mir ein Rätsel. Sie wuchs in Liverpool auf. Sobald ihr Vater erwähnt wird, sagt sie nur: ›Er starb jung.‹ Ich *weiß*, daß es mehr über ihn zu wissen gibt als nur das. Mein Vater ist ein richtiges Schwein, ein furchtbarer Mann. Nach seinem Arbeitstag auf dem Bau kam er abends nach Hause und schlug uns kurz und klein. Dann sagte er: ›So hat mein Vater es mit uns gemacht, und so mache ich es mit euch.‹«

Nora ist hin und her gerissen zwischen einem trotzigen Leugnen, daß das Fehlen von engen Familienbanden ihr etwas ausmacht, und der großen Sehnsucht nach einem Zustand, wie er hätte sein können. Es gab eine Zeit, da waren *Die Waltons* ihre Lieblingsserie im Fernsehen, da sie in ihnen eine willkommene Gelegenheit fand, sich einmal »richtig auszuweinen«.

Sie hat den Wunschtraum, eine große Familie mit vielen Kindern aller Hautfarben zu haben. Sie stellt sich vor, wie sie alle im Kreis sitzen, glücklich und harmonisch und ohne Vaterfigur.

Nora hat auch einige gute Erinnerungen an ihre Kindheit und ein gewisses Bedauern in ihrer Stimme (trotz allen Leugnens), wenn es darum geht, wie sich ihr Verhältnis zu Melanie entwickelt hat:

»Der einzige Mensch, der mir je etwas vorgelesen hat, war Melanie. Ich holte in unserem Schlafzimmer die Bücher hervor, und sie las mir daraus vor.«

Der kalte Krieg zwischen den Schwestern wurde jedoch genauso wenig auf glückliche Weise gelöst wie die Konflikte innerhalb der Familie.

»Wenn ich jemandem etwas anvertrauen möchte, wähle ich

dazu weder meine Schwester noch sonst jemanden aus meiner Familie. Und das ist schade. Es ist schade, daß es keinen Entwurf für Familien gibt, der es ihnen ermöglicht, zusammen durch dick und dünn zu gehen, kein Idealbild. Meine Familie ist das totale und komplette Gegenteil dieses Idealbildes.«

Der Druck von außen – Ansporn der schwesterlichen Rivalität

Etikettierungen sind ›self-fulfilling prophecies‹, Prophezeiungen, die sich selbst erfüllen

Der Wettbewerb zwischen Schwestern ist nicht einfach ein individuelles oder »neurotisches« Problem. Wenn man sich seines eigenen Konkurrenzdenkens schämt oder schuldig fühlt, dann ist es gut, sich daran zu erinnern, daß viel von dieser Rivalität durch sehr reale externe Faktoren verstärkt wird. Ganz abgesehen von der Tatsache, daß wir in einer frauenfeindlichen Kultur leben, in der die Tatsache, daß Frauen wie die Katzen kämpfen, auch Mitglieder des Königshauses auf die Titelseite einer überregionalen Tageszeitung[10] bringen kann, bleibt festzuhalten, daß Menschen aller Art Schwestern miteinander vergleichen.
Wie auch Melanie und Nora entdecken mußten: Eltern vergleichen uns, sie akzeptieren die eine und lehnen die andere ab. Ebenso ist es mit Lehrern, Freunden, Kollegen, Liebhabern. Und so macht uns das Bewußtsein, miteinander verglichen zu werden, zu Rivalen.
Wir wachsen mit einer Unmenge von Etikettierungen auf,

[10] Daily Mirror vom 8. Januar 1985

die andere Menschen uns oft aus dem Bedürfnis nach Erklärung und Kategorisierung anheften. »Sie ist die Intelligente, und sie ist die Hübsche« oder »Sie ist die Lebhafte, und sie ist die Ruhige«: Es ist selten, daß eine Familie sich nicht dieser Identitätskürzel bedient.

In einer Studie amerikanischer Soziologen[11] tauchten acht bestimmte Klassifizierungen immer wieder auf:

»Die Verantwortliche«, so fanden sie heraus, ist normalerweise die große Schwester, die ihren jüngeren Geschwistern gegenüber die Rolle der Mutter einnimmt. »Die Fleißige« ist bekannt für ihren Intellekt und ihre guten Schulleistungen. »Die Beliebte« ist innerhalb der Familie wohl gelitten, während »die Ich-Bezogene oder Zurückgezogene« sich von der Familie absondert und zum Einzelgänger wird. Als »physisch Schwache« gilt diejenige, die häufiger krank ist als ihre Geschwister, während »die Verantwortungslose« sich von der Familie zurückzieht, ihre Pflichten leugnet und andere zwingt, für sie einzuspringen. Und schließlich »die Verwöhnte«. Sie ist oft die Jüngste, die in dem Ruf steht, ihren Willen durchzusetzen, und deren Wünsche von den übrigen Familienmitgliedern erfüllt werden.

Natürlich gibt es noch weitere Klassifizierungen, aber Schwestern werden sich wahrscheinlich zumindest mit einer dieser Kategorien identifizieren können.

Diese Kategorien sind insofern problematisch, als sie ein Element von Wahrheit enthalten, das jedoch überbewertet und so zu einer Prophezeiung wird, die sich selbst erfüllt. Es fällt Schwestern sehr schwer, die Kategorien abzuschütteln, die ihnen seit ihrer Kindheit anhaften, und viel zu oft bemühen sie sich ihr ganzes Leben darum, den Erwartungen gerecht zu werden, die an sie gerichtet wurden.

Ist die Etikettierung positiv, dann hat die Tochter allen Grund zu fürchten, daß der Elternteil, der sie als »die Intelligente« bezeichnet, enttäuscht sein wird, wenn sie

[11] Atkins, Dale V.: Sisters. New York: Arbor House 1984. S. 21.

dieser Klassifizierung nicht entspricht und eine andere wird als die, die ihm alle Ehre macht.

»Sie ist die Häusliche – eine so gute Köchin«, sagte ein stolzer Vater wiederholt über seine Tochter und unterstützte damit ihre Kochkünste – und sorgte gleichzeitig auch dafür, daß sie viel Zeit in der Küche verbrachte, um die Gerichte zu kochen, die ihm so sehr mundeten.

Oft ist die ganze Familie in diesen Prozeß der Etikettierung involviert. Sie stellt sich auf die Rolle »der Hübschen« und »der Intelligenten« ein. Und die Geschwister geraten unter den Zugzwang, mitzumachen, indem sie diese Etikettierung internalisieren: sie werden in ihre Rolle eingesperrt.

So gut wie deine Schwester?

Es gibt gewisse externe Faktoren, die von großem Einfluß sind auf die Konkurrenzprobleme zwischen Schwestern. Wir leben in einer sehr auf Wettbewerb ausgerichteten, hierarchischen Gesellschaft, deren Wertesystem sich in den alltäglichsten Formen des geschwisterlichen Konkurrenzkampfes widerspiegelt.

Die Forscher Milgram und Ross haben festgestellt, daß die häufigsten geschwisterlichen Kämpfe um Überlegenheit in den Bereichen Leistung, Intelligenz, körperliche Attraktivität, soziale Kompetenz und Reife stattfinden.

Leistung, die in unserer Kultur eine solch hohe Wertschätzung genießt, daß viele Menschen, die diese Leistung nicht vollbringen, sich selbst nicht hochschätzen können, ist der Grund für die intensivsten und langanhaltendsten Rivalitätskämpfe. Nur zu oft beginnt der Leistungsvergleich zwischen Schwestern in der Schulzeit und erstreckt sich auf den Erfolg im Beruf, in materiellen Dingen, im Sport, im Sexual- und im gesellschaftlichen Leben.

Emma, 22, ist die jüngste von vier Schwestern, die im Alter nicht weit auseinanderliegen und die heute enge Freundinnen sind. An Versuchen anderer Leute, sie in einen Wettkampf zu treiben, hat es nicht gemangelt:

»Da ich blonde Haare hatte, während die meiner Schwestern braun waren, und da ich nicht so klug wie sie war, sagte man mir nach, daß ich nicht vom gleichen Vater stamme. Die anderen Mädchen sagten wiederholt: ›Welcher Milchmann war es denn?‹

Linda, die eineinhalb Jahre älter ist als ich, war die Intelligente. Ich war die Dicke. In der Schule gab es noch ein anderes Schwesternpaar, auf die genau das Umgekehrte zutraf: Die ältere in Lindas Klasse war dick, und die kleinere in meiner Klasse war intelligent.

Die dicke Schwester in Lindas Klasse war auf meine Schwester eifersüchtig, und sobald es Examensergebnisse gab, sagte sie zu Linda: ›Schau dir das an. *Meine* Schwester ist Klassenbeste und *deine* Schwester ist Klassenschlechteste.‹ Damit brachte sie Linda völlig durcheinander, die daraufhin Ströme von Tränen vergoß.«

Dies war ein schmerzvoller Vergleich, der durch die Gefühllosigkeit der Lehrer noch schlimmer wurde:

»Bei einer Schulversammlung wurde vorgetragen, daß Linda die meisten Punkte in der ganzen Schule für gutes Benehmen erzielt hatte, während ich die meisten verloren hatte. Die Direktorin las die Ergebnisse vor und fügte hinzu: ›Ich muß im gleichen Atemzug sagen, daß Lindas Schwester die meisten Punkte *verloren* hat.‹ Das verletzte mich tief.

Viele Lehrer sagten zu mir: ›Schau dir die guten Noten deiner Schwester an. Was ist nur mit dir los?‹ Sie erwarteten, daß ich so gut und so begeistert sein würde wie meine Schwestern.«

Emma behalf sich damit, daß sie einen anderen Leistungsbereich kultivierte:

»Ich wollte mich von meinen Schwestern unterscheiden. Das war vielleicht eine Reaktion auf sie. Ich bemühte mich nie darum, in der Schule gut zu sein, mit Ausnahme einer

Gelegenheit, bei der ich Erste wurde und jeden erstaunte. Aber ich wußte, ich würde niemals so gut sein wie Linda, und daher war es auch nicht der Mühe wert, es überhaupt zu versuchen.«
Emma glich dieses Defizit aus, indem sie im zwischenmenschlichen Bereich an Einfluß gewann und diesen Einfluß ihren Schwestern gegenüber – in hilfreicher Weise – demonstrierte.
»Meine Schwestern waren beide Aufsichtsschülerinnen, aber sie taugten nichts, wenn es darum ging, ihre Mitschüler zur Ruhe zu rufen. Meine Klasse galt als rüpelhaft, und um meinen Schwestern zu helfen, brachte ich sie zur Ruhe. Ich war stark, weil ich ein ziemliches Scheusal war!«
Emma bemühte sich ebenfalls sehr darum, sich das Image eines »Bösewichts« zu geben. »Linda war eine fanatische Streberin, und ich war ein fanatischer Bösewicht. Ich tat Dinge, die mich selbst erschreckten, Dinge, die mir nicht einmal wirklich Spaß machten – nur um anders zu sein.«

Wir schlugen verschiedenen Seiten der Familie nach

Wie Linda ist Alice Bloch in ihrem Buch *Lifetime Guarantee*[12], was soviel heißt wie »Lebenslange Sicherheit«, eine ältere Schwester, die sich bewußt wird, wie sehr die Vergleiche zwischen den Schwestern ihre jüngere Schwester Barbara verletzt haben müssen. Sie beschreibt, wie sie beide von den Eltern in bestimmte Kategorien gesteckt wurden.
»Nach den Kategorien unserer Familie bin ich eine Litauerin, Barbara ist eine Galizierin. Ich schlage nach den Großeltern, die aus Rußland und Litauen kamen, Barbara kommt auf Großmutter Laura aus Galizien.«
Diese Kategorien sind jedoch mit besonderer Bedeutung

[12] Bloch, Alice: Lifetime Guarantee. Massachusetts: Persephone Press 1981.

belastet: »Die Familienmythologie lautet folgendermaßen: Litauer sind intellektuell, zurückhaltend, bescheiden, ordentlich, methodisch. Galizier sind kreativ, unordentlich, theatralisch, unverschämt, irrational. Wenn Barbara sich wie eine Wilde gebärdete, schüttelte unser Vater seinen Kopf und sagte ›die Galizierin‹. Niemand schüttelte jedoch jemals den Kopf und nannte mich eine Litauerin.«
Diese Kategorien implizierten gleichzeitig auch auf heimtückische Weise die rassische Überlegenheit der einen über die andere Schwester. Alice wurde sich dessen bewußt, als sie hörte, wie jemand die Haut ihrer Schwester als dunkel bezeichnete und damit auf versteckte Weise zum Ausdruck brachte, daß Barbara im Vergleich zu Alice schmutzig war. Alice hatte einen helleren Teint als ihre Schwester, hatte mehr glattes als krauses Haar und neigte eher zu Sommersprossen als zu fettiger Haut. »Das war das erste Mal, daß ich erlebte, wie rassistische Vorstellungen auch zwischen Schwestern treten können. Es beschämt mich, daß ich meinen Status innerhalb der Familie möglicherweise solchen rassistischen Ideen verdanke. Als Kind war ich mir nicht bewußt, daß das häufig der Fall war, aber schließlich war ich auch nicht diejenige, die darunter zu leiden hatte.«

Ich glaube nicht, daß ich mich ihr ebenbürtig fühlen kann, solange wir nicht in dem Wettstreit um Männer ebenbürtig sind

Von der Pubertät an lastet auf Frauen ein enormer gesellschaftlicher Druck, bei Männern »Erfolg« zu haben. Gleichzeitig hat die intensive Beschäftigung unserer Gesellschaft mit der Jugend und dem guten Aussehen bei Frauen ein geschärftes Bewußtsein dafür geweckt, wie sehr wir sie untereinander vergleichen.
Peggy, die zehn Jahre älter ist als ihre Schwester Helen, betrat das gesellschaftliche und sexuelle Kampffeld, als

Helen noch ein Kind war. Doch obwohl Helen heute bereits über dreißig ist, scheint Peggy sie sich noch immer als Konkurrentin auf sexuellem Gebiet fernzuhalten, indem sie versucht, ihre Beziehung in ihren ursprünglichen Kategorien einzufrieren:
»Als ich sehr klein war, war sie eine Art Ersatzmutter für mich, und auch heute noch vermittelt sie mir das Gefühl, ein Kind zu sein. Ich erinnere mich, wie ich in ihrem Zimmer saß, während sie ihre Fingernägel lackierte, mit mir sprach und mir dies und jenes erzählte. Ich bewundere sie noch immer sehr. Erst vor kurzem, als ich sie in Italien besuchte, wo sie mit ihrem Mann lebt, wurde mir klar, daß es Dinge geben würde, die eine mögliche Quelle für Konflikte sein könnten. Wir besuchten zusammen eine Party, und zum ersten Mal in meinem Leben gelang es mir, in ihrer Gegenwart sexy und attraktiv zu sein. Ich war mir bewußt, daß ihr das nicht gefiel. Am nächsten Tag sagte sie in einer symbolischen Geste zu mir: ›Laß uns etwas zum Anziehen kaufen gehen.‹ Ich suchte für sie ein hübsches Kleid aus, woraufhin sie sagte: ›Warum kaufst du dir nicht das gleiche?‹ Sie wollte nicht nur, daß wir beide das gleiche Kleid kauften, sondern daß wir es auch in aller Öffentlichkeit zusammen trugen.«
Das Tragen des gleichen Kleides symbolisierte einerseits die Ähnlichkeit zwischen ihnen und machte andererseits Vergleiche unvermeidbar. Und wer war die Siegerin?
»In gewisser Weise gab es ein schreckliches Moment des Sieges auf meiner Seite«, gibt Helen zu. »Aber das empfand sie offensichtlich nicht so. Es war ziemlich interessant zu sehen, wer wen in dem Kleid als besser aussehend empfand. Ich sah nicht so gut in ihm aus – aber ich bin zehn Jahre jünger als sie.
Wir sind einander sehr ähnlich, wenn wir nur zwei Schritte voneinander entfernt sind, aber mir wurde sofort klar, daß sie älter aussieht. Mit einem Mal ist sie sich ihres Alters sehr bewußt, aber sie hat eine Menge Selbstvertrauen.«
Diese Einsichten waren Helen nicht sehr angenehm, da sie

sich plötzlich vor die Wahl gestellt sah, mit ihrer Schwesterr zu konkurrieren oder einen Teil ihrer selbst zu verleugnen: »Mir wurde außerdem bewußt, daß ich mit meinem Schwager flirtete. Das war mir schon ein bißchen unheimlich, denn das *ist* Wettbewerb. Ich mochte mich selbst nicht leiden, als ich mit ihm flirtete. Wahrscheinlich wollte ich, daß sie einsieht, daß auch ich ein sexuelles Wesen bin. Ich glaube nicht, daß ich mich meiner Schwester ebenbürtig fühlen werde, solange ich mich ihr nicht im Wettkampf um Männer ebenbürtig fühle.
In diesem Sommer betraten wir die Bühne als gleichwertige Partnerinnen. Aber dann verfielen wir wieder in unsere alten Rollen, sie in die Rolle der Mutter, ich in die Rolle des kleinen Mädchens, und das innerhalb von drei Wochen.«

Bei meinen Eltern kam ich nie ungestraft davon, wenn ich das gleiche tat wie sie

Es erstaunt nicht, daß Forscher viele Beweise dafür gefunden haben, daß fast alle Geschwister einen solchen Wettstreit bis zu einem gewissen Grad am eigenen Leibe erfahren. Es wird häufig angenommen, daß diese »Geschwisterrivalität« ein üblicher Bestandteil der Kindheit ist, aber eine der wenigen Studien, die dem Problem weiter nachgegangen sind, fand heraus, daß diese Rivalität auch weit bis in das Erwachsenenalter hinein fortdauert.[13]
71 Prozent der Teilnehmerinnen an dieser Untersuchung bestätigten, daß sie ihren Bruder oder ihre Schwester zu einem bestimmten Zeitpunkt als Konkurrenten empfanden, und nahezu die Hälfte von ihnen gab zu, daß sie diese Rivalität auch als Erwachsene noch verspürten. Sehr deutlich war zu erkennen, daß, obwohl auch andere Verwandte und Lehrer einen Teil der Schuld daran trugen, der häufigste

[13] Milgram and Ross. Siehe Lamb, Michael and Sutton Smith, Brian (Hrsg.): Sibling Relationships – Their Nature and Significance across a Lifespan. US: Ehrlbaum and Associates 1982.

Grund für diesen Wettbewerb die Bevorzugung durch die Eltern war.
Jo ist heute über dreißig und mag ihre jüngere Schwester Wendy sehr, aber sie kann sich auch noch gut an die Feindseligkeit erinnern, die die offensichtliche Bevorzugung der Mutter bei ihnen erzeugte:
»Wendy war schrecklich: aufbrausend, gehässig, boshaft und eine Petze. Sie war überhaupt kein nettes Mädchen. Später haben wir darüber gesprochen. Sie hat sich zu einem überaus netten, liebenswerten und freundlichen Menschen entwickelt.«
Jo und ihre ältere Schwester waren für das Baby, Wendy, verantwortlich, aber Jo war in der Rolle der Pflegemutter nie glücklich und sie nahm Wendy ihren besonderen Status als die körperlich Schwache übel. »Meine Mutter war nie zu Hause, sie arbeitete, und es war selbstverständlich, daß wir auf Wendy aufpaßten.«
Wendy hatte von Geburt an schlechte Augen, aber durch eine Reihe von Operationen konnte ihr bis zum Alter von einem Jahr viel von ihrer Sehkraft wiedergegeben werden:
»Sie war völlig in Ordnung bis auf die Tatsache, daß sie eine Brille tragen mußte, deren eines Glas zugeklebt war. Das war offensichtlich der Grund dafür, warum ihr mehr erlaubt wurde als uns.
Ich wurde schon auf bloßes Hörensagen hin bestraft, nicht so Wendy – da sie gehandicapt war. Ich kam nie ungestraft davon, und sie war diejenige, die den Grund dafür schuf. Sie war mir altersmäßig nahe genug, so daß ich noch genau wußte, was mir passiert wäre, wenn ich die gleichen Dinge getan hätte, die sie später tat.«
Als Erwachsene erkannte Jo, daß Wendys Bevorzugung durch die Mutter ein verborgenes Schuldgefühl überdeckte:
»In späteren Jahren, an einem der wenigen Abende, wo wir zuviel Alkohol getrunken hatten, erklärte meine Mutter gelegentlich, daß sie zu Wendy niemals eine enge Beziehung hätte aufbauen können, da sie sie in den ersten sechs Wo-

chen ihres Lebens nicht bei sich gehabt hätte, weil sie das Krankenhaus ohne sie verlassen hatte. Jetzt, wo ich das weiß, glaube ich, daß sie versuchte, Wendy gegenüber zu kompensieren, daß sie für sie nicht das gleiche empfand wie für ihre anderen Kinder.«

Die elterliche Bevorzugung kann noch größere Probleme verursachen, wenn Kinder den Eindruck haben, daß sie nicht genügend beachtet werden:

»Damals lebten wir bereits zu sechst in zwei Zimmern, so daß ein weiteres Kind nicht unbedingt das war, was sich, das glaube ich sagen zu können, *irgendeiner* von uns wünschte – vielleicht mit Ausnahme meines Bruders – nein, das glaube ich wirklich nicht. Ich glaube, wir lebten nach den althergebrachten katholischen Vorstellungen, daß man heiratet und automatisch Kinder bekommt.«

Meine Mutter schaute sie in einer Weise an, in der sie mich niemals anschaute

Die Rivalität zwischen Schwestern kann sehr stark durch äußere Umstände beeinflußt werden. Genauso wie Joes Kindheitsreaktionen auf Wendy bestimmt waren durch das Handicap der Schwester und die wirtschaftliche Situation der Familie, wachsen auch andere Schwestern im Schatten von Familienproblemen auf, deren sie sich – als Kinder – kaum bewußt sind.

Heathers Wettkampf mit ihrer kleinen Schwester Sandy begann fast unmittelbar nach Sandys Geburt. Ihr Wettstreit ging um die Liebe der Mutter und später um die Anerkennung des Vaters und anderer. Obwohl Heather bei der Geburt Sandys kaum vier Jahre alt war, erinnert sie sich lebhaft an den Augenblick, in dem sie ihre kleine Schwester zum ersten Mal sah:

»Nach der Geburt des Babys besuchte ich meine Mutter. Als ich sah, daß sie das Baby in einer Weise anschaute, in der sie mich noch nie angeschaut hatte, war ich tief betroffen. Das mag daran gelegen haben, daß sie noch den Tod meines älteren Bruders betrauerte, als ich geboren wurde. Ich kann mich deutlich an diese Szene im Krankenhaus erinnern; ich mochte meine Schwester überhaupt nicht.«

Als die beiden Schwestern, sehr eng aufeinander, heranwuchsen, wurde ihre Beziehung weiter durch die Taubheit der Schwester erschwert, die man im Alter von drei Jahren entdeckte. »Sie hatte furchtbare Temperaments- und Wutausbrüche, weil sie so frustriert war, daß sie nicht hören konnte. Sie warf mir Gegenstände an den Kopf, und ich sollte wegen ihrer Probleme besonders nett zu ihr sein. Das nahm ich ihr sehr übel. Ich glaubte, sie spielte uns etwas vor – wenn sie etwas nicht wollte, sagte sie, daß sie es nicht gehört hatte. Erst als ich zehn Jahre und älter war, verstand ich, was meine Mutter sagte: daß ich sie nicht provozieren sollte. Ich bin sicher, daß ich sie provoziert habe. Ich war wirklich böse zu ihr.«

Doch zunächst war Heathers alles überschattendes Gefühl die Eifersucht. »Wir konkurrierten hart um meine Mutter und ihre Zuneigung. Meine Mutter war immer sehr besorgt um sie. Diese Eifersucht war für mich ein sehr schmerzliches Gefühl.«

Heather glaubte auch, daß Sandy bei anderen Leuten beliebter war als sie, was sie als weiteren ungerechten Vorteil ihres Handicaps empfand:

»Als Kind war sie sehr anziehend – lebhaft und vergnügt, mit wunderschönem Haar. Sie war überhaupt nicht introvertiert. Jeder mochte sie. Ich hingegen war kühl, distanziert, schüchtern, so daß die Leute mich nicht einmal richtig zur Kenntnis nahmen. Als sie klein war, sagte man, glaube ich, über sie: ›Geht sie nicht bemerkenswert mit ihrem Handicap um?‹ Man konnte förmlich hören, wie die Leute das sagten, und ich haßte sie deswegen.«

Als Erwachsene sind sich Heather und Sandy sehr nahe gekommen. Ein Weg, dieser schmerzlichen Kindheitsrivalität zu entfliehen, bestand ganz zweifellos darin, ihre Unterschiede herauszubilden:

»Sie war anders als ich. Da sie taub war, wetteiferte sie nicht mit mir. Ich war eher akademisch veranlagt, sie war die weitaus lebhaftere, geselligere von uns beiden. Sie hat eine Gabe, anderen Menschen zuzuhören, die ich nicht besitze. Sie hat eine innere Sicherheit, wohingegen ich immer versuche, alles zu deuten und zu interpretieren. Intuitiv erfaßt sie alles Mögliche aus der Art und Weise, wie sich andere Menschen verhalten, aus ihren Bewegungen und Gesten. Sie unterstellt anderen Menschen keine Zweideutigkeiten, keine Über- und Untertöne, so wie ich es tue.«

Doch selbst heute kann die Beziehung zwischen den erwachsenen Schwestern durch die Anwesenheit der Mutter beeinträchtigt werden, die noch immer ein machtvoller äußerer Faktor ist, um den es zu kämpfen gilt:

»Es ist sehr schwer, unsere Geschichte zu erzählen, ohne meine Mutter zu erwähnen, denn sie steht zwischen meiner Schwester und mir, sie ist eine Schlüsselfigur. Meine Mutter hat mir immer wieder gesagt: ›Du bist wie ich, wir sind beide das dritte Geschwister, wir sind beide eifersüchtig auf unsere jüngeren Geschwister.‹ Es hat lange Zeit gedauert, bis ich begriffen habe, daß ich nicht auf das hören muß, was sie sagt. Sie versuchte, sich mit mir zu verbünden, um ihre eigene Position zu stärken.«

Ihre Mutter ist der neuen Intimität zwischen den Schwestern nicht wohlgesonnen, denn sie könnte ja dabei übergangen werden. In der letzten Zeit hat sie sich mit Sandy verbündet, was Heather das Gefühl vermittelt, ausgeschlossen zu sein:

»Sandy bekommt bald ihr erstes Kind, und meine Mutter rennt aufgescheucht in der Gegend herum. Es ist so, als wäre meine Mutter entschlossen, daß sie dieses Mal im Zentrum der Familienereignisse stehen wird, und daher fühle ich mich zurückgestoßen.«

Delia und Rachel sind zwei Schwestern, die von früh auf Vergleichen, Etikettierungen und Rivalitäten ausgesetzt waren. Nur zwei Jahre auseinander und ohne andere Geschwister waren sie sich immer sehr nahe. Der Tod ihrer Mutter, als sie noch klein waren, steigerte ihr Bedürfnis zueinander und ihren Wettstreit um die Zuneigung des verbleibenden Elternteils.

Als Erwachsene gestalten sie ihre Beziehung so eng wie möglich, aber viele Probleme aus frühen Kindertagen verfolgen sie noch immer. Die Schwestern sind heute Mitte Dreißig und haben es bis jetzt vermieden, ihre Schwierigkeiten direkt anzugehen, da sie sich, so Delia, vor den möglichen Folgen fürchten.

Langsam und unabhängig voneinander bemühen sich jedoch beide darum, die Gründe für die Spannungen zwischen ihnen zu erkunden. In der Zwischenzeit ist es ihnen gelungen, ein gefährdetes Gleichgewicht zu etablieren, indem sie sich in dem bereits erwähnten »dialektischen Tanz« umeinander bewegen.

Von Kindheit an war Delia beeinflußt von dem Gefühl, daß ihre ältere Schwester durch verschiedene äußere Probleme gehandicapt war. Als Kind war Delia größer als Rachel, so daß andere Leute annahmen, daß sie die ältere sei. Außerdem sah sie auffallend gut aus. Rachel galt bald als »die Hoffnungslose«, und Delia als »die Hübsche«, die in der Schule und bei Jungen großen »Erfolg« hatte.

Die Rivalität wurde noch verstärkt durch ihren Vater, der Delia ins Vertrauen zog und ihr gegenüber seine Sorgen wegen Rachels »Unzulänglichkeiten« zum Ausdruck brachte. Durch den frühen Tod der Mutter fielen seine Urteile deutlich kritischer aus. »Rachel hat immer den Eindruck gehabt, daß sie nicht in der Lage war, mit ihm zurechtzukommen«, erklärt Delia, »während ich keinerlei Schwierigkeiten mit ihm hatte. Die Zuneigung unseres Vaters war ein wichtiger Gegenstand unseres Wettstreits, obwohl wir nicht oft darüber gesprochen haben.«

Als sie heranwuchsen, bauten die beiden ihre eigenen Bereiche aus und erfüllten damit die Erwartungen, die ihnen durch die Etikettierungen auferlegt worden waren.

»Es klingt schrecklich«, erzählt Delia, »aber man schrieb mir alle spektakuläreren Eigenschaften zu, während man meine Schwester mehr in die Schublade des ruhigen Heimchens am Herd einordnete. Noch immer habe ich das Gefühl, daß wir in diese beiden gegensätzlichen Identitäten gespalten sind: Ich war dazu bestimmt, eher künstlerische Talente zu besitzen und bessere Examen abzulegen, während meine Schwester eine gute Köchin war.«

Und Delia, »die Hübsche«, galt auch auf sexuellem Gebiet als führend. »Rachel hatte überhaupt keine Freunde. Es war zunächst sehr schwierig. Ich war schrecklich ärgerlich und auch verlegen, denn sie war im gesellschaftlichen Leben nicht ›auf der Höhe‹. Aber sie schämte sich meiner wahrscheinlich genauso.«

Wenngleich Delia »die Hübsche« war, litt sie doch darunter, als »Flittchen« zu gelten, während Rachel durch ihr seriöseres, würdigeres Image vor solchen üblen Nachreden geschützt war. Dies war eine Dichotomie, die beiden Mädchen die Möglichkeit nahm, ihr Potential auszuschöpfen, und die selbst die erwachsene Delia noch verlegen macht.

»Vor kurzem besuchten wir eine alte Tante, und ich spürte, wie ich begann, Rachel zu bekämpfen, als ich merkte, daß sie die Rolle der ›Pflichtbewußten‹ innehatte. Meine Tante sprach auf diesen Aspekt von Rachels Persönlichkeit an. Sie galt als rücksichtsvoll; ihr, ›dem netten Mädchen‹, wurde Sympathie entgegengebracht.« Delia ärgerte sich, daß man sie implizit und im Gegensatz zur Schwester als »schwierigen Fall« ansah, als selbstsüchtig und draufgängerisch. Doch Rachel selbst hält diese Etikettierungen für zutreffend:

»Rachel kann mich furchtbar aburteilen. Sie kann mir auf die Finger klopfen, weil ich nicht pflichtbewußt genug bin.

Wir haben uns furchtbar gestritten, als unser Großvater alt wurde. Sie hat ihn oft besucht. Ich habe das bei weitem nicht so oft getan. Später sprachen wir darüber, und ich sagte ihr, daß ich genug davon hätte, daß sie mir immer das Gefühl gäbe, daß ich bestimmte Dinge tun sollte, wie zum Beispiel Dankesbriefe schreiben.

Sie tadelt mich, weil ich meine Pflichten nicht erfülle. Sie sagt zu mir: ›Du darfst niemals vergessen zu schreiben, du mußt Einladungen etcetera beantworten.‹ Doch das verleitet mich noch mehr dazu, unhöflich zu sein. Sie war sich immer deutlicher der Tatsache bewußt, daß sie eine Familie hat. Sie versucht, uns alle zusammenzubringen.«

Rachel nimmt auch für sich in Anspruch, in Fragen des Zeitgeschehens und der Politik besser Bescheid zu wissen, und Delia hat den Eindruck, daß sie dieses Wissen gegen sie ausspielt:

»Obwohl ich ein besseres Examen als sie gemacht habe, war sie in Fächern wie Politik besser als ich, und andere Leute, die sie treffen, stellen immer wieder fest, wie intelligent sie ist. Als wir noch klein waren, setzte sie sich vor dem Schlafen im Bett auf und schrieb zehn Fragen nieder, die ich beantworten sollte. Selbst heute ist das ein Bereich, in dem sie mich mit kritischen Augen betrachtet.

Sie hat mich ziemlich eingeschüchtert, mir mein Selbstbewußtsein genommen, was meine Allgemeinbildung angeht. Das liegt teilweise daran, daß vieles mich nicht so interessiert. Ich habe nicht so intensiv Zeitungen gelesen wie sie. Wenn wir uns unterhalten, muß ich sie fragen: ›Wer ist der und der?‹, und dann lautet die Antwort: ›Du weißt nicht, wer *das* ist? Du liebes Lieschen!‹ Es ist ihre Art, mir voraus zu sein, ihr Verhalten ist wie eine erwachsene Version des Allgemeinbildungstests.

Ein anderer Bereich, in dem sie angeblich gut ist, ist das Schreiben. Aber ich habe schon immer Geschichten geschrieben. Es war eine unfaire Aufteilung. Und ich erinnere mich, daß ich mich darüber geärgert habe, daß mir nachgesagt wurde, ich könnte nicht kochen. Ich fühlte mich von der Familie ausgeschlossen, vor allem auch, als ich meine ersten Freunde hatte. Meine Tante sagte: ›Du hast dich von uns entfernt.‹ Das hat mich sehr beunruhigt, sehr gequält, als ich 17 war.«

Dieser Kampf um die eigene Identität hat die Schwestern in einer Weise aneinandergebunden, welche gleichzeitig sehr eng und doch voll von Konflikten ist. Delia hat allem Anschein nach, zumindest teilweise, die Rolle »der Erfolgreichen« ausgefüllt: Sie hat einen guten Beruf, einen Mann und ein Kind. Aber beruht das nicht darauf, daß Rachel »die Hoffnungslose« ist? Heute lebt Rachel ein vergleichsweise zurückgezogenes Leben, und gelegentlich hat ihre jüngere Schwester den Eindruck, daß sie deprimiert ist, was sie wiederum beunruhigt. Delia empfindet einerseits Respekt für ihre Schwester und kämpft doch gleichzeitig darum, sich aus der Bindung an sie zu lösen:

»Wenn ich sie sehe, spüre ich alle diese aufgestauten Emotionen, die ich bei ihr hervorrufe. Ich kann nicht umhin, zu spüren, wie sie in ihr emporsteigen. Das macht mich krank. Ich bin kurz davor zu explodieren. Das liegt zum Teil darin begründet, daß ich den Schmerz nicht ertragen kann, den sie – das weiß ich – erleiden muß.

Es ist so, als wollte sie, daß ich es ihr leichter mache, aber es ist so schrecklich, daß ich es gar nicht wahrhaben will. Ich möchte sie angreifen, sie treten, weil die Situation so beunruhigend und deprimierend ist. Aber gleichzeitig möchte ich ihr auch helfen – und dieser Widerstreit der Gefühle ist schrecklich für mich.«

Das ungelöste Dilemma

Sind wir eine Einheit oder sind wir zwei Persönlichkeiten?

Bei vielen Frauen bleiben diese Konflikte ungelöst, im Fluß, da Schwestern sich ein Leben lang umkreisen, aufeinander zustreben und wieder voneinander wegstreben. Sie scheinen gefangen zwischen dem Wunsch nach intensiver Nähe zu der Schwester und der Angst vor dieser Nähe. »Es ist eine Beziehung, die man mit der Bewegung des Ziehens und Stoßens vergleichen kann«, erläutert die Psychotherapeutin Jocelyn Chaplin, »in der die Schwestern auf der einen Seite einen starken Wunsch nach Verschmelzung verspüren und auf der anderen Seite große Angst davor haben, einverleibt zu werden. Oft ist dasjenige, was eine Schwester am meisten wünscht, auch dasjenige, was sie am meisten fürchtet.«
Eine bildliche Darstellung dieses Dilemmas wurde in dem Women's Therapy Centre von einer Frau angefertigt, die ihre Schwester und sich als Janusfiguren malte. Die beiden waren aneinandergebunden wie siamesische Zwillinge, aber sie strebten voneinander weg, kämpften um Trennung und individuelle Ganzheit. In die eine Ecke des Bildes hatte die Frau eine Blume gekritzelt. Und dann hatte sie die Hand ihrer Schwester gezeichnet, die sie ausstreckte, um nach der Blume zu greifen.
Manchmal löst sich eine der Schwestern aus dieser engen Verschmelzung, indem sie sich an einen Liebhaber bindet oder ein Kind bekommt. Die Schwester, die auf diese Weise verlassen oder ausgeschlossen wird, kann ein solches Verhalten durchaus als tief verletzend empfinden.
Es scheint, als ob Virginia Woolf diese Art von Konflikt mit ihrer Schwester Vanessa durchlebt hat. Die beiden hatten immer ein sehr enges Verhältnis zueinander gehabt, und wie Quentin Bell in der Biographie Virginia Woolfs schreibt, erschien Vanessas Heirat mit Clive Bell als tödliche Bedro-

hung dieser Intimität. Virginia, so scheint es, war hin und hergerissen zwischen der Freude an dem großen Glück der Schwester und ihrer eigenen Eifersucht, daß eine solch unwürdige Kreatur wie Clive ihre Schwester geheiratet hatte. »Vanessa war für sie verloren«, so schreibt Bell, »war ihr entrissen und überschwenglich, ungeheuer glücklich. Es war nicht zu ertragen.«

Nach der Hochzeit bemühte sich Vanessa darum, Virginias Befürchtungen zu zerstreuen, daß die Schwestern durch ihre Heirat nie wieder das gleiche intime Verhältnis zueinander haben würden. Sie verbrachten viel Zeit im Haus der anderen, machten gemeinsam Urlaub und schrieben einander täglich.

Doch die Krise trat erneut und exzessiv hervor, als Vanessa 1908 ihr erstes Kind zur Welt brachte. Sie widmete sich hingebungsvoll ihrem Baby, was Virginia jedoch, so Bell, nicht verstehen konnte. Die Intimität der schwesterlichen Beziehung war zerstört. Sie wandte sich Clive zu und stellte fest, daß seine Empfindungen den ihren ganz ähnlich waren. In gewisser Weise waren beide auf das Kind eifersüchtig.

Clive und Virginia begannen eine Liebelei, die Jahre andauern sollte. Wahrscheinlich gab es nie etwas Sexuelles zwischen ihnen, doch Vanessa litt sehr darunter, was sie jedoch selten durchblicken ließ.

Was wollte Virginia? Bell sieht es folgendermaßen: Sie war nicht im geringsten in Clive verliebt. Wenn sie überhaupt in jemanden verliebt war, dann war es Vanessa. Wenn sie voneinander getrennt waren, schrieb und erhielt sie täglich Briefe, und ihre Briefe haben eine starke Affinität zu Liebesbriefen. Wenn sie nichts von Vanessa hörte, stellte sie sich sofort vor, daß ihre Schwester krank oder tot oder zumindest von einem schweren Unglück betroffen sei.«

Bell äußert weiterhin die Ansicht, daß Virgina Einsamkeit und Angst verspürte, wenn sie von Vanessa getrennt war. Sie war wie jemand, den man vor der Türe hatte stehen lassen und der nun durch das Fenster das Kaminfeuer voller

Wärme und Geborgenheit sah, das Ehe und Mutterschaft ihrer Schwester bereiteten.
»Sie sehnte sich nach Vanessas tröstender Anwesenheit. Aber gerade, weil sie Vanessa so sehr liebte, mußte sie sie verletzen und den anheimelnden Kreis, in dem Vanessa und Clive so glücklich waren und aus dem sie auf so grausame Weise ausgeschlossen war, betreten und damit aufbrechen, indem sie ihr, um Vanessa wieder ganz für sich alleine zu haben, ihren Ehemann abspenstig machte, der, schließlich und endlich, ihrer nicht würdig war.«
Die Umwandlung der Bellschen Ehe in einen »Freundesbund« führte schließlich zu einem Nachlassen der Spannungen zwischen den dreien. Aber, wie Virginia Woolf später schrieb, »meine Affäre mit Clive und Nessa... hat mich aus irgendeinem Grund mehr gequält als irgend etwas sonst.«

Letztlich geht es um Macht und Kontrolle

Die Angst vor dem »Gequältwerden« ist so groß, daß viele Schwestern ein ausgeklügeltes Verteidigungssystem gegen eine solche Verschmelzung der Persönlichkeiten aufbauen. Es besteht darin, sich ununterbrochen in Opposition zur eigenen Schwester zu definieren. Das beginnt bereits bei den allergrundlegendsten Persönlichkeitsmerkmalen – »Ich bin der Wildfang, sie ist das Flittchen«, »Sie ist die Künstlerin, ich die Akademikerin« – bis zu den oberflächlichsten Unterscheidungsmerkmalen – »Ihre Farbe ist Blau, meine ist Gelb«, »Sie schwimmt, ich gehe unter«. Für Schwestern scheint es unverhältnismäßig schwierig zu sagen: »Wir sind *beide* Künstlerinnen« oder »*Unsere* Farbe ist Blau«.
Bei einem Workshop im Women's Therapy Centre ermunterte man Schwestern, an der folgenden Übung teilzunehmen:
»Fertigen Sie eine Liste der charakteristischen Eigenschaften Ihrer Schwester an; suchen Sie eine Eigenschaft heraus,

die repräsentativ ist für ihre Persönlichkeit, wie zum Beispiel ›Meine Schwester ist erfolgreich‹. Dann ›beanspruchen‹ Sie diese Eigenschaft für sich selbst, indem Sie einen Satz formulieren wie z.B. ›Ich bin erfolgreich‹.«

Bei dem Versuch, dies zu tun, entluden sich die Spannungen am WTC in Gelächter. Die Frauen hatten realisiert, daß beide Feststellungen zur gleichen Zeit wahr sein konnten und daß sie die Ganzheit ihrer Persönlichkeit geleugnet hatten, indem sie ihrer Schwester bestimmte Eigenschaften zugeschrieben hatten.

Wo Schwestern sich in Opposition zueinander definieren, erhält die Frage nach Macht und Schwäche eine entscheidende Bedeutung. Es scheint, als ob eine Schwester schwach sein müßte, wenn die andere stark ist, so als ob die stärkere ihre Kraft aus ihrer Schwester bezöge. In einer Kunsttherapieübung am WTC stellte sich eine Reihe von Schwestern klein dar – neben einer Schwester von enormer Größe. Es war so, als ob die »Größe« der einen Schwester von dem »Kleinsein« der anderen abhängig, die Dominanz der einen durch die Unterwürfigkeit der anderen gewährt, der Erfolg der einen eine Funktion des Versagens der anderen wäre.

»Letztlich geht es in der schwesterlichen Beziehung«, sagt Jocelyn Chaplin vom Women's Therapy Centre, »um Macht und Kontrolle. Wenn du als Starke mit deiner Schwester eine Einheit bildest, hast du die Kontrolle. Wenn du die Schwache bist, bist du unter Kontrolle. Es widerstrebt Schwestern, sich damit auseinanderzusetzen. Es besteht bei Frauen im allgemeinen die Angst, daß man bei einer Konfrontation entweder vollständig zerstört oder vollständig zerstört wird.«

Schwestern und Männer

Wir sind Frauen in einer patriarchalischen Gesellschaft

Wie bei dem nackten Kaiser in seinen »neuen Kleidern«, hat die Schwesternbeziehung etwas so erstaunlich Offensichtliches, daß die meisten Leute die meiste Zeit so tun, als ob es nicht existiere.
Es ist ganz einfach – wir alle sind Frauen. Und als Frauen ist unsere Wahrnehmung von uns selbst und voneinander fundamental davon beeinflußt, daß wir in einer patriarchalischen Gesellschaft leben, wo unser Status nicht der ist, der er sein sollte.
Die Erziehung zu der Vorstellung, daß wir uns selbst in Beziehung zum Mann zu sehen haben, beginnt in der Wiege und hört eigentlich niemals richtig auf. Es gibt eine Fülle von Beispielen, wie diese Nachrichten schon dem kleinen Mädchen übermittelt werden; wie Frauen von dem Tag, an dem ihnen vorgelesen wird, wie die kleine Anna ihrer Mutter in der Küche hilft, während Jan mit Christoph im Garten spielt etcetera, den Gedanken verinnerlichen, daß wir passiver, weniger begabt und weniger abenteuerlustig sind als unsere Brüder.
Wenn wir älter werden, wird der tiefere Sinn dieser Botschaft deutlich: Finde dein Geld, Macht und Abenteuer mit Hilfe eines Mannes. Sei hübsch, bleib schlank, sei »feminin«, und du wirst den richtigen Mann finden, der dir in dieser Welt zu Namen und Identität verhelfen wird.
Doch das Ganze hat einen Haken: Alle anderen Mädchen auf der großen weiten Welt halten wohl auch Ausschau nach dem »richtigen Mann«. Und wenn sie hübscher, schlanker und »femininer« sind als du, dann können sie ihn dir wegschnappen und dich allein, arm, unbemannt, »unfruchtbar« und – Gott möge es verhüten – als alte Jungfer zurücklassen.
Deshalb achte gut auf andere Frauen, konkurriere, kämpfe

um deinen Mann – aber natürlich auf »weibliche« Art und Weise!
Schwestern befinden sich oft in der vordersten Linie in dem Kampf um männliche Aufmerksamkeit: denn deine Schwester könnte im Vergleich zu dir besser abschneiden. Werden die Männer, wenn sie sehen, daß sie schlank ist, dich nicht für dick halten? Wenn sie größer ist als du, wirkst du dann nicht untersetzt? Und wenn ein Mann sich von deinen Eigenschaften angezogen fühlt, wird er sich nicht auch angezogen fühlen von ganz ähnlichen Eigenschaften bei einer Frau, die dir so ähnlich ist wie deine Schwester?
Dieser Zwang zur Anpassung wird weiterhin verstärkt durch die in unserer Gesellschaft weitverbreitete Annahme, daß das Leben eine Art Wettlauf zur Spitze darstellt, daß Leistung bedeutet, auf einer Leiter über die Köpfe der anderen hinwegzusteigen. Wir werden darauf gedrillt, in einer äußerst individualistischen Kultur gegeneinander zu konkurrieren und Werte in der Form der Anhäufung von Eigentum zu bemessen. Kein Wunder also, daß besonders wir Frauen – die wir bereits auf einer niedrigeren Stufe starten – von der Angst gequält werden, daß nicht genug für uns da ist, nicht genug Liebe, nicht genug Aufmerksamkeit, Geld oder Status.
Und somit entsteht das Hirngespinst von der schwesterlichen Eifersucht um Männer, am Leben gehalten und unterstützt von den von Männern geleiteten Medien und von einer Schundliteratur, die sich in einem Bild von der Frau sonnt, die sich um einen Mann prügelt. Was könnte – für das männliche Ego – befriedigender sein?

Die von mir interviewten Frauen zeigten mir jedoch sehr deutlich, daß dieses Bild kaum mehr als ein Hirngespinst ist. Nicht eine der Interviewten berichtete, daß sie jemals mit einer Schwester um einen Mann gekämpft hätte. Ebenso sieht die Wirklichkeit der schwesterlichen Beziehung, was Männer angeht, unendlich viel positiver und komplexer aus als das oben beschriebene Stereotyp.

Es hat immer Gruppen von Frauen gegeben, die sich aktiv darum bemüht haben, diese vorgegebenen Verhaltensweisen auszuhöhlen und die den Beziehungen zu anderen Frauen hohen Wert beigemessen haben. Die Frauenbewegung ist kein Phänomen der Neuzeit, und viele Jahre lang stand der Begriff »Schwesternschaft« für Liebe, Solidarität und gegenseitige Unterstützung, die Frauen miteinander finden können. Die Frauengruppen, Frauenzentren und Protestgruppen der letzten Jahrzehnte haben versucht, diese Ideale in die Tat umzusetzen.

Doch man beachte, wie sie von der Presse behandelt werden – als »verrückte Feministinnen« und schlimmer. In Cartoons und Witzen besteht die »Schwesternschaft« aus freudlosen und »häßlichen« Frauen mit großen runden Köpfen und hängenden Brüsten. Dieser Angriff auf das Äußere impliziert, daß solche Frauen langweilig, humorlos – und sogar »pervers« sind. Verfolgt man diesen Gedanken weiter, dann ist die Tatsache, daß Frauen sich zusammenschließen und gegenseitig ihre Gesellschaft suchen, nur eine Konsequenz des Umstandes, daß sie keinen Mann finden können. Sie sind Zurückgestoßene, die »bei den Frauen hängengeblieben« sind.

Es gibt auch praktische Hindernisse, die es Frauen erschweren, sich zusammenzuschließen und sich miteinander zu identifizieren. Nahezu die Hälfte aller bezahlten Arbeitskräfte sind Frauen, die zu Hause eine zweite Schicht, bestehend aus Kochen, Putzen und Kinderbetreuung, erwartet in

einer Zeit, die sie auch in Gesellschaft anderer verbringen könnten. Und die, die von dem Einkommen ihres Mannes abhängig sind, verbringen oft den größten Teil ihres Leben alleine zu Hause.
Für Männer ist es noch immer leichter, sich zu treffen – am Arbeitsplatz, anschließend zu einem Bier oder einem Drink oder am Sportplatz. Im allgemeinen verfügen sie über mehr Freizeit, mehr Freiheit, mehr Geld.
Es gibt eine Vielzahl von Kräften, die gegen solche Frauen arbeiten, die sich zusammentun. Sie sind noch immer einflußreich und werden es auch so lange bleiben, bis auch die Frauen wirkliche Chancengleichheit haben. Doch solange die Männer die Macht über die Frauen haben, ein Drittel mehr als sie verdienen, Gesetze erlassen und die Wirtschaft leiten, wird es für die Frauen schwierig sein, *nicht* den Druck zu verspüren, um den »richtigen Mann« zu konkurrieren.

Wir suchten nach einem Ehemann – das war der ganze Sinn unseres Lebens

Hilda ist heute Anfang Sechzig, und ihre Schwester Mavis ist zwei Jahre älter. Als Kinder waren sie sich sehr nahe, so nahe, daß die Leute sie oft für Zwillinge hielten.
Doch beide Mädchen wurden in dem festen Glauben erzogen, daß es das höchste Ziel ihres Lebens sei, einen guten Mann zu finden. »Den Richtigen zu heiraten, das war wichtig«, sagt Hilda. »Wir stammten aus ärmlichen Verhältnissen und interessierten uns beide für einen Mann, der aus einer sozial ein wenig höheren Schicht kam. Wir suchten nach einem Ehemann – das war der ganze Sinn unseres Lebens.
Von früh auf wurde uns eingeimpft, daß es das Größte sei, auf der sozialen Leiter emporzusteigen, ein größeres Haus, ein besseres Haus und mehr Geld zu haben. Was das anging, gab es einen furchtbaren Wettstreit, obwohl ich glaube, daß

keine von uns beiden sich große Sorgen gemacht hätte, wenn wir heute geboren worden wären. Vielleicht hätten wir uns mehr für eine Karriere interessiert, ich weiß es nicht. Ich glaube allerdings nicht, daß man seinen Eltern die Schuld daran geben darf, denn sie glaubten, sie täten das Richtige für uns. Sie waren fest davon überzeugt, daß es richtig sei, daß eine Tochter eine gute Verbindung eingeht, denn dadurch, so glaubten sie, würde man glücklicher – und das war *zutreffend*.

Damals *war* man glücklicher, wenn man ein hübsches Zuhause und ein Mädchen oder ein Kindermädchen und genügend Geld hatte, um sich schöne Kleider und einen Urlaub leisten zu können. Das ist nicht alles, aber es ist wichtig – und ist es auch heute noch. Ich glaube nicht, daß sie unrecht hatten, obwohl sie das Ganze wohl überbewerteten.«

Doch obwohl sie auf dieses gleiche Ziel hin erzogen wurden, waren sie sich als junge Mädchen zu nahe, um sich um den gleichen Mann zu streiten. »Der anderen den Freund ausspannen? Nein, das hätten wir nie getan. Im Gegenteil, wir hielten sehr fest zusammen.

Als ich 15 Jahre alt war, gab es einen Jungen, der sich sehr für mich interessierte. Meine Eltern besuchten eine Tanzveranstaltung und luden ihn ein, sie zu begleiten. Ich selbst durfte nicht mitgehen, da ich noch zu jung war, und Mavis sprang als mein Ersatz ein, ohne daß er davon wußte.

»Sie war furchtbar verstimmt, denn sie wußte, wie ich mich fühlte. Sie ärgerte sich so für mich, daß sie mir einen ganzen Band von Rupert Brookes Gedichten mit einer besonderen Inschrift schenkte. Sie war also wirklich sehr nett zu mir.«

Schließlich fand Mavis den »Richtigen«, einen Armeeoffizier aus einer Familie »mit guten Verbindungen«: »Sie heiratete Godfrey. Ich freute mich sehr für sie; jeder war erfreut. Schließlich bedeutete dies, daß sie eine Stufe hochrückte in der Gesellschaftshierarchie.«

Einige Jahre später war Hilda an der Reihe. Ihr Mann, Sean, war in seinem Beruf sehr erfolgreich, aber sein familiärer Background ließ nach den Vorstellungen, nach denen die Mädchen erzogen worden waren, zu wünschen übrig. Wie also reagierte Mavis auf ihre Heirat? »Ich glaube, sie war von ihrem Mann beeinflußt«, erklärt Hilda, »und dessen Ansicht lautete: ›Ein verfluchter Ire und ein Katholik vom Scheitel bis zur Sohle‹. Sie war von seiner Karriere beeindruckt, aber nicht von seinem sozialen Status – und als er beruflich immer weiter nach oben rückte, wußte sie nicht mehr, was sie denken sollte.«

Mit ihrer Eheschließung entwickelte sich eine völlig neue Art von Problemen zwischen den Schwestern. Beide hatten sie gelernt, daß ihr Wert unmittelbar gebunden war an den Status ihres Ehemannes, und als sie ihre neuen Identitäten als verheiratete Frauen entwickelt hatten, begann ein Wettstreit, der auch auf die Kinder, das Zuhause und alle anderen Symbole eines erfolgreichen Lebens ausgedehnt wurde.

Hilda und Sean zogen in ein großes Landhaus. »Mavis war furchtbar eifersüchtig, denn es war ein Statussymbol mit einem wunderschönen Garten. Und ein Haus zählte – und auch, wie viele Räume es hatte. Ich glaube, ich war ziemlich gehässig und erfreut darüber, daß sie eifersüchtig war. Ich versuchte damals, bei diesem gegenseitigen Überbieten mitzumachen. Ich hatte solche falschen Wertvorstellungen – ich versuchte, besser zu sein. Ich war nicht besonders nett.«

Kinder waren auch wichtige Einsätze in diesem Wettbewerb. Hilda war sehr stolz, fünf Kinder zu haben, während Mavis nur zwei hatte. »Welche Schulen unsere Kinder besuchten, ob sie zur Universität gingen, wie intelligent sie waren, wie viele Einser und Zweier sie nach Hause brachten – so ging es weiter und weiter. Seit wir verheiratet waren und Familie hatten, lagen wir ununterbrochen im Wettkampf miteinander. Es ist wirklich traurig.

Die Karrieren ›unserer Ehemänner‹ wurden ebenfalls verglichen. Godfreys Karriere entwickelte sich rückläufig, als er die Armee verließ und ›Geschäftsmann‹ wurde. Mavis verlor ihren Status als »Regimentsgattin«.

Ich stieg auf, während sie abstieg, denn die Karriere meines Mannes lief wunderbar. Daher wurden uns die Leistungen von Mavis Sohn sehr deutlich entgegengehalten, denn er war gescheit und besuchte die Universität von Cambridge.«
Da die Verdienste der Ehemänner zu einem Thema der Auseinandersetzung geworden waren, hatten die Männer natürlich ein berechtigtes Interesse daran, wer die Schlacht der Schwestern gewinnen würde. Beide Männer waren sich des Urteils des anderen wohl bewußt – und verübelten sich dies gegenseitig. Daher stachelten beide ihre Frauen an und sorgten dafür, daß sie wohlgerüstet in die Schlacht gingen. Was aussah wie ein Kampf zwischen den Schwestern, war oft ein Stellvertreterkampf zwischen dem einen männlichen Ego und dem anderen.
»Als ich sie das letzte Mal besuchte, hatten wir einen furchtbaren Krach«, berichtet Hilda. »Es ging um eine Äußerung Godfreys, daß mein Mann ein irischer Hochstapler sei. Daraufhin explodierte ich vor Wut, aber es war Godfrey, der es zuerst sagte, nicht Mavis.« Hilda konterte, indem sie den Mann ihrer Schwester des Geizes bezichtigte – ein Lieblingssujet ihres Mannes Sean.
Seans Attacken richteten sich oft gegen Mavis. »Er macht sie immer schlecht, was es uns beiden schwermacht, uns einander zu nähern.« Seit langem vertritt Sean die Theorie, daß *alle* Frauen in seiner angeheirateten Familie dominierende, tyrannische alte Vetteln seien, die ihre Ehemänner so lange schikanieren, bis sie eines frühen Todes sterben. »Schaut doch nur, wie früh alle ihre Ehemänner gestorben sind«, ist eine seiner Lieblingsäußerungen.
»Er hat eine Menge Unstimmigkeiten zwischen Mavis und mir verursacht«, glaubt Hilda. Seitdem sie sich dessen bewußt geworden sind, bemühen sich die Schwestern, ihre Differenzen aus der Welt zu schaffen. »Unsere Männer haben uns beeinflußt, nicht wir sie. Wenn ich an meine Tanten denke, die, als sie älter wurden, zusammenlebten und sich gegenseitig halfen! Was für eine schöne Sache, und

wie schade, daß Mavis und ich nicht so sind. Doch jetzt geben wir uns beide Mühe, jede von uns.«

Auf dem Heiratsmarkt

Wenn die Chancen im Leben einer Frau davon abhängen, daß sie einen Mann heiratet, der sie gut versorgt, dann ist die Frau tapfer, die es ablehnt, im allgemeinen Trend mitzuschwimmen. Erst in letzter Zeit haben sich den Frauen durch Verhütungsmittel und eine Steigerung des von ihnen verdienten Anteils am Einkommen neue Möglichkeiten eröffnet. Hildas Auseinandersetzungen mit Mavis dagegen stehen in einer viel älteren Tradition.

Die klassische Chronistin der Beschäftigung der englischen Mittelklasse mit dem Heiraten ist Jane Austen. In ihrem frühen und unvollendeten Roman *The Three Sisters* – Die drei Schwestern –, der um 1792 geschrieben wurde, stellt die Autorin alle Weichen für den klassischen schwesterlichen Konflikt um einen Ehemann – und unterläuft dann die von ihr geschaffene Situation.

Mary ist die älteste der drei Stanhope-Schwestern, gefolgt erst von Sophia und dann von Georgina. Mr. Watt, ein gewöhnlicher, übelgelaunter, häßlicher – und reicher Mann hat ihr einen Heiratsantrag gemacht. Mary, die weder besonders intelligent ist noch hohe Prinzipien hat, ist hin und her gerissen zwischen dem Gefühl der Verzweiflung, jemanden zu heiraten, den sie nicht ausstehen kann, und dem festen Vorsatz, daß keine ihrer Schwestern vor ihr heiraten soll.

Denn Mr. Watt hat ihr zu verstehen gegeben, daß er Sophia bitten wird, ihn zu heiraten, falls Mary seinen Antrag ablehnt, und daß er, falls Sophia nein sagen sollte, Georgina einen Heiratsantrag machen wird. Ihre Mutter, die sich alle erdenkliche Mühe gegeben hat, ihre Töchter zu verheiraten, ist fest dazu entschlossen, wenigstens *eine* von ihnen an ihn zu verheiraten.

Die beiden Schwestern sorgen jedoch für eine hübsche Umkehrung der allgemeinen Annahme, daß Schwestern sich um den gleichen Mann streiten. Die Vorstellung, daß Mary Mr. Watt ablehnen könnte, entsetzt sie sehr, denn damit würde auf einer von ihnen der Druck lasten, ihn zu akzeptieren. Sie entwickeln eine Strategie, um dieses zu vereiteln, indem sie vortäuschen, daß sie von der Vorstellung absolut begeistert sind, ihn zu heiraten – mit dem Ziel, Mary anzuspornen, sein Angebot anzunehmen.

Mary vertraut das Dilemma, in dem sie sich befindet, einer Freundin an: »Wenn ich seinen Antrag ablehne, dann ist es so gut wie sicher, daß er Sophia bitten wird. Wenn diese ihn zurückweist, wird er Georgina fragen; und ich könnte nicht ertragen, daß eine von beiden vor mir heiratet. Wenn ich ihn heirate, dann weiß ich jetzt schon, daß ich den Rest meines Lebens unglücklich sein werde... Daher glaube ich, daß ich ihn nehmen muß, solange ich noch kann. Ich weiß, die Duttons werden mich beneiden, und ich werde Sophia und Georgina als Anstandsdame auf alle Winterbälle begleiten können.«

Georgina vertraut sich unterdessen einer anderen Freundin an: »Es wird Mary gut gefallen, eine verheiratete Frau zu sein und uns beaufsichtigen zu können; und ich glaube, daß ich verpflichtet bin, zu ihrem Glück in einer Situation beizutragen, die zu wählen ich ihr geholfen habe. Sie werden sicherlich eine neue Kutsche haben, was für sie der Himmel auf Erden sein wird. Solche Dinge wären jedoch weder für Sophia noch für mich ein Trost für heimisches Unglück.«

Schließlich macht Mr. Watt den Schwestern seine Aufwartung. Ihre Mutter ist anwesend, um sicherzustellen, daß sie einen solch akzeptablen Heiratskandidaten nicht entkommen lassen. Doch die Verhandlungen um Marys Zusage ufern in einen Wirrwarr von erbitterten Argumenten über die Art der neuen Kutsche, die Größe des Haushalts und das Mary zur Verfügung stehende Geld aus.

Dies ist eine Gesellschaftskomödie über Schwestern, deren

Stellung in der Gesellschaft von einem Mann und der Ehe abhängig ist. Dieses Thema taucht in der englischen Literatur immer wieder auf – doch oft ohne die Ironie der Jane Austen.

In ihrer modernen Regency-Romanze *Annabelle: der Widerspenstigen Zähmung* läßt die Autorin Marion Chesney eine ganz ähnliche Handlung in dem kleinen Ort Hopeworth spielen, dessen Vikar sechs Töchter hat. Die einzig vorstellbare Art und Weise, in der die Familie »aus dem Schuldensumpf, in dem sie steckt, wieder hinausgelangen kann«, besteht in der Heirat der Töchter mit wohlhabenden Männern. Als der Roman beginnt, hat die älteste Tochter, die nun zwanzigjährige Minerva, gerade eben ihre Verlobung mit Lord Sylvester Comfrey bekanntgegeben. »Die Armitage-Sippe hatte gehofft, daß diese bevorstehende aristokratische Allianz sofort Gold in die Schatzkisten des Vikariats fließen ließe.«

Die 17jährige Annabelle ist die nächste Schwester, die »an der Reihe« ist. Sie leidet jedoch an einem »nagenden Gefühl von Unbehagen«, welches nichts zu tun hat mit den beschränkten Verhältnissen der Familie. Sie hat sich – auf den ersten Blick – in den Verlobten ihrer Schwester Minerva verliebt.

Annabelle ist wie besessen von Lord Comfrey, und sie glaubt, daß er einen furchtbaren Fehler begeht, wenn er Minerva statt ihrer heiratet. »Minerva war streng und prosaisch. Wie sie es geschafft hatte, einen so gutaussehenden und schneidigen Lebemann wie Lord Comfrey einzufangen, überstieg Annabelles wildeste Vorstellungen. Zugegeben, Minerva war schön, mit ihrem schwarzen Haar und ihren großen, klaren, grauen Augen. Aber Annabelle wußte, daß ihr Äußeres aufsehenerregend war... schon früh hatte sie die Erfahrung gemacht, daß die ihr eigene Kombination von goldenem Haar, blauen Augen, einer hübschen Figur und zierlichen Fesseln eine entzückende Wirkung auf jeden Gentleman ausübte.«

Ihr Aussehen ist ihre wichtigste Waffe in dem Kampf um einen Ehemann, denn Annabelle ist sich wohl der Tatsache bewußt, »daß eine gutgewählte Ehe bedeutet, daß man im Leben Erfolg hat... Außer einem alles überwiegenden Gefühl von Eifersucht war dies die einzige Karriere, die einer Frau offenstand.«
Da es sich um eine Romanze handelt, gibt es natürlich auch ein Happy-End, und Annabelle heiratet den für sie »Richtigen«.

Gentlemen bevorzugen meine Schwester

Trotz aller Veränderungen in der Stellung der Frau seit Beginn des neunzehnten Jahrhunderts lebt das Thema des schwesterlichen Kampfes um einen Mann auch bis in die heutige Zeit fort. In einem kürzlich erschienenen Buch über die Suche einer jungen Frau nach dem, »was in romantischen Worten als der ›Mann der Träume‹ beschrieben werden könnte« oder zumindest als der »einigermaßen Richtige«, schreibt die Autorin Stephanie Calman – nur wenig ironisch – über die nachteilige Wirkung ihrer Schwester auf ihre Chancen bei Männern.
Der Titel des Buches lautet *Gentlemen Prefer my Sister*, Gentlemen bevorzugen meine Schwester, und die Autorin widmet es ihrer Schwester, »ohne die ich bessere Chancen bei den Männern gehabt hätte«. Es beginnt mit der Beschreibung eines Abends in einer Diskothek im Londoner West End: »Meine Schwester Claire und ich gingen in eine nette, ganz gewöhnliche Diskothek: zum Tanzen, unserer einzigen sportlichen Betätigung, und um andere Männer kennenzulernen. Am Ende sah es so aus, daß ich tanzte, während sie all die neuen Männer kennenlernte.«
Ob in Pubs, Nightclubs oder bei Partys, Stephanie muß erleben, wie sich die gleichen Dinge stets wiederholen. Die Männer unterhalten sich mit ihrer Schwester, tanzen mit

ihrer Schwester und wenden sich dann selbst Stephanie zu, aber nur um ihr zu sagen: »Sie ist sehr attraktiv, Ihre Schwester, nicht wahr?« »Ja«, zischt Stephanie. Nicht weil sie, wie sie, betrunken ist, sondern weil ihre Zähne knirschen, denn sie hat die Nase voll davon, dies immer und immer wieder zu hören.

Die arme Stephanie bemüht sich ziemlich erfolglos, während die Männer sich mit ihrer Schwester unterhalten – und ihre Zigaretten rauchen. Claire verbringt »ganze Abende damit, von Raum zu Raum zu wandeln, stets gefolgt von immer anderen Jungen«, während sich auf Stephanies Spuren niemand heftet.

»Kleine Schwestern plagen dich dein Leben lang«, beklagt sie sich. »Wenn sie klein sind, verstecken sie deine Sachen und verpfeifen dich bei deinen Eltern, wenn du heimlich ein paar Süßigkeiten kaufst. Dann schauen sie zu, wie deine Weihnachtsgeschenke eingepackt werden und erzählen dir, was du bekommst. Und dann, wenn sie groß sind, weigern sie sich, das gemeinsame Zimmer zu verlassen, wenn dein Freund dich besuchen kommt, und beeinträchtigen auch ganz generell deine Erfolgschancen bei Männern.«

Gegen Ende des Buches bezeichnet sich Stephanie selbst als »Stachelbeere des Jahres«, als ihre jüngere Schwester in enger Umarmung mit ihrem neuesten Freund durch die Disco schwebt, während sie selbst »sitzengeblieben ist«.

In einem der Nightclubs trifft Stephanie sogar auf ein anderes Mädchen, das sich an ihrer Schulter ausweint, weil ihre jüngere Schwester – ein Fotomodell – ihr jeden Freund ausspannt. Das Problem, so scheint es, ist natürlich. Und in der Tat, wenn der Stil und das gute Aussehen (die Hauptthemen des Buches) als die wichtigsten Pluspunkte eines Mädchens angesehen werden, wenn es darum geht, sich den Mann der Träume zu angeln (der Hauptbetätigung in diesem Buch), dann ist eine hübsche kleine Schwester ganz zweifellos ganz oben auf der Liste der möglichen Konkurrentinnen um die Aufmerksamkeit der Männer.

Der Mann meiner Träume entschied sich für meine jüngere Schwester

Es ist nicht leicht zu erkennen, worauf dieser Wettbewerb beruht, da die meisten von uns mit diesem Wettbewerbsdenken groß wurden. In Kindergeschichten und Volkserzählungen aus der ganzen Welt taucht das Thema der schwesterlichen Eifersucht und Konkurrenz um den Mann der Träume immer und immer wieder auf. Und wie in den Geschichten von Stephanie und Claire, Annabelle und Minerva, Hilda und Mavis wird auch ein zweites, gleichartiges Thema immer wieder behandelt: Schlimm genug, wenn eine Frau den von der Schwester verehrten Mann für sich gewinnt; an Beleidigung und Kränkung grenzt es jedoch, wenn sie auch noch die *jüngere* von beiden ist.

In einer Fassung des schottischen Volksmärchens *The Five Sisters of Kintail*[14], Die fünf Schwestern aus Kintail, leben sieben wunderschöne Schwestern in dem kleinen Dorf Kintail im westlichen Hochland von Schottland.

Ihr alter Vater hofft, daß seine Töchter eines Tages heiraten, um auf diese Weise sieben starke junge Söhne zu bekommen, die ihm helfen können. Die Töchter sind jedoch so attraktiv, daß er nur reiche Männer oder Aristokraten als Bewerber zuläßt: ein hoher Maßstab für ein abgelegenes Dorf, in dem Besucher selten sind. Und dann, an einem Wintertag, zwingt ein furchtbarer Sturm die Familie, im Haus zu bleiben, und als der Sturm vorüber ist, finden sie, im See verankert, ein fremdes Schiff, das vom Sturm schwer beschädigt ist. Zwei Brüder, gutaussehende, junge Edelleute aus Irland, haben dort Zuflucht gesucht und nehmen die Gastfreundschaft des alten Mannes an, während sie ihr Boot reparieren.

Zwei Männer zwischen sieben Schwestern – das ist natürlich

[14] Finlay, Winifred: Tattercoats and Other Folk Tales. London: Kaye and Ward 1976.

ein Problem. Und als die beiden sich verlieben – nicht in die ältesten, sondern in die *jüngsten* –, ist dies Anlaß zu Erregung und Aufruhr. Die ältesten fünf sind bestürzt und eifersüchtig und sprechen sich dafür aus, daß erst die beiden ältesten heiraten sollten. Ihr Vater versucht, die beiden Edelleute davon zu überzeugen, seine ältesten Töchter zu heiraten. Doch sie erzählen ihm, daß sie die jüngsten von sieben Brüdern seien.

Ihre älteren Brüder, so versichern sie, seien größer, reicher und sogar noch stärker. Wenn der Vater ihnen erlaube, die beiden jungen Bräute nach Irland mitzunehmen, dann, so versprächen sie, würden ihre fünf älteren Brüder nach Schottland segeln, um die anderen fünf Töchter zur Frau zu nehmen.

Doch ach! – wie perfide können Männer sein! Denn die fünf Schwestern verbringen den Rest ihres Lebens damit, aufs Meer zu starren in Erwartung der gutaussehenden Ehekandidaten, die niemals auftauchen werden. Schließlich verwandelt ein Zauberer die fünf Schwestern in fünf wunderschöne Berge, die dem Meer zugewandt sind, so daß Künstler und Dichter ihren Ruhm verbreiten können. Daher der Name der Berge: die Fünf Schwestern von Kintail.

Doch die bekannteste Geschichte von einer jüngeren Schwester, die sich gegen die Konkurrenz ihrer älteren Schwestern durchsetzt, ist Aschenputtel. Wir alle kennen die Geschichte von dem sanften, hart arbeitenden, guten und schönen (und daher eines Ehemannes würdigen) Aschenputtel, das seine »häßlichen Schwestern« nicht auf den Ball begleiten darf. Doch die gute Fee verwandelt seine Lumpen in ein wundervolles Kleid und gibt ihm die Gelegenheit, den Mann seiner Träume zu treffen, einen Prinzen, der sich in es verliebt und ihm bis nach Hause folgt.

Die »häßlichen« älteren Schwestern (oder manchmal auch Stiefschwestern) setzen alles daran, um zu beweisen, daß sie den gläsernen Schuh der geheimnisvollen jungen Dame trugen, die das Herz des Prinzen gefangennahm – in einigen

Fassungen verstümmeln sie sogar ihre Füße, indem sie Zehen oder Fersen abschneiden.
Doch Aschenputtels zierlicher Fuß ist der einzige, an den der Schuh paßt, und so gewinnt es, trotz seiner Schwestern, den Prinzen für sich.
Dies ist nicht die einzige englische Version, und auch in anderen Sprachen und Kulturen gibt es zahlreiche Varianten desselben Themas. In einer alten indianischen Erzählung[15] nimmt der Traummann die großartige Erscheinung eines indianischen Kriegers an, »Starker Wind, der Unsichtbare«. Er lebt bei seiner Schwester und ist sehr begehrt bei den jungen Mädchen, die ihn heiraten wollen, um im Glanz seiner mächtigen Taten zu strahlen.
Doch Starker Wind sucht nach einer tugendhaften Frau. Daher testet er die Wahrheitsliebe einer jeden jungen Frau, die zu Besuch kommt. Jedes Mädchen wird von seiner Schwester zu einem Spaziergang eingeladen, auf dem einzig die Schwester ihn sehen kann. Die Schwester fragt sodann das Mädchen: »Kannst du ihn sehen?« Die meisten Mädchen fallen auf diese Frage herein und antworten mit einem Ja. Doch die Fangfrage folgt auf den Fuß: Die Schwester fragt, womit Starker Wind seinen Schlitten ziehe. Das Mädchen ist nun gezwungen, sich eine Antwort auszudenken, und die Schwester weiß, daß sie Starken Wind nicht wirklich gesehen haben kann.
In dem Dorf des Kriegers lebt ein großer Häuptling, der drei mutterlose Töchter hat. Eine von ihnen ist viel jünger als die übrigen beiden, und – wie Aschenputtel – ist sie wunderschön und sanft. Aus diesem Grund sind ihre bösartigen älteren Schwestern eifersüchtig auf ihren Liebreiz und behandeln sie mit großer Grausamkeit. Sie kleiden sie in Lumpen, schneiden ihr langes schwarzes Haar ab und verbrennen ihr Gesicht mit glühender Kohle, um sie häßlich

[15] Haviland, Virginia (Hrsg.): The Faber Book of North American Legends. London: Faber 1979.

und verunstaltet zu machen. Ihrem Vater, dem Häuptling, erzählen sie das Lügenmärchen, daß die jüngere Schwester sich diese Dinge selbst angetan habe.
Eine nach der anderen versuchen die beiden ältesten Töchter des Häuptlings, Starken Wind als Ehemann zu gewinnen, doch natürlich scheitern die beiden bösartigen Lügnerinnen. Alsbald macht sich die jüngere Schwester auf, um ihr Glück zu versuchen.
Als sie gefragt wird, ob sie Starken Wind sehen könne, antwortet sie mit Nein. Nachdem sie ihre Wahrheitsliebe und Tugendhaftigkeit unter Beweis gestellt hat, gibt sich Starker Wind zu erkennen, und sie sieht, daß sein Schlitten von einem Regenbogen gezogen wird und daß die Milchstraße seine Kufen bildet.
Die Schwester von Starkem Wind nimmt sie mit zu sich nach Hause und badet sie. Wie auch Aschenputtel ist das Mädchen wie verwandelt. Ihre Narben verschwinden, ihr Haar wächst. Dann wird sie geschmückt. Sie heiratet Starken Wind und hilft ihm von nun an, große Taten zu vollbringen.
In dieser Version der Geschichte werden die älteren Schwestern furchtbar bestraft. Sie werden von Starkem Wind in Espenbäume verwandelt – und auch heute noch zittern ihre Blätter, sobald Starker Wind sich nähert, denn immer wieder erinnert er sie an seine große Macht und seinen Ärger über ihre Lügen und ihre Grausamkeit ihrer Schwester gegenüber.

Die Älteste zuerst?

Im wirklichen Leben kann die Tatsache, daß eine jüngere vor der älteren Schwester heiratet – oder Jungenfreundschaften hat – ein schmerzliches Problem sein. Viele der von mir interviewten Schwestern hielten eine solche Konstellation für eine potentielle Quelle von Spannungen innerhalb ihrer Beziehung.

Jüngere Schwestern berichteten, daß sie von Schuldgefühlen geplagt wurden, wenn sie vor ihrer älteren Schwester Freunde hatten, und wie dankbar sie waren, wenn die ältere so tolerant war, diese Tatsache zu akzeptieren. Eine ältere Schwester berichtete über ihr Gefühl von Verlust und Isolation, als ihre jüngere Schwester heiratete. Sie erlitt kurz darauf einen Zusammenbruch.

Jane, die älteste in einer Familie mit drei Töchtern, hat niemals eine ernsthafte Beziehung zu einem Mann gehabt. Sie ist heute fast dreißig und investiert den größten Teil ihrer emotionalen Energien in ihre anspruchsvolle Karriere als Krankenschwester. Sie fühlt sich ihren jüngeren Schwestern Fiona (25) und Sue (23) nahe. Aber beide jüngere Schwestern sind seit langem mit zwei Männern befreundet, mit denen sie auch zusammenleben.

Jane bestreitet, daß die Freunde ihrer Schwestern für sie ein Problem darstellen. Sie sagt, sie akzeptiere sie, obwohl sie glaube, daß sie für ihre Schwestern nicht gut genug seien, und sie versuche, sich wenn möglich mit ihren Schwestern alleine und ohne ihre Männer zu treffen. Über ihr Privatleben vertraut sie ihren Schwestern wenig an. Sie erzählt auch nicht, wenn sie einen Mann getroffen hat, zu dem sie sich hingezogen fühlt – was sie fünf Jahr zuvor noch getan hatte, als sie noch alles mit Fiona und Sue besprach.

Die jüngeren Schwestern wiederum sagen, daß das Sexualleben der Schwester und ihre Männerfreundschaften zu Tabuthemen geworden seien, die nur bei seltenen Gelegenheiten angesprochen würden und auch nur dann, wenn sie selbst sie erwähne. Da Jane über diese Themen nicht spricht, spekulieren sie insgeheim über den Schmerz, den sie ihrer Meinung nach empfinden muß.

Noch problematischer ist Janes Beziehung zu den Männern der Schwestern. Beide Freunde finden es schwer, sich in ihrer Gesellschaft zu entspannen; sie haben den Eindruck, daß sie ihre Anwesenheit als störend und unangenehm empfindet. Sue und Fiona haben beide mit ihren Freunden

Auseinandersetzungen gehabt, die ihrer Meinung nach durch Janes Anwesenheit oder ihre Kommentare hervorgerufen wurden. Jane glaubt, daß die Beziehung unter den Schwestern Vorrang vor ihren Beziehungen zu Männern habe. Insgeheim stimmen die jüngeren Schwestern dieser Ansicht nicht zu, doch sie wollen Janes Gefühle nicht verletzen, indem sie ihre Meinung offen darlegen.

Eine andere Frau zwischen Zwanzig und Dreißig berichtete mir von ihrer Ungeduld ihrer älteren Schwester May gegenüber, die im Alter von 14 Jahren noch immer nicht die geringsten Anstrengungen unternahm, einen Freund zu finden. Liz, damals zwölf Jahre alt, spornte und feuerte May an, indem sie ihr über ihre geheime »Affäre« mit einem Jungen aus dem Dorf erzählte.

Ihre Mutter mißbilligte die Geschichte, so erzählt Liz, und niemand anderes wußte von ihr, so daß Liz nichts anderes übrigblieb, als May mit ins Dorf zu nehmen und ihr den Freund aus sicherer Entfernung zu zeigen. Liz unterhielt May mit dramatischen Berichten von mitternächtlichen Rendezvous, Fensterklettereien, wiederholten Anrufen aus Telefonzellen etcetera.

Die »Affäre« war eine reine Erfindung, doch das erfuhr May erst kürzlich, als die Schwestern über dieses Thema sprachen. Beide lachen heute darüber, doch May gibt zu, sehr verletzt gewesen zu sein, daß ihre kleinere Schwester vor ihr einen Freund hatte.

Schwestern, die wie Katzen kämpfen – ein beliebtes Medienmärchen

Es kann eine traumatische Erfahrung sein, die Schwester an einen Mann zu »verlieren«. Doch oft resultiert der Schmerz nicht aus der Eifersucht oder dem Groll darüber, in dem Wettstreit um einen männlichen Partner überrundet worden zu sein, als vielmehr aus der Trennung.

Weit entfernt davon, die Komplexität solcher widerstreitenden Gefühle zu erkunden, haben populäre Zeitungen, Zeitschriften und die Unterhaltungsliteratur weitaus eher die Tendenz, einzelne dramatische – selbst bösartige – Elemente dieses Wettstreits zwischen Schwestern herauszugreifen. Dies ist nur eine Widerspiegelung eines enormen, frauenfeindlichen Dranges nach Darstellungen von miteinander kämpfenden Frauen. Die Intrigen und Machenschaften einer Frau zu dem Zweck, der Schwester den Mann wegzunehmen, sind ein beliebtes Thema von Soap-operas, Seifenopern. Nehmen wir zum Beispiel *Dallas*, wo die schlangengleiche Katherine Wentworth einfach nie ihr bösartiges Ränkespiel aufzugeben scheint, Bobby Ewing, den früheren Ehemann ihrer Schwester Pam, zu verführen. Die arme, dumme Pam und der liebe, gute Bobby sind eine leichte und unschuldige Beute, da sie niemals den Verdacht hegen, daß einer ihrer Mitmenschen – und vor allem auch noch Pams Schwester – sich zu solchen schändlichen Gemeinheiten erniedrigen könnte.
Einem ähnlichen Klischee von der guten und der bösen Schwester entsprechen die Hauptpersonen in der Superfernsehserie *Hundert Karat* nach dem Roman *Diamantenfieber*[16] von Sidney Sheldon. In diesem Fall geht es um ein Zwillingspaar, dessen Schicksale die Geschichte sich kreuzen läßt – unter Zuhilfenahme fast jedes negativen Stereotyps, das möglich ist.
Die Geschichte läßt sich von Anfang an kaum als frauenfreundlich bezeichnen: Großmutter Blackwell, die das riesige, auf Diamanten basierende Vermögen der Familie kontrolliert, ist eine größenwahnsinnige, intrigante Matriarchin, deren fester Wille, das Leben des Sohnes zu formen und kontrollieren, ihn und seine Frau zerstört, die (wie Großmutter Blackwell wohl schon vorher wußte) bei der Geburt der Zwillinge Eve und Alexandra stirbt.

[16] Sheldon, Sidney: Master of the Game. London: Collins 1983.

Von dem ersten Augenblick an, in dem die kleine Eve versucht, die kleine Alex in einen selbstmörderischen Sturz von der großen Treppe der Familienresidenz hineinzumanövrieren, wird deutlich, daß die große Schwester Eve, die unmittelbar vor ihrer Zwillingsschwester geboren wurde, darauf aus ist, sich ihrer Konkurrenz zu entledigen – und die heißt Alex.

Bei einem Reitturnier versucht Eve erneut, sie zu töten, indem sie sich an dem Sattel ihres Ponys zu schaffen macht, so daß Alex in einem beinahe tödlichen Unfall schwer verletzt wird. In diesem frühen Stadium ist Eves Motiv die Eifersucht um die Zuneigung der Großmutter, doch es ist nur eine Frage der Zeit, wann Männer zum Stein des Anstoßes werden – und das geschieht in dem Augenblick, als Eve ihrem Namen als erste Verführerin der Geschichte alle Ehre zu machen beginnt.

Als für die Zwillinge schließlich die Zeit gekommen ist, eines der feinen Internate in der Schweiz zu besuchen, ist aus Eve eine dominierendes, intrigantes, ehrgeiziges Mädchen geworden, während Alex schüchtern, unterwürfig und gut ist. Eve verführt so viele Männer, wie sie kann – wobei sie besonders den Männern Aufmerksamkeit schenkt, die sich für Alex interessieren. Es ist ein altbekannter Trick, den sich auch dieses Buch zu eigen macht, daß ein Zwilling sich für den anderen ausgeben kann. Eve benutzt diesen Trick immer und immer wieder, um ihrer Schwester die Männer wegzunehmen, während die arme, einsame Alex auf die Männer wartet, mit denen sie sich verabredet hat und die niemals auftauchen – da Eve sie in ihren betrügerischen Klauen hat. Bis zu diesem Zeitpunkt ist es Eve gelungen, einer Strafe aus dem Wege zu gehen, indem sie vorgibt, daß Alex die Böse von beiden ist. Als die Großmutter jedoch die Wahrheit erfährt, enterbt sie Eve und wirft sie aus der palastartigen Residenz. Alex, wie immer die Dumme, bleibt Eve treu, trifft sich mit ihr und vertraut ihr an, daß sie einen Liebhaber gefunden hat.

»Ich bin eine Minute älter als du«, ist Eves »unbeschwerter« Kommentar. »Ich habe Anspruch darauf, die erste zu sein.«
Es ist jedoch Eve, die diesen Liebhaber für Alex gefunden hat in dem Wissen, daß er ein brutaler Sadist ist, wenngleich sie das nicht davon abhält, ihn in der Hochzeitsnacht ihrer Schwester zu verführen.
Nach verschiedenen anderen Drehungen und Wendungen triumphiert das Gute über das Böse. Eves Schönheit wird von ihrem eigenen Ehemann, einem Schönheitschirurgen, zerstört, während Alex als die schöne, gute und heitere Ehefrau eines idealen und liebevollen Ehemannes in der segensreichen Rolle einer Mutter aufgeht.

Fleet Street scheint zu glauben, daß wir uns gegenseitig die Augen auskratzen

Und so lebt das Märchen weiter und weiter... Und wer schlägt besser aus diesen Geschichten Kapital als die Massenblätter? Sie haben schon immer der Tradition gefrönt, Frauen schlechtzumachen. Ein freier Journalist drückte dies in der Zeitschrift *Company* vom Juni 1984 folgendermaßen aus:
»Diese einfachen und primitiven Männer, die Fleet Street beherrschen, leben in dem Glauben, daß Frauen nur als Begleitpersonal anzusehen sind. Teil dieser Vorstellung ist die Annahme, daß die Rolle der Frauen darin besteht, gegeneinander um die Anerkennung des Mannes zu kämpfen. Sie hängen an der Vorstellung, daß Frauen nicht oder nur auf perverse Weise miteinander umgehen können. In ihren Idealvorstellungen würde eine Frau alles daransetzen, um ihrer Schwester die Augen auszukratzen, um den Mann wie einen Preis zu gewinnen; und sie tun alles, um dieser Idee Vorschub zu leisten.«
Bilder berühmter Frauen und ihrer Schwestern werden regelmäßig in diesen Massenblättern gezeigt. Damit wird

das Ziel verfolgt, die physische Attraktivität der beiden miteinander zu vergleichen. Auf Seite drei der *Sun* vom 2. Juni 1984 wurde das Foto zweier barbusiger Schwestern gezeigt mit dem Hinweis auf den »Zauber des Doppels«, einer Anspielung auf die männlichen Sexualphantasien vom Sex mit zwei Frauen.

Auch nimmt diese Ausgabe an – in Übereinstimmung mit der Vorstellung, daß alle Frauen von Natur aus eifersüchtig sind –, daß beide Schwestern um Aufmerksamkeit kämpfen. So ist auch eine Bildunterschrift der *News of the World* vom 20. Mai 1984 zu verstehen: »Die hübsche Schauspielerin Lesley Anne Down mag zwar der Star der Familie sein, doch ihre Schwester Angela hatte sich offensichtlich entschlossen, ein wenig von ihrem Rampenlicht für sich zu ergattern, als die beiden die Nacht in Londons In-Club *Stringfellow* durchtanzten.«

Der *Sunday Mirror* vom 12. Februar 1984 wählte für eine Story über Jan Leeming und ihre Schwester Gill Atkins folgende Schlagzeile: »Herrschsüchtig! – So ist meine Schwester Jan!« Der Artikel weiß zu berichten, daß Gill glaubt, daß »die attraktive Nachrichtensprecherin versuchte, ihren Mann zu unterdrücken«, und daß Jans »›Hier bin ich der Boss‹-Haltung der Grund für das Ende ihrer Ehe war.«

Bitterkeiten einer gehässigen Schwester? Doch in dem Artikel heißt es etwas später, daß Jan »ein sehr starker und hartnäckiger Mensch« sei. Vielleicht bedeutet das für den Journalisten, daß Jan die Männer unterjocht. Liest man jedoch weiter, dann wird deutlich, daß Gill sagt, daß sie auf ihre »sehr erfolgreiche Schwester« stolz sei, daß sie Verständnis für ihre Schwierigkeiten habe und wisse, wie schwer es »ganz oben« sei.

Gill ist betrübt über das Scheitern der Ehe ihrer Schwester und wünscht ihr alles Gute für die Zukunft. »Ich hoffe, sie finden eine Lösung«, sagt sie. »Es wäre schade, wenn ihre Ehe am Ende wäre.« Gill hatte wahrscheinlich nicht die

Absicht, etwas Schlechtes über ihre Schwester zu sagen, aber wie so oft hat die Überschrift mehr Gewicht als die weitere Geschichte, und wieder einmal hat die Zeitung die Klischeevorstellung von der eifersüchtigen, nörgelnden Schwester untermauert, die sich diebisch über den »Mißerfolg« ihrer Schwester bei den Männern freut.

Die Schauspielerin und Tänzerin Debbie Ash nahm mit mir Kontakt auf, als sie von meinem Buch hörte. Sie berichtete, daß sie die Nase voll habe von den ständigen Andeutungen der Presse, daß sie mit ihrer Schwester im Clinch liege. Debbie wollte die Angelegenheit endlich klarstellen.

Sie zeigte mir ein doppelseitiges Bild, das am 15. Januar 1984 im *Sunday*-Magazin erschienen war mit folgender Unterschrift: »Ich bin ein heißerer Gesprächsstoff als meine Schwester, weil ich mich mehr ins Zeug lege als sie«, so Leslie Ash. »Sie ist jedoch hübscher, kurvenreicher und kann tanzen.«

Debbie war besonders erbost darüber, wie das Magazin versucht hatte, sie beide dazu zu verleiten, biestige Kommentare übereinander abzugeben. Sie wurden für diese Story getrennt interviewt, und der Journalist, der mit Leslie gesprochen hatte, rief sie später an, um ihr zu sagen, daß ihre Schwester eine Menge boshafter Dinge über sie gesagt habe. Ob sie dazu einen Kommentar abgeben wolle? Debbie antwortete nur, daß sie das nicht glauben könne und nichts zu sagen habe. Ihr Glaube an ihre Schwester erwies sich als gerechtfertigt.

An zwei aufeinanderfolgenden Tagen publizierte die *Sun* ein Centrefold der Schwestern, die einige der Großen des Showgeschäfts geliebt, mit ihnen gelebt und sie wieder verloren haben: *»Möchte Debbie ihr die Augen auskratzen?«*

»Nicht im geringsten«, antwortet Debbie. »Zwischen uns gibt es keine Rivalität. Ich bin glücklich, daß Leslie so erfolgreich ist. Ich bin sehr stolz auf sie, wir sind uns sehr nahe.« Doch ihr Dementi reicht nicht, um das Gespenst der Eifersucht zu bannen. Wenn sie *nicht* eifersüchtig ist, so muß der Leser sich fragen, warum die Zeitschrift ein Viertel ihrer Story an eine Idee verwendet hat, die jeder Grundlage entbehrt?

Ist dein Busen genauso groß?

Natürlich, manchmal gibt es Konkurrenz und Eifersucht zwischen Schwestern – es ist kaum möglich, daß Frauen nicht zumindest einen Teil der herrschenden Vorstellungen verinnerlichen. Es war Wasser auf die Mühlen der *Sun* (vom 2. Mai 1984), als Frieda Parton sich entschloß, sich in Szene zu setzen: »Dolly Partons Pot rauchende kleine Schwester will auch ein Star werden«, so lautete der Titel der Story. Weiter heißt es: »Doch die langbeinige, 26jährige Frieda Parton sagt, sie wolle nicht in die Fußstapfen ihrer berühmten Schwester treten. ›Ich mache mir überhaupt nichts aus dem Zeug, das sie singt‹, erklärt Frieda. ›Ich könnte diese Art von Musik singen, wenn ich wollte... doch ich singe Rock'n'Roll. Und ich werde keinesfalls versuchen, an Dollys Rockzipfel zu hängen, indem ich diesen alten Country-Quatsch singe.‹«
Der musikalische Teil der Story ist damit abgehandelt – denn es handelt sich schließlich um die Pop-Spalte –, doch jetzt steigt der Reporter erst richtig in die Story ein. Sind Friedas Brüste genauso groß wie die ihrer Schwester?
»›Um Gottes willen, nein‹, kichert Frieda. ›Ich habe nicht viele Leute mit einem so großen Busen gesehen. Doch ich habe eine ziemlich gute Figur und strecke meinen Busen heraus.‹«
Frieda erzählt, daß sie, Dolly und ihre dritte Schwester, Stella, einmal versucht haben, zusammen eine Schallplatte aufzunehmen – was nicht unbedingt auf tödliche Feindschaft schließen läßt. »Wir hatten eine gute Vorlage, aber es war ein Alptraum, die Platte fertigzustellen. Unsere Busen paßten nicht in diese verdammte Aufnahmekabine. Wir wären

beinahe darin erstickt. Ich konnte den Druck förmlich spüren.«

Kann eine Schwester jemals ruhig bleiben, wenn jemand, der ihr so ähnlich ist, zum Vergleich herausfordert? Das *Sunday*-Magazin brachte im August 1984 einen Bericht über das »verrückte blonde Sexsymbol« Vivien Neves, das einst als *das* »Playmate« aller Zeiten galt.

Vivien ist auf dem Foto nackt, mit geöffneten Lippen – mit Weichzeichner abgelichtet. Und doch wird dieser »Schönen« nachgesagt, daß sie wenig Vertrauen in ihr eigenes gutes Aussehen habe. Wie bescheiden – und wie absurd. Und wer ist daran schuld? Sie haben es bereits erraten: »Als ich klein war, zog mich meine ältere Schwester wegen meiner Schweinsaugen und meiner kurzen Beine auf... weshalb ich mich nie als irgendwie besonders aussehend empfunden habe... Ja, man könnte sagen, daß ich mit einem Minderwertigkeitskomplex groß wurde, unter dem ich auch noch heute leide«, so Vivien.

Diese schwesterliche Suche nach Streit ist nicht neu. Auch Tallulah Bankhead machte die Erfahrung, daß ihre Berühmtheit eine Einladung für die Schwestern-Verleumder auf der Fleet Street war.

In ihrer Autobiographie *Tallulah*[17] schildert sie sehr ironisch den Ablauf der Kindheitsrivalitäten zwischen ihrem »Schwesterchen« Eugenia Bankhead und ihr selbst:

»Schwesterchen war dünn und kränklich«, so schreibt sie. Was sie zum Liebling ihres Vaters machte. »Auch ich war kränklich«, beklagt sich Tallulah. »Aber man hatte wenig Mitleid mit mir, da ich ziemlich plump war.«

Sie erinnert sich an den kindlichen Neid auf die Leiden der anderen, da sie eine Möglichkeit darstellten, die Aufmerksamkeit der Erwachsenen zu erlangen. »Obwohl Schwesterchens Krankheiten normalerweise nichts im Vergleich zu

[17] Bankhead, Tallulah: Tallulah – My Autobiography. London: Gollancz 1952.

meinen waren«, erklärt sie, »war sie doch einmal ernsthafter krank... Sie wurde zu einem Spezialisten gebracht, der ihr Augenlicht rettete. Da ich für das Dramatische besonders empfänglich war, beneidete ich sie um diesen samtweichen Abgang.«

Und um dem Ganzen die Krone aufzusetzen: Schwesterchen war die besser Aussehende. »Ich habe Schwesterchens Schönheit bereits erwähnt. Es war nicht zu leugnen: Ich war dank meines Babyspecks und meiner Pickel das häßliche Entlein. Schwesterchen war das führende Bankhead-Mädchen, bis ich zum Theater kam.«

Doch das Aussehen war noch nicht alles. Tallulah zählt uns einen ganzen Katalog von Tugenden ihrer Schwester auf: sie war beliebt, sportlich, gesellig, energisch, ganz im Gegensatz zu Tallulah, die von sich behauptet, eine Stubenhockerin, faul und miserabel in der Schule gewesen zu sein.

An ihrer Loyalität der Schwester gegenüber gibt es jedoch nicht einen Moment lang Zweifel. »Ich war nicht eifersüchtig, obwohl wir uns ununterbrochen stritten«, schreibt Tallulah. Als man die beiden voneinander trennte, weinte Tallulah vier Wochen lang, bis man sie wieder zusammenbrachte und auf die gleiche Schule schickte. »Bis zum Ende meines Aufenthalts floß keine Träne mehr, außer denen, die aus Wut oder Frustration entstanden.«

Das ist auch der Grund, warum sie sich so amüsierte, als ein Journalist Jahre später die Story seines Lebens ausgerechnet über sie beide als die »zänkischen Schwestern« schrieb.

»Schwesterchen hatte auch ihre Sternstunde auf der Bühne«, erinnert sich Tallulah. Sie hatte eine Rolle in einer Revue-Komödie. Einer der Kritiker »war so aufgeregt bei der Aussicht darauf, daß eine zweite Bankhead auf der Bühne stehen würde, daß er Schwesterchen seine ganze Kritik widmete... In dem Vertrauen darauf, daß eine Bankhead es nicht unter der Hauptrolle tun würde, hatte dieser Herr Schwesterchen für Claudette (Claudette Colbert, die die Hauptrolle spielte) gehalten.«

Das letzte Lachen blieb dennoch für einen Kritiker reserviert: »Schwesterchens einziger Beitrag war ein Hula-Hoop, den sie im letzten Akt aufs Parkett legen durfte. Ich besuchte die Premiere mit Alan Parsons, dem Kritiker der *Daily Mail*... Sein Bericht am nächsten Tag interessierte sich vor allem für meine Reaktionen auf das Bühnendebüt meiner Schwester. Sie spielte ihre Rolle mit dem Bankheadschen Elan. Doch es fehlte ihr das Talent. Sie hatte Besseres zu tun.«
Denn Schwesterchen, so erfahren wir von Tallulah, war mit ihrem stürmischen Liebesleben beschäftigt. »Später sollte Schwesterchen einige spektakuläre Vorstellungen geben – allerdings nicht auf der Bühne. Ich bin nur einmal verheiratet gewesen, ein ziemlich langweiliger Rekord in einem Beruf, in dem die Ehemänner kommen und gehen wie die Expreßzüge zwischen New York und Philadelphia. Als Kompensation sozusagen«, schreibt Tallulah nicht ohne Stolz, »hat meine Schwester Eugenia gleich siebenmal geheiratet, dreimal das gleiche Opfer. Die Bankhead-Mädchen sind eben überdurchschnittlich... «

Gott helfe dem Manne

So leben die Klischeevorstellungen über Schwestern fort: eifersüchtige intrigante Kreaturen, die in einen mehr oder weniger bitteren Kampf um den Mann fürs Leben verwikkelt sind. Sie setzen sich schon in der Kindheit aufgrund von Geschichten und Erzählungen in unseren Köpfen fest, und später greifen Erwachsenenliteratur, Fernsehen, Romane und Zeitungen diese Vorstellungen wieder auf. Brüder hingegen erfahren diese Beachtung nicht.
Wie jedes Stereotyp erhält auch dieses seine Dauerhaftigkeit dadurch, daß es ausgewählte Elemente von Wahrheit enthält. Doch da wir in einer frauenfeindlichen Gesellschaft leben, sind es Elemente wie »gehässig«, »katzenartig«, »ab-

hängig« und »anspruchsvoll«. Wir wachsen mit diesen Klischees auf, wir nehmen sie jeden Tag in uns auf, und so entsprechen wir ihnen natürlich auch gelegentlich.
Wir können uns von ihren Folgen auf unsere Beziehungen erst dann wirklich freimachen, wenn Hildas Behauptung nicht weiter zutrifft, daß die Heirat mit einem wohlhabenden, wohlangesehenen Mann der realistischste Weg sei, um soziales Prestige und Sicherheit zu erlangen. Die Frauen müssen noch einen weiten Weg zurücklegen, bis das tatsächlich der Fall ist
Glücklicherweise sind sich viele Frauen der Gefahren bewußt, die Streitigkeiten untereinander mit sich bringen. Die Rivalität um die Aufmerksamkeit eines Mannes kann der Anlaß für eine ernsthafte und schmerzliche Auseinandersetzung sein. Doch die schwesterliche Beziehung ist vielschichtig, und selbst wenn eine Frau gelegentlich Eifersucht verspüren sollte, bedeutet das noch nicht, daß sie ihrer Schwester nicht Liebe und Loyalität entgegenbringt.
Manchmal kann dies dazu führen, daß man sagt: »Gott helfe der Schwester, die zwischen mir und meinem Mann steht«, manchmal kann es jedoch auch heißen: »Gott helfe dem Mann, der zwischen mich und meine Schwester tritt.«

Große Schwestern, kleine Schwestern

Erst mit eineinhalb Jahren wurde ich eine große Schwester. Ich kann mich an das Ereignis nicht erinnern, genausowenig wie an das gleiche Ereignis zwei Jahre später. Als meine dritte Schwester geboren wurde, war ich jedoch alt genug, um mich erinnern zu können, wie ich meine Hände auf den Bauch meiner Mutter legte, um die Tritte des Babys zu spüren. Auch hatte ich das Gefühl, an Bedeutung gewonnen zu haben, da ich das Baby füttern und »Bäuerchen« machen lassen durfte. In gewisser Weise nahm ich teil an der Geburt. Es war ein Vorausblick auf das Erwachsensein, eine Probe für die Mutterschaft und eine Erfahrung, die viele andere »große« Schwestern mit mir teilen.

Dieses Erlebnis enthält im Keim bereits viele der Vor- und Nachteile, die es mit sich bringt, eine »große« oder eine »kleine« Schwester zu sein. Die »große« Schwester sieht sich einem Neuling gegenüber, der die Routine durcheinanderwirft und einen Teil der elterlichen Aufmerksamkeit beansprucht. Doch sie war als erste da, sie hat ihr Terrain gefestigt und hat die Macht, das verwundbare Kleine zu lieben, zu schikanieren und zu kontrollieren.

Die jüngere Schwester findet mit großer Wahrscheinlichkeit eine entspanntere Umgebung vor und eine Mutter, die eine gewisse Erfahrung und Selbstsicherheit gewonnen hat. Sie kann sich oft darauf verlassen, daß sie neben der Mutter eine ältere Schwester hat, die sich um sie und ihre Bedürfnisse kümmert. Sie ist jedoch die zweite; sie wird das akzeptieren müssen, was ihre Schwester ihr überläßt: Kleider, Spielsachen, ihre Persönlichkeit. Und sie muß sich mit der Tatsache abfinden, daß ihre älteren Geschwister sie vielleicht sogar ablehnen oder schikanieren.

Viele ältere Töchter, ob sie nun ältere Brüder haben oder nicht, werden dazu ermutigt, sehr früh schon eine verantwortungsvolle, »mütterliche« Rolle zu übernehmen. Vor allem in Familien, in denen die Mutter außerhalb des Hauses arbeitet, viele Kinder hat oder gestorben ist. Die Pflichten des älteren Mädchens können in diesen Fällen weitreichend sein: Babysitten, die jüngeren Geschwister zur Schule begleiten, kochen, putzen und vielleicht sogar die volle Verantwortung für den ganzen Haushalt.

Winifred Beecheys Mutter war die älteste von fünf Töchtern, deren Mutter früh gestorben war. In ihren Erinnerungen *The Rich Mrs. Robinson* schreibt sie, daß ihre Tanten, selbst noch als Erwachsene, sich auf die Standfestigkeit ihrer älteren Schwester verließen und sie oft besuchten. Die ältere Schwester bezeichnete die besondere Beziehung zwischen ihren jüngeren Schwestern und ihr als »Kongenuität«. Sie selbst nannte sich den »Wächter der Kongenuität«, und immer, wenn Familienzwistigkeiten oder Unglück drohten, konnte man sich darauf verlassen, daß sie alle ihre Kräfte sammelte und sich dem Notfall stellte.

Die Anthropologin Margaret Mead war ebenfalls eine älteste Schwester, und als ihre jüngeren Schwestern heranwuchsen, sah sie sich als verlängerter Arm der Mutter. Die Mutter führte Buch über Margarets Entwicklung, und diese wiederum machte Notizen über die Entwicklung ihrer jüngeren Schwestern:

»Ich lernte, diese Aufzeichnungen mit Liebe einzutragen, das fortsetzend, was meine Mutter begonnen hatte. Ich wußte, daß sie 13 Notizbücher auf mich verwendet hatte... nun übernahm ich diese Aufgabe für die jüngeren Schwestern. In vielerei Hinsicht betrachtete ich die Babys als meine Kinder, die ich beobachten und denen ich das beibringen konnte, was ich selbst verpaßt hatte. Dies ging, bis sie acht und zehn Jahre alt waren. Da schenkte ich beiden ein Medaillon und mußte feststellen, daß keine von ihnen sich ein Medaillon gewünscht hatte.«

Margaret betrachtete sich selbst als eine Art Bühneninspizientin bei den Familienfesten, als Organisatorin der Ereignisse, bei denen sie ihre Schwestern im besten Licht erscheinen lassen konnte. »Ich hielt mich selbst nicht für hübsch und ich hatte kein besonderes Talent, mich darzustellen. Das größte Vergnügen, vor allem in späteren Jahren, war für mich, den geeigneten Rahmen zu schaffen, in dem Priscilla ihre Schönheit, Dick ihren Gesang und Elisabeth ihr Spielen und Tanzen zu unserem Vergnügen vorführen konnten.«

In meiner eigenen Familie waren es meine nächstjüngere Schwester Fran und ich selbst, die unserer Mutter beim Kochen, Putzen und Einkaufen halfen. Wir hatten zwei ältere Brüder, und ich kann mich erinnern, obwohl sie das sicherlich leugnen werden, daß sie weitaus weniger traditionell »mütterliche« Arbeiten zu erledigen hatten. Als ich von zu Hause wegging, um eine andere Schule zu besuchen, wurde Fran die »große« Schwester der beiden jüngeren, und ihre Aufgabe war es, ihren Tagesablauf zu organisieren und sich um sie zu Hause und in der Schule zu kümmern.

Natürlich ist das eine verdienstvolle Rolle. In der egozentrischen Welt des Kindes bewirkt das Gefühl von Verantwortung eine großartige Erfahrung von Macht über die jüngeren Schwestern. Es vermittelt die Chance, einen Vorgeschmack auf die Autorität der Erwachsenen zu gewinnen, sowie das Gefühl, mit den Eltern unter einer Decke zu stecken. Nicht zuletzt ist es auch eine Erlaubnis, das zu tun, was sich die meisten kleinen Mädchen erträumen – zu handeln wie ihre Mütter.

Es ist auch eine Gelegenheit, alle Arten von Fertigkeiten zu üben, die dem älteren Kind ein Gefühl von Selbstwert, ein Gefühl der eigenen Fähigkeiten zu geben, ob das nun die Organisation von Haushaltsdingen betrifft oder das Unterrichten der jüngeren Geschwister im Lesen und Schreiben. Und es ist wunderbar für die eigene Selbstachtung zu wissen, daß deine kleinere Schwester zu dir aufblickt, von dir beeindruckt ist – oder einfach nur Angst vor dir hat.

Aber es gibt auch große Nachteile. Jahrelang, so erzählten meine jüngeren Schwestern mir, fanden sie meine »überlegene« Haltung völlig unerträglich. Sie war ein trennendes Element, das es uns schwermachte, in jungen Jahren Freundinnen zu sein.

Und welche zusätzliche Belastung ruht auf den Schultern der »großen« Schwester! Die meisten kleinen Mädchen lernen von früh auf, daß die Frauen die Aufgabe haben, die Familie zu unterhalten und zu betreuen und sich um Essen und die häusliche Behaglichkeit zu kümmern. »Fraulichsein« bedeutet in unserer Gesellschaft, übertrieben ordentlich zu sein und sich primär um das Wohl der Familie zu kümmern.

Für die älteren Schwestern, die die Mutterrolle übernehmen, beginnt dieser Lernprozeß früher und geht wahrscheinlich tiefer, da sie von früh auf lernen, wie ihre Mutter zu sein und ihre »fraulichen« Pflichten zu erfüllen. Wieviel schwerer ist es für die »großen« Schwestern, diese Verhaltensmuster abzuschütteln, wenn sie älter sind?

Wissenschaftler haben herausgefunden, daß das älteste Kind, vor allem wenn es ein Mädchen ist, dazu neigt, die Verantwortung für andere Kinder zu übernehmen. Es legt dieses Verantwortungsgefühl auch nur selten wieder ab, selbst wenn es sich im späteren Leben auf andere Menschen bezieht.

Ich kämpfe noch immer gegen eine innere Neigung, für Freunde riesige Mahlzeiten zu kochen, übereifrig ihre Probleme anzuhören und zu versuchen, Dinge für andere »in Ordnung zu bringen«. Das liegt nicht daran, daß ich von Natur aus ein besserer Mensch bin als andere, sondern ich bin sicher, es liegt daran, daß ich diese Rolle schon so früh als Kind erlernt habe. Die gleichen Belohnungen werden offeriert: das erhebende Gefühl der Selbstzufriedenheit, das Gefühl, hilfreich zu sein, gebraucht zu werden – und zu führen.

Fran, die genauso sehr eine »große Schwester« für die jüngeren Mädchen war wie ich, hat diese Neigungen noch weiter ausgebaut. Sie ist Krankenschwester und Hebamme geworden und arbeitet heute ganztags – aber unbezahlt – als Fürsorgerin. Außerdem kümmert sie sich noch nebenher um Freunde und Familienmitglieder.

Der Verstand sagt uns beiden, daß wir genauso wie jeder andere das Recht haben, unsere Karriere vornan zu stellen und unser Selbstwertgefühl aus Leistungen zu beziehen, die außerhalb des familiären Bereichs liegen. Doch alte Gewohnheiten sterben nur langsam, vor allem bei Festen wie Geburtstagen oder Weihnachten – bei denen Fran immer diejenige ist, die einen Kuchen backt oder ein Treffen organisiert.

Ich glaube nicht, daß es einem von uns ernsthaft eingefallen wäre, »auszusteigen« und sich der Verantwortung zu entziehen. Ich glaube, daß dieses »Ältere-Schwester-Sein« uns zu »ernsthafteren«, weniger sorglosen Menschen gemacht hat als unsere beiden jüngeren Schwestern. Worum ich sie ziemlich beneide.

Doch auch sie hatten einen Preis dafür zu bezahlen, daß sie die jüngeren waren. Jahr um Jahr haben sie darunter gelitten, als »Babys« zu gelten. An unserem Familientisch gab es bei den Mahlzeiten nicht genügend Platz für uns alle, daher mußten »die Kleinen« am Katzentisch nebenan essen. Dieser galt als der »Straftisch«, denn ursprünglich wurde das Kind dorthin verbannt, das sich schlecht benommen hatte.

An dem »Straftisch« waren sie von allen Unterhaltungen mit den Eltern und den älteren Geschwistern ausgeschlossen. Das mag zwar von Zeit zu Zeit eine gewisse Erleichterung gewesen sein, doch auch heute sprechen sie noch darüber, wie ich in Familiendebatten alles an mich riß und ihnen niemals die Chance gab, sich an ihnen zu beteiligen.

Diese Rollenverteilung zwischen großer und kleiner Schwester ist derjenigen zwischen Martha und Maria recht ähnlich. Die eine trägt die Verantwortung, ist jedoch vielleicht ein wenig ein Hemmnis – fähig, aber in der Führungsposition. Die andere ist freier, aber weniger »wert«.

Auch empfindet jede Schwester, die die Mutterrolle übernommen hat und diese noch als Erwachsene ausübt, unweigerlich ein nagendes Gefühl des Unbehagens. Immer wieder höre ich eine fragende Stimme aus Kindertagen: Werde ich ausgenutzt? Warum kann *ich* mich nicht der Abwechs-

lung halber selbst einmal an einer anderen Schulter ausheulen? Wer kümmert sich denn um mich?
Dies ist eine ausweglose Situation, die hauptsächlich Frauen trifft – nicht nur Schwestern – und die durch Generationen und Generationen weitergegeben wurde. Man macht etwas, weil man glaubt, man möchte es – wie zum Beispiel die Vorbereitung eines üppigen Sonntagsmahles – und ärgert sich dann über die, für die man es bereitet hat, wenn sie nicht die Dankbarkeit und Wertschätzung zeigen, die man erwartet. Das ist die Strafe für das weibliche Spiel mit der Macht, das viele ältere Schwestern bereits auf den Knien der Mutter lernen.
Viele Mütter und Ehefrauen werden dieses Gefühl wiedererkennen, und viele Töchter werden wissen, was es heißt, sich einer Mutter gegenüber schuldig zu fühlen, die unendlich viel Liebe und Aufmerksamkeit zu erwarten scheint, sobald die Kinder das Haus verlassen haben. Dies ist ein Dilemma, das man nicht losgelöst sehen darf von der allgemeinen Einstellung unserer Gesellschaft den Frauen gegenüber.
Dieser unterdrückte Ärger, der besonders stark bei Frauen ausgeprägt ist, die in der Rolle der älteren Schwester waren, kann zu ernsthaften Problemen führen. Die Psychologen Bank und Khan haben herausgefunden, daß viele ältere Schwestern in einer schwerwiegenden persönlichen Krise zu ihnen kamen, um sich einer Psychotherapie zu unterziehen. Eine solche Krise war oft ein Schock für alle die, die diese Schwester gekannt hatten, denn sie hatten sie immer nur in der Rolle der Helfenden gesehen, derjenigen, die das Leben des Ehemannes, des Vorgesetzten, der Kinder, ihrer »Schwesternsurrogate« organisierte.
Doch, so Bank und Khan, stellt diese Krise den größten Schock für die ältere Schwester selbst dar, die sich ihr eigenes Bedürfnis nach Hilfe nie eingestanden, sondern statt dessen stets die Konflikte und Schmerzen der anderen gelindert hat. Die Konsequenz ist, daß »die sorgetragende

Schwester tief in ihrem Unterbewußtsein Ärger, Liebesentzug, Bitterkeit verspürt, weil man sich nicht um sie kümmert«.

Nein zu der Rolle der großen Schwester

Eine ältere Schwester, die die Rolle der Mutter übernimmt, kann für ihre jüngere Schwester im späteren Leben auch zu einer Quelle von Problemen werden. Nicht alle großen Schwestern setzen ihre Autorität in liebevoller Weise ein. Einige können ihren jüngeren Geschwister durch Machtmißbrauch, Rachsucht und Tyrannei Schaden zufügen.
Einige größere Schwestern erinnern sich mit Schuldgefühlen daran, wie sie ihre Führungsposition als Kinder durchsetzten. Eine ältere Schwester, die sich vor Verlegenheit wand, erinnert sich noch genau, wie sie eine Portion braunen Gulaschs auf dem Küchenboden verschüttete und aus einer impulsiven Laune heraus ihre kleine Schwester herbeizitierte und ihr erklärte, es handele sich um Hundescheiße. Die ganze Familie wurde Zeuge, wie die ältere der jüngeren Schwester auftrug, die »Schweinerei« aufzuwischen und dann den Finger erst in diese »Schweinerei« und anschließend in den Mund der kleinen Schwester steckte.
Sie hatte sich vor der übrigen Familie produziert und, als von den Eltern kein Einwand kam, sich so weit hinreißen lassen, die jüngere Schwester zu demütigen, die schließlich weinend aus der Küche lief. Die ältere Schwester schämt sich noch heute ihres tyrannischen Verhaltens.
Bank und Khan trafen bei ihrer klinischen Arbeit auf ältere Schwestern, die ihre jüngeren Geschwister selbst körperlich mißhandelten. Wenn unbeobachtet, so schreiben sie, »kann die Erweiterung der Kompetenz des Fürsorgenden der Ich-Entwicklung des empfangenden Kindes großen Schaden zufügen... (das) sich zu einem zu behüteten, passiven, schwachen und hilflosen Menschen entwickeln kann«. Eini-

ge von diesen jüngeren Geschwistern, so behaupten sie, können sich sogar Beziehungsmuster aneignen, die durch Gewalt und Schuldgefühle geprägt sind.
Natürlich übernehmen nicht alle älteren Schwestern die Rolle der Mutter. In einer Mittelklasse-Familie, in der die Mutter nicht außer Haus arbeiten muß oder sich eine Hilfe für Haushalt oder Kinder leisten kann, ist die Wahrscheinlichkeit geringer, daß eine ältere Schwester die Rolle der Stellvertreterin übernimmt. In manchen Beziehungen hat die jüngere Schwester somit die Möglichkeit, die ältere zu verehren oder zu bewundern, ohne sich in komplizierte Kämpfe gegen die schwesterliche Autorität zu verwickeln.
Andere jüngere Schwestern haben mir berichtet, daß sie es ihren älteren Schwestern übelnahmen, daß sie eben gerade *nicht* die Führungsrolle oder die Rolle derjenigen, auf die man sich verlassen und stützen konnte, übernahmen, nach der sie sich sehnten.
Katherine, zum Beispiel, begann erst mit Ende Zwanzig ihrer Enttäuschung über die mangelnde Dominanz und Führung ihrer älteren Schwester Ausdruck zu verleihen. Louise ist zwei Jahre älter, aber, so berichtet Katherine, »ich hatte immer das Gefühl, daß ich mich um sie kümmern mußte. Das ist auch heute noch so, und das macht mich wirklich wütend. Meist endete sie bei geselligen Gelegenheiten wie Partys auf der Toilette, weil sie nicht zurechtkam. Und mir ging es dann wirklich gegen den Strich, daß ich zu ihr gehen mußte, um sie wieder aufzurichten.«
Louise litt unter einem furchtbaren venösen Sinus. Katherine hingegen war hübsch und bei den Jungen beliebt. Ungewollt fand sie sich plötzlich in der Rolle der älteren Schwester, obwohl sie die jüngere war:
»Weil sie nicht in der Lage ist, mit bestimmten Situationen fertig zu werden, habe ich mir immer Sorgen um sie gemacht, anstatt mich um meine eigenen Ängste zu kümmern Sie hat sich zu einem Menschen entwickelt, der ohne Hoffnung in die Zukunft blickt, während sie mir das Gefühl

vermittelt hat, ›nicht ohne Hoffnung‹ zu sein – und daher bin ich fähig, Dinge anzupacken.
Aber das hat auch dazu geführt, daß ich ihr viele meiner Ängste und Unzulänglichkeiten aufgedrängt habe. Eine Schwester zu haben, die all diese Nöte und Schwierigkeiten durchzumachen hatte, bedeutete, daß für mich selbst keine Zeit blieb, mich elend zu fühlen. Jeder hat als Heranwachsender solche Zeiten, in denen er sich elend fühlt, doch von meinen Schwierigkeiten wurde nie Notiz genommen.«
Selbst heute, wo beide Schwestern über dreißig sind, ist dieses Thema noch ein heißes Eisen. Wenn Katherine gefragt wird, was sie an ihrer Schwester am meisten schätzt, antwortet sie, daß Louise ein wunderbares Talent habe, Freunde in ihre Schranken zu verweisen und sicherzustellen, daß sie sie nicht ausnutzen. »In diesen Momenten ist sie wirklich eine *große* Schwester für mich«, so Katherine.

Sie gibt mir nie die Schuld. Ich tue es. Ich gebe mir die Schuld

Es kommt jedoch viel häufiger vor, daß jüngere Schwestern das Gefühl haben, sie müßten gegen die von der älteren Schwester gesetzten Maßstäbe kämpfen, müßten in ihrem Kielwasser schwimmen und ihre Persönlichkeit der der Schwester anpassen. Meine beiden jüngeren Schwestern haben mir erzählt, daß sie auf keinen Fall das tun könnten, was ich tue, nicht weil sie dazu nicht in der Lage wären, sondern einfach, weil es das ist, was *ich* tue.
Alice Bloch[18] versucht, ihre Schuldgefühle über das, was sie ihrer jüngeren Schwester unbeabsichtigt antat, zu beschwören:
»Sie gab mir nie die Schuld, wenn sich die Waage zu meinen Gunsten neigte... daß ich die ältere und einflußreichere

18 Bloch, Alice: Lifetime Guarantee. Massachusetts: Persephone Press 1981.

war, daß ich die ihr zustehende Bewunderung aufsaugte und sie ihr nie mit gleichem Maße vergalt... daß ich den Familienmaßstab für schulische Leistungen setzte.
Sie gab mir nie die Schuld, daß ich mehrere Jahre lang Mutters Liebling war... daß ich keine Akne hatte, daß ich manchmal meinen Mund hielt, um ungeschoren davonzukommen... daß ich, wenn es nötig war, log... Sie gab mir nie die Schuld, daß ich als erste mein Terrain absteckte, so daß sie von dem nehmen mußte, was übrigblieb. Sie gab mir nie die Schuld. Ich tue es. Ich gebe mir selbst die Schuld.«
Es kommt auch vor, daß größere Schwestern ein schlechtes Gewissen haben, weil sie einst den jüngeren gegenüber Ärger und Irritation verspürten, die vielleicht noch verstärkt wurden durch die Eifersucht auf die Aufmerksamkeit, die der winzige Neuankömmling erhielt.
Ich erinnere mich noch heute, daß ich in Kindertagen meine kleinen Schwestern nicht für »wirkliche« Menschen hielt, so wie Außenstehende es für mich waren. Man mußte nicht nett zu ihnen sein. Es machte nichts aus, wenn man sie ärgerte. Sie zählten einfach nicht. Heute, wo ich gelernt habe, sie zu lieben und zu respektieren, bringt mich diese Erinnerung in Verlegenheit. Wie müssen sie doch verletzt gewesen sein von meinem unerschütterlichen Glauben, wichtiger zu sein als sie.
Margaret Mead schreibt in *Brombeerblüten im Winter* über ihr Gefühl, »ein Original« zu sein. Sie sagt, sie habe von ihren Geschwistern das ausgeprägteste Gespür dafür, wer sie sei. Bleibt zu erwähnen, daß nicht alle Schwestern die ältesten oder jüngsten sind. Viele sind in der Mitte eingezwängt, ohne eine eindeutige Identität aus der Reihenfolge ihrer Geburt ableiten zu können. Elisabeth Mead war eine »mittlere« Schwester und, so schreibt Margaret, bemerkte immer bissig: »Wenn ich sterbe, hinterlasse ich alles derjenigen, die der jüngsten am nächsten ist.«

Andere jüngste Schwestern haben berichtet – unabhängig davon, wie eng ihre jetzige Beziehung zueinander ist –, daß sie wußten, daß ihre ältere Schwester während der Kindheit keinerlei Interesse an ihnen verspürte. Bei vielen bleibt dieses Gefühl wie ein nagender Zweifel bis in das Erwachsenenalter hinein erhalten, es ist der Verdacht, ignoriert zu werden, nicht so wichtig zu sein wie die anderen, »wirklichen« Freunde der großen Schwester.

Es ist bezeichnend, daß wir auch noch über die »große« und die »kleine« Schwester sprechen, lange nachdem der Altersunterschied wichtig und offensichtlich ist. Die jüngeren Schwestern bleiben nicht klein und wachsen oft über die vor ihnen Geborenen hinaus, doch urteilt man nach dem, was Frauen mir erzählt haben, so scheint es, als vergäßen sie nie den großen Einfluß, den dieses frühe Ungleichgewicht der Kräfte auf sie hatte.

Je nach Altersunterschied zwischen den Schwestern kann dieses Ungleichgewicht Schul- und Ausbildungszeit überdauern. Oft sehen sich Schwestern erstmals als gleichwertige Individuen, wenn sie die familiäre Umgebung verlassen haben. Viele berichten, daß dies der Beginn eines neuen Gleichgewichts und einer Freundschaft zwischen ihnen sei.

Doch oft dauert das Problem der Dominanz in den subtilen Formen von Wettbewerb und Rivalität auch fort, wenn die Schwestern erwachsen sind. Wer findet als erster einen Job, einen Mann, ein Zuhause und eine Familie? Auf der »großen« Schwester lastet ein enormer Druck, in diesen Bereichen vor ihrer kleinen Schwester Erfolg zu haben.

Die Vorteile und die Dominanz einer älteren Schwester währen jedoch nicht ewig. Ihre Seniorität gereicht ihr immer weniger zum Vorteil, wenn sie älter wird; auch das Nachlassen ihres Aussehens und ihrer Attraktivität in den Augen eines Mannes können ihr das Gefühl verleihen, zum ersten Mal der jüngeren Schwester gegenüber im Nachteil zu sein.

Auch dies ist wieder ein Problem, das die Einstellung unserer Gesellschaft den Frauen gegenüber widerspiegelt. Altwerden heißt oft in unserer Kultur, vor allem für Frauen, unsichtbar zu werden, ignoriert zu werden, unerwünscht zu sein. Es ist nicht erstaunlich, daß viele Frauen diese Vorstellung von Jugend und Alter verinnerlichen. Da ist es nur konsequent, daß sich einige ältere Schwestern von den jüngeren bedroht fühlen, wenn sie älter werden, während die jüngeren auf die Fältchen der älteren unterschiedliche Reaktionen zeigen, angefangen von Trauer bis hin zu heimlicher Freude.

Ringen um die Position

Viele der Probleme, die mit der Position als ältere oder jüngere Schwester zusammenhängen, tauchen auch an anderen Stellen dieses Buches auf. Sie haben nicht notwendigerweise etwas mit dem Alter zu tun. Manchmal wurde von älteren Schwestern erklärt, daß sie sich als »die Kleine« im Vergleich zu ihrer jüngeren Schwester fühlten, die die Rolle der »Großen« übernommen habe. Eine Schwester verliert durch die andere an Wert. Für diese Frauen ist nicht das Alter ein Schlüsselfaktor, sondern der Anspruch auf eine »größere Persönlichkeit« – doch auch ein solches Verhältnis verläuft im allgemeinen nach dem Muster der Beziehung zwischen älterer und jüngerer Schwester.

Ältere Schwestern berichten oft, wie sie bei ihren Eltern Neues durchsetzen mußten und wieviel einfacher dementsprechend das Leben für die jüngeren war. Sie sprechen von der Rivalität um die Zuneigung der Eltern und dem Gefühl, ungerecht behandelt worden zu sein, wenn sie für Streitigkeiten mit ihrer kleineren Schwester bestraft wurden.

Natürlich haben die Fragen von Macht, Status und Verantwortung eine zentrale Bedeutung, und auch später im Leben, wenn es gilt, eher gleichwertige Beziehungen zu ande-

ren Erwachsenen aufzubauen, bleiben sie von essentieller Bedeutung und verlangen große Aufmerksamkeit. Wieder und wieder berichten Schwestern über einen zeitweiligen Rollentausch, bei dem die jüngere Schwester die Führung übernimmt und den Platz der älteren »usurpiert«.
Jüngere Schwestern sprechen oft von dem Einfluß ihrer älteren Schwester auf ihre Entscheidungen und auf ihre Persönlichkeit – im Guten wie im Bösen. Manche verehren ihre älteren Schwestern, bis ihnen zu ihrer großen Enttäuschung klar wird, daß ihr Idol auch nur auf tönernen Füßen steht. Andere widerstehen dem Führungsanspruch, bis sie selbst glauben, zu gleichwertigen Erwachsenen geworden zu sein.
Die jüngeren Schwestern haben die Wahl, den gleichen Weg wie ihre ältere Schwester zu gehen, oder auch nicht. Die großen Schwestern können den Versuch machen, in dem »Wettrennen« mit der jüngeren zu dominieren, sie können sich dem jedoch auch entziehen. Doch keine von ihnen kann die Position der anderen ignorieren.

Schwestern sprechen über sich

Unsere Rollen waren vertauscht, ich war wie die große Schwester

Das erste, was Liz über ihre große Schwester Elaine zu sagen hatte, war: »Sie war ein Tyrann, eine dominierende große Schwester. Wir stritten ziemlich viel.« Und doch sind die Schwestern heute enge Freundinnen und haben es geschafft, mit ihren Auseinandersetzungen um Macht, Kontrolle und Verantwortung fertig zu werden, die ihre Beziehung bestimmten.

Elaine ist dreißig und arbeitet als Sekretärin, Liz ist Lehrerin und zwei Jahre jünger. Als Liz zehn Jahre alt war, wurde ihre dritte Schwester Tracy geboren. Doch der Altersunterschied war so groß, daß sie ihnen nie ebenbürtig war. Trotz der Streitigkeiten untereinander verbindet Elaine und Liz ein ausgeprägtes Bewußtsein gegenseitiger Treue und eine gemeinsame Abwehrhaltung Außenstehenden gegenüber. »Als wir noch Babys waren und ich noch im Kinderwagen lag, war Elaine meine Beschützerin. Niemand durfte kommen und mit mir spielen. Doch gleichzeitig zog und zerrte sie mich herum und warf mir Dosenerbsen an den Kopf. Als Kinder beschützten wir uns gegenseitig mit großer Leidenschaft«, erzählt Liz. »Wir stritten viel, aber sobald jemand anderer mit uns stritt, traten wir füreinander ein. Ich erinnere mich, wie ich Elaine bei dem Versuch beobachtete, ein Zelt im Hofe unserer Wohnsiedlung zu errichten. Eine Gruppe anderer Kinder veranstaltete ein Picknick und riß ihr Zelt immer wieder herunter. Schließlich wurde ich so wütend, daß ich in den Garten lief und ihren Tisch in die Luft wirbelte.«

Dieses Wissen, daß sie einander in bedrohlichen Situationen helfen würden, verloren die Schwestern nie, es half ihnen auch, gravierende Krisensituationen zu meistern, als sie heranwuchsen. Doch im alltäglichen Familienleben war Elaine die Verkörperung der verantwortungsbewußten, mütterlichen »großen Schwester«, die Liz die Möglichkeit gab, eine sorglosere und entspanntere Kindheit zu erleben. Liz sieht es so:

»Die meiste Zeit fühlte sie sich verantwortlich. Das ist der Grund, warum sie so ein ernstes Kind war. Ich war immer viel verrückter und träumte oft während des Tages, während sie die praktischere von uns war.«

Und wie die großen Schwestern in vielen Familien, die Verantwortung übernehmen – und es ihrer Schwester dennoch übelzunehmen scheinen, daß sie unbeschwerter ist –, ärgerte Elaine sich über Liz' mangelnden Fleiß, wenn es um Haushaltspflichten ging.

»Viele unserer Auseinandersetzungen drehten sich um die Hausarbeit. Sie ärgerte sich über mich, weil sie den Eindruck hatte, daß ich meinen Beitrag zum Putzen des Hauses nicht leistete, wenn ich aus der Schule nach Hause kam. Als ich einmal eine Zeitschrift mitten im Zimmer liegenließ, packte sie mich an meinen Fußgelenken und schleifte mich durch den Raum, damit ich sie aufhob. Doch ich bot ihr die Stirn und schlug auf sie ein.

Ich war über mich selbst erschrocken und hatte Gewissensbisse. Ihre Lippe schwoll an. Es war ein richtiger Rollentausch, denn eigentlich war sie die Stärkere von uns beiden.«

Elaine versuchte, ihre Würde zu retten, indem sie Liz' von Schuldgefühlen geprägte Versuche zurückwies, ihr ein Glas Wasser zu holen, und indem sie »die Märtyrerin« spielte. Doch ihre Versuche, ihre Führungsposition zurückzugewinnen, wurden von der Mutter vereitelt, die ins Zimmer kam und über das lachte, was geschehen war. »Sie fand das Ganze furchtbar spaßig. Meine Mutter hat mich immer beschützt, weil sie mich für kleiner und schwächer hielt.«

Doch normalerweise, so Liz, bemühte sich die Mutter, keines der Kinder zu bevorzugen, was die Beziehung zwischen den beiden zweifellos erleichterte.

»Es gab eine gewisse Konkurrenz um die Aufmerksamkeit meiner Mutter. Als sie Tracy erwartete, bat sie normalerweise Elaine, ihre Tizer-Flasche zu öffnen, weil ihre Hände geschwollen waren. Eines Nachts stand ich auf und entdeckte Elaine bei meiner Mutter im Wohnzimmer, wo sie gemeinsam mit ihr Tizer trank. Ich war eifersüchtig, doch meine Mutter war sehr bemüht, uns gleich zu behandeln, daher wurde ich eingeladen, von da an mit ihnen Tizer zu trinken.

Wir legten oft unsere Hände auf den Bauch unserer Mutter, um zu fühlen, wie das Baby strampelte. Tracys Geburt war für mich ein überwältigendes Erlebnis. Ich legte mich auf ihr Bett, starrte sie an und empfand ganz unglaubliche Gefühle für sie. Ich hatte sie bereits gesehen, als sie erst zehn Minuten alt war, als die Hebamme mich ins Zimmer rief und sagte: ›Schau dir deine kleine Schwester an.‹«

Die beiden älteren befanden sich plötzlich im Wettstreit darüber, wer die »Mutter« für das Neugeborene sein sollte. »Es war wirklich ein Privileg, wenn man ihre Flasche vorbereiten konnte. Ich mußte einige Wochen warten, bis ich das durfte. Andere waren eher dran, denn ich war ja noch klein. Doch schließlich kam auch ich an die Reihe.«

Der Streit um Tracy hörte jedoch erst auf, als ein weiteres Baby, ihr kleiner Bruder Bill, geboren wurde:

»Als Mutter Bill erwartete, sagte Elaine: ›Du kannst das neue Baby haben.‹ Doch ich wollte Tracy, und ich fühlte mich mit diesem weiteren Baby, das noch nicht einmal auf der Welt war, abgespeist. Doch als er geboren wurde, bildeten wir ein Paar und wurden zu einer Einheit, während Elaine und Tracy zu einer anderen Einheit zusammenwuchsen. Ich war zufrieden – er war wundervoll, wie eine kleine Puppe.«

Eine Krise zwischen den Eltern, die in einer Scheidung endete, legte schließlich und endlich Elaines Rolle als verantwortliche Mini-Erwachsene fest. »Elaine war immer diejenige, die das Sagen hatte«, erinnert sich Liz. »Sie traf die Entscheidungen. Sie war es, die unsere Mutter überzeugte, unseren Vater zu verlassen. Und als sie sich trennten, traf sie die Entscheidungen in unserem Haus. Sie suchte das Mobiliar aus, die Tapete und ähnliches mehr.«

Erst 13 Jahre alt, hatte Elaine sich eine große Verantwortung aufgeladen. Die Kinder blieben bei der Mutter, und Liz fügte sich in die neue Ordnung. »Ich war daran gewöhnt, das zu tun, was Elaine wollte. Ich unterstützte sie, was auch immer sie tat, weitaus eher, als eine unabhängige Entscheidung zu treffen. Doch die Scheidung brachte uns gegenseitig näher.«

Selbst bei Spielen erhielt Liz nur die Nebenrolle. »Elaine benutzte mich als eine Art Unterstützung. Sie sang gerne

Lieder, und daher zwang sie mich, verschiedene Liedertexte zu lernen, damit ich auf unserem Schulweg die zweite Stimme singen konnte. Ich bewunderte sie und ihre Freunde sehr.«

Das Leben in der neuen Familie schien wieder in normalen Bahnen zu verlaufen, doch Elaines enorme Anstrengungen, mit der Situation fertig zu werden, forderten ihren Preis. Es dauerte lange, bis sie reagierte, doch schließlich verfiel sie in eine Krise, wie sie oft bei älteren Schwestern zu erleben ist, die die Rolle des Verantwortungtragenden übernommen haben.

Mit ungefähr 19 Jahren, so berichtet Liz, verfiel sie in eine ernsthafte Depression. »Ich glaube, die Trennung unserer Eltern hatte sie sehr erschreckt, viel mehr, als sie jemals zugab, doch das wurde erst an anderen Dingen deutlich.«

Elaines Krise wurde ausgelöst durch das Scheitern einer engen und langen Freundschaft. »Er war für sie eine wichtige Stütze gewesen, und sie war einfach nicht in der Lage zu akzeptieren, daß er sie nun zurückwies. Das löste ihre Depression aus. Ich bin jedoch immer der Meinung gewesen, daß sie ohnehin schon ziemlich verwirrt war.

Doch das hätte sie nie eingestanden. Sie war ziemlich stolz und sagte oft Dinge wie: ›Wenn Sozialarbeiter oder Psychologen uns in ihre Hände bekommen würden, wären wir willkommene Paradebeispiele, doch in Wirklichkeit hat es uns überhaupt nicht beeinflußt.‹« »Es« war dabei eine Anspielung auf die traumatischen Entdeckungen über ihren Vater, die Elaine gemacht hatte und die, nachdem Elaine ihrer Mutter davon berichtet hatte, zur Scheidung der Eltern führten.

Nachdem sie zwanzig Jahre lang Verantwortung getragen hatte, war Elaine plötzlich auf Liz' Unterstützung angewiesen. »Eine Zeitlang waren unsere Rollen vertauscht«, erklärt Liz. »Sie sagte selbst, daß sie von da an wußte, daß ich die große Schwester und sie die kleine war.

Während dieser depressiven Phase blieb ich bei ihr und

kümmerte mich um sie. Was mich anbetraf, war sie sehr abergläubisch und behandelte mich wie eine Art Maskottchen. Sie sagte solche Sachen wie: ›Wenn du da bist, ist alles in Ordnung.‹ Das hatte nichts zu tun mit dem, was ich tat oder sagte; sie fühlte sich einfach sicher, wenn ich da war. Für mich war es eine ziemliche Belastung. Ich mochte das Gefühl überhaupt nicht, daß jemand von mir abhängig war.«

Schließlich erholte sich Elaine von ihrer Depression und – nachdem beide das Elternhaus verlassen, Jobs und einen eigenständigen Weg gefunden hatten – stellten die Schwestern fest, daß sich auch in ihrer Beziehung ein neues Gleichgewicht eingestellt hatte. Die Frage nach der jüngeren oder älteren Schwester hatte ihre Bedeutung verloren.

»Wir haben ein Gleichgewicht gefunden«, erläutert Liz. »In unserer Beziehung sind wir gleichberechtigt.«

Was dazu beitrug, war ein kleiner, aber wichtiger Aufstand, den Liz gegen das, was sie als Elaines matriarchalische Haltung bezeichnet, wagte. Ihre größere Schwester hatte es übernommen, »Familienfeste zu orchestrieren«, beklagt sich Liz. »Ich mußte immer zu ihr gehen, sie besuchen, usw.« Das ging so lange, bis Liz auch ihren Standpunkt deutlich machte. Sie weigerte sich, Elaine zu besuchen, bis Elaine nicht sie besucht hatte. Elaine fügte sich.

»Jetzt ist unsere Beziehung viel ehrlicher. Es besteht eine neue Verbundenheit. Ich kann mich auf sie verlassen, sie ist eine große Hilfe. Ob wir auch Leistungen untereinander vergleichen? Nein, es gibt überhaupt keinen Wettstreit mehr. An Stelle dessen gibt es einen starken, gegenseitigen Rückhalt. Wir teilen alles, was wir haben.«

Ich bin die älteste, aber ich fühlte mich wie die jüngste

Die 32jährige Celia hat ein sehr enges Verhältnis zu ihren beiden jüngeren Schwestern Maggie, 27, und Paula, 21. Die Schwestern besuchen sich gegenseitig, haben eine ganze Reihe gemeinsamer Freunde ebenso wie auch gemeinsame Interessen in ihren Arbeitsbereichen. Celia und Paula sind beide Musikerinnen, während Maggie Küchenchefin in einem Restaurant ist, in dem Celia einen Teilzeitjob hat.
Doch wie so viele Schwestern, die sich heute gut verstehen, erinnert sich auch Celia an eine Kindheit voller Streitereien. Sie begannen in dem Augenblick, als Maggie die gleiche Schule besuchte wie ihre große Schwester. Noch heute hat Celia ein schlechtes Gewissen wegen der Art und Weise, wie sie Maggie behandelte:
»Es ist ganz furchtbar, diese Geschichte – sie wäre sehr entsetzt, wenn sie mich dies sagen hörte –, aber in der Schule störte sie mich sehr. Ich dachte, sie würde mich... enttäuschen. Wir waren beide immer die Schlechtesten in unserer Klasse, aber sie war es auf eine andere Art als ich, und in mancher Beziehung schien sie noch schwächer als ich zu sein.
In der Schule mußten wir zu bestimmten Zeiten unsere Wäsche waschen. Ich gab immer genau acht, daß niemand meine schmutzigen Unterhosen sah, und ich wollte auch nicht, daß irgend jemand ihre sah. Sie war wie ein Spiegelbild von mir, eine Fortsetzung meiner Persönlichkeit. Ich glaube nicht, daß ich mich ihr gegenüber als Beschützerin fühlte. Es ist seltsam, aber ich hätte sie lieber verleugnet als geschützt.«
Diese Kindheitsprobleme, so glaubt sie, waren bedingt durch Celias Status als ältere Schwester.
»Ich hatte nie den Eindruck, daß sie mich als ihre ältere Schwester bewunderte. Das war ein Teil unseres Problems. Ich kämpfte immer mit ihr, damit sie *wußte*, daß ich ihre ältere Schwester war. Ich erinnere mich daran, daß ich mit

ihr kämpfte und sie zwang, bestimmte Dinge zu tun. Ich habe sie gezwungen zu lachen oder zu weinen, um meine Macht über sie auszuüben.
Einmal lag sie auf ihrem Bett und ließ ihren Kopf über den Bettrand hängen. Es war irgendwie lustig, sie so mit dem Kopf nach unten anzusehen. Ich brachte sie erst zum Weinen und dann zum Lachen, ich *zwang* sie förmlich zum Lachen. Ich beobachtete alle diese entstellten Bewegungen ihres Gesichts. Ich spürte, daß sie Angst vor mir hatte, und ich wollte, daß sie lachte, denn ich wollte keine Schwierigkeiten mit unseren Eltern bekommen.«
Auch heute noch kann Celia nicht genau erklären, warum Maggie sie so wütend machte. Es hing allerdings nicht damit zusammen, daß die Eltern sich anscheinend auf die Seite ihrer jüngeren Tochter stellten. »Sie beschuldigten mich immer wieder, sie zu tyrannisieren, doch ich glaube, daß sie mich mit ihrer sehr stillen Art provozierte.«
Die Probleme zwischen den beiden wurden noch schlimmer, als Paula geboren wurde. »Ich liebte Babys«, erklärt Celia, die damals 14 Jahre alt war, »aber ich ›erstickte‹ sie. Sie war wirklich ein wundervolles kleines Baby. Ich konnte meine Hände nicht von ihr lassen. Ich wollte sie ununterbrochen hochheben und mit ihr spielen, was Paula gar keinen Spaß machte.
Maggie ließ ihr viel mehr Freiraum, daher kamen sie gut miteinander aus. Außerdem war der Altersunterschied zwischen ihnen nicht so groß. Paula schützte sogar Maggie vor mir, was mich zusätzlich ärgerte. Ich war auf beide eifersüchtig.« Als Paula in die Pubertät kam, wurde die große Schwester – wie so oft – plötzlich zum Objekt der Bewunderung. »Mit ungefähr zwölf Jahren begann sie, mich anzubeten. Sie begann, mich zu imitieren, sie kleidete sich wie ich, sie wollte meine Freundin sein. Das machte mich ärgerlich, und ich war ihr gegenüber ziemlich indifferent.«
Während der Kindheit war das Verhältnis zwischen Celia als älterer Schwester und Maggie und Paula als jüngeren

Schwestern schwierig. Celia wollte, daß man ihre Autorität als älteste anerkannte, doch indem sie Maggie dazu zwang, hatte sie sich die Nähe und Treue verscherzt, die die beiden jüngeren Schwestern miteinander teilten. Aber Celia wollte auch nicht bewundert werden – das machte sie verlegen und schuf gleichzeitig eine Distanz zwischen ihrer jüngeren Schwester und ihr.

Das Verlassen des Elternhauses, der Eintritt in die Welt der Erwachsenen waren es schließlich, die ihnen, wie so vielen anderen Schwestern, die Möglichkeit gaben, ihre Freundschaft, so wie sie heute ist, zu entwickeln. Fort von den alten Schlachtfeldern, auf denen sie um Autorität und elterliche Liebe stritten, begannen sie, sich als Individuen zu sehen und schätzen.

Celias Bild von Maggie änderte sich, als sie in ihr zum ersten Mal den unabhängigen, selbständigen und tüchtigen Erwachsenen erkannte.

»Sie begann, in einem Restaurant zu arbeiten, dessen Leitung sie später übernahm. Das gab ihr die Gelegenheit, ihre Möglichkeiten zu entfalten. Es war wirklich erstaunlich. In gewissen Dingen war sie viel besser als ich. Ihre Persönlichkeit, so wie sie heute ist, begann sich herauszukristallisieren.«

Celia war beeindruckt, und das alte Gefühl von Verlegenheit über die Unzulänglichkeiten der Schwester (oder was sie als solche ansah) machte einem neuen Gefühl von Respekt und Stolz Platz. »Selbst heute, wenn ich sie bei der Arbeit im Restaurant beobachte, fällt mir immer wieder auf, wie schnell sie ist und wie schlagfertig. Das hätte ich nie für möglich gehalten.«

In der Zwischenzeit sind die beiden zu engen, vertrauensvollen Freundinnen geworden, und Celia hat das Gefühl, daß sie sich in schwierigen Zeiten absolut auf Maggie verlassen kann. »Wenn ich mich wirklich am Ende fühle, dann ist Maggie der Mensch, bei dem ich am meisten Sicherheit finde. Sie steht mit beiden Beinen auf der Erde und vermit-

telt mir das Gefühl von Sicherheit. Sie weiß einfach genau, wie man mich am besten behandelt.«
Das alte Problem zwischen großer und kleiner Schwester existiert noch immer unter der Oberfläche, doch seitdem Celia sich dessen bewußt ist, achtet sie sorgfältig auf ihre Reaktionen und zügelt ihren inneren Instinkt, auf ihrer Führungsposition zu beharren.
»Manchmal, wenn wir zusammen im Restaurant arbeiten, finde ich sie ziemlich herrisch. Manchmal denke ich: ›Nein, das werde ich einfach nicht tun.‹ Und absichtlich unterlasse ich etwas, nur weil sie es mir aufgetragen hat – einfach weil sie meine jüngere Schwester ist. Dieses Verhalten ist total irrational, aber so schimmert die Vergangenheit von Zeit zu Zeit wieder durch.«
Celia hat sogar den Eindruck, daß Maggie, seitdem sie nicht mehr auf ihrer Position als älterer Schwester besteht, den Spieß umgedreht hat. »Maggie hat geheiratet, sie hat ein Kind, ein eigenes Haus. Da muß ich schon manchmal denken: ›Mein Gott, ich bin die Älteste, eigentlich hätte ich das alles tun sollen.‹ Das stellt *mich* in die Reihe der jüngeren Schwestern, was mir nichts ausmacht, außer wenn sie versucht, mich bei der Arbeit herumzukommandieren.«
Maggie ihrerseits kritisiert nie die Entscheidungen ihrer Schwester, was ihre Art zu leben oder zu arbeiten betrifft. Und in dem einen Bereich, in dem eine Überlappung stattfindet – im Restaurant –, gehen sie beide sehr vorsichtig miteinander um.
»Das Kochen ist etwas, was wir beide tun. Sie ist gelernte Köchin und sie ist die bessere Köchin. Doch es kommt auch schon einmal vor, daß ich etwas, was sie zubereitet hat, nicht hundertprozentig gut finde. Ich koste es, mache einen Vorschlag, und dann höre ich sie fast schon sagen: ›Erzähl mir bloß nicht, wie man es zu machen hat.‹ Ich spüre ihre Reaktion – und im gleichen Augenblick ist dieser Wettkampf wieder da. Aus diesem Grund habe ich, was das Kochen angeht, einen sehr diplomatischen Modus vivendi

mit ihr gefunden. Ich frage sie, was sie macht, versuche, ihre Meinung herauszufinden – und mache auf diese Weise meine Punkte.«

Indem sie hochexplosiven Themen aus dem Weg gehen, an denen sich der Wettstreit entzünden könnte und über die sie in der Kindheit stolperten, halten die Schwestern ihre wertvolle Freundschaft aufrecht. Es gibt viele Parallelen zwischen der Entwicklung, die sie in diesen sicheren Hafen führte und den Veränderungen in Celias Verhältnis zu Paula.

»Vor drei Jahren begannen wir, Freundinnen zu werden«, erzählt Celia, »als sie ihr Musikstudium am College aufnahm und ähnliche Interessen wie ich entwickelte. Sie hat ein sehr gutes Gespür für meine Musik – viel mehr als ich – und hat mir mehr geholfen als viele meiner Lehrer. In gewisser Weise begann ich, sie als Lehrerin zu respektieren.«

Und wie auch in ihrem Verhältnis zu Maggie bewältigt sie das schwierige Konkurrenzproblem, indem sie sich sagt, daß ihre Schwester »besser« als sie selbst sei.

Vor einigen Jahren jedoch führte das alte Thema: große Schwester/kleine Schwester zu Problemen zwischen Celia und Paula. Celia fand, daß Paula sich ein bißchen zu *gleich* fühlte für eine Schwester, die erst geboren wurde, als Celia bereits der Kindheit entwuchs.

»Wir waren an einem Punkt angelangt, wo wir so gut befreundet waren, daß einige Dinge ein bißchen durcheinandergingen. Ich *bin* auch heute noch ihre ältere Schwester. Sie ist elf Jahre jünger als ich.

Sie übernahm eine ganze Reihe meiner Freunde und machte sie zu einem Teil ihres Lebens, sie nahm meine Kleider, benutzte meine Wohnung und verwandelte sie in ein Durcheinander. Ich ärgerte mich darüber, daß sie das alles für selbstverständlich hielt.

Und dann eines Tages, als sie mich besuchte, fragte sie mich, ob sie sich mein Jackett ausleihen könne, sie würde es

abends zurückbringen. Das war zuviel für mich. Ich sagte zu ihr: ›Du kommst immer dann, wenn du etwas haben willst.‹ Damit fing es an.
Ein Grund dafür war, daß sie mehr modisches Gespür hat als ich. Sie nahm einzelne Teile von mir und kombinierte sie viel besser als ich. Das machte mich allmählich eifersüchtig. Genauso war es mit meinen Freunden. Sie schloß mit einigen von ihnen viel engere Freundschaften, als ich sie je mit ihnen gehabt hatte. Sie schlich sich langsam ein.
So kam es zu einem Mordsstreit, der uns voneinander löste, was in mancherlei Hinsicht sicher sehr gut war. Sie ging nach Hause und riß alle Bilder von mir von der Wand. Sie war wirklich böse auf mich. Sie sagte mir, sie wolle nichts mehr mit mir zu tun haben. Ich schickte ihr nach unserem Krach eine Postkarte, um ihr zu sagen, daß es mir leid täte, aber sie antwortete nicht.
Es dauerte lange – ungefähr sechs Monate –, bis alles wieder ins reine kam, und selbst dann war es nur ein Versuch. Ich ließ es einfach laufen. Ich wollte die Dinge wieder in Ordnung bringen, aber ich wollte nicht unbedingt wieder mit ihr Kontakt aufnehmen.«
Nach dem Streit begannen die beiden, schrittweise aufeinander zuzugehen, doch auch hier machte Celia wieder die Erfahrung, daß sie einen Teil ihrer Autorität als ältere Schwester opfern mußte.
»Es wurde langsam besser, nachdem ich ein traumatisches Zerwürfnis mit einem Freund hatte. Ich sprach oft mit Paula darüber, und wir kamen uns sehr viel näher. Sie wurde zu einem wichtigen Bestandteil meines Selbsterhaltungssystems. Ich brauchte sie.«
Wie auch mit Maggie geschehen, waren die Rollen der großen und kleinen Schwester bis zu einem gewissen Grad vertauscht:
»Ich erinnere mich, wie ich sie einmal fragte: ›Wenn es dir wirklich schlecht ginge, würdest du dann zu mir kommen?‹, weil ich das Gefühl hatte, daß sie es nicht tun würde. Sie

sagte, sie wisse nicht, ob sie es tun würde. Es war, als ob sie den Eindruck hatte, daß ich nicht stark genug wäre, mit ihren Depressionen fertig zu werden. Ich war bestürzt: Ich hatte ihr unheimlich viel aufgeladen, doch wenn sie nicht das gleiche tun würde, dann würde es so aussehen, als sei ich die *jüngere* von uns beiden.

Heute ist die Situation viel entspannter, denn ich fühle mich viel unabhängiger. Außerdem schrieb Paula mir neulich einen Brief, in dem sie sagte, daß sie mich wirklich respektiere.«

Die Schwestern haben nun zu einer sehr engen, erwachsenen Freundschaft gefunden. Doch ihr Verhältnis zueinander wurde geformt von all den Wettbewerbs-, Eifersuchts- und Dominanzproblemen, deren Ursprung in ihrer kindlichen Vorstellung von der »großen« und der »kleinen« Schwester lag.

Ich fühlte mich total verantwortlich für sie und hatte Angst, daß ich mich wieder um sie kümmern müßte, wie damals, als wir Kinder waren

Wie Celia hatte auch Jean, eine 30jährige Krankenschwester aus Birmingham, keine hohe Meinung von ihrer jüngsten Schwester, als sie Kinder waren. Carol ist vier Jahre jünger als Jean, und obwohl die Schwestern sich als Erwachsene viel näher gekommen sind, geben beide zu, daß sie noch viel tun müssen, bevor ihre Beziehung so eng ist, wie sie es gerne hätten. Das ist das Vermächtnis ihrer Kindheitsrollen als große und als kleine Schwester.

Ich habe zunächst mit jeder von ihnen einzeln und später mit ihnen zusammen gesprochen, um die Themen zu diskutieren, die ihnen am meisten am Herzen lagen. Beide waren der Meinung, daß dieses Gespräch über ihre Beziehung ihnen geholfen und ihnen ein besseres Verständnis füreinander vermittelt habe – eine schöne Belohnung für ihre Mithilfe an diesem Buch.

Obwohl die Schwestern recht unterschiedliche Erinnerungen an bestimmte Kindheitserlebnisse hatten, waren sie sich jedoch einer Tatsache vollkommen bewußt, die ihr frühe Kindheit prägte, daß nämlich die Mutter sich Jungen und nicht Mädchen gewünscht hatte. Dieses Wissen hatte einen unmittelbaren und negativen Effekt auf ihre frühe Beziehung – ganz zu schweigen von den Auswirkungen auf ihr Selbstwertgefühl.
Jean erinnert sich ziemlich deutlich an Carols Geburt: »Meine Mutter erzählte mir immer und immer wieder, daß ich ein kleines Brüderchen bekommen würde. Und als sie dann zu mir sagte: ›Das ist deine kleine Schwester‹, antwortete ich, ›Ich will keine Schwester, bring sie weg. Ich will einen Bruder.‹ Ich war tief enttäuscht.
Danach verbrachte ich einen großen Teil meiner Zeit damit, mich nach einem älteren Bruder umzuschauen, mehr jedenfalls als ich mich um meine Schwester kümmerte. Jahre später wurde mir erst klar, daß sie mich immer als ihre ›große Schwester‹ bezeichnete und sehr zu mir aufschaute, was ich nicht bemerkt hatte.«
Jean und Carol hatten ununterbrochen Streitigkeiten, die nach Ansicht der älteren Schwester von der jüngeren provoziert wurden. Und wenn Jean für sie bestraft wurde, fühlte sie sich genauso ungerecht behandelt wie Celia:
»Wir stritten ziemlich viel, aber meine Mutter war immer auf ihrer Seite, immer. Carol kannte meine schwachen Stellen und stichelte so lange, bis ich sie schließlich schlug, wofür ich dann ins Bett geschickt wurde. Carol schaffte es immer, genau das zu bekommen, was sie haben wollte. Sie war sehr geschickt, sie weinte so lange, bis sie sich durchgesetzt hatte.«
Jeans Verärgerung über ihre jüngere Schwester war so groß, daß sie es sich zum Prinzip machte, sich von ihr zu unterscheiden, wo es nur ging. Während Carol in bezug auf das Essen ziemlich pingelig war, aß Jean alles, und während sich Carol von Temperamentsausbrüchen hinreißen ließ, war Jean entschlossen, die »brave Tochter« zu spielen.

Es gab nur wenige Gelegenheiten, die Unterschiede zwischen ihnen zu überbrücken. Jean, die als »die Kluge« galt, besuchte eine andere Schule. Die Schwestern hatten unterschiedliche Freunde und spielten nicht zusammen. Carol war »die Hübsche«, was, verbunden mit der Bevorzugung durch die Mutter, die beiden noch mehr voneinander entfernte. »Damals wünschte ich mir, so auszusehen wie sie, obwohl ich nicht glaube, daß ich mir jemals gewünscht hätte, meine Schwester zu sein«, sagt Jean, »denn sie war eine solche Nervensäge. Aber ich weiß bestimmt, daß ich es unfair fand, daß meine Mutter auf seiten meiner Schwester war.«

Dieses Gefühl, weniger Beachtung zu finden als ihre jüngere Schwester, nagt auch heute noch an der erwachsenen Jean: »Ich erinnere mich, wie wir einmal alle während der Ferien an einer furchtbaren Magenverstimmung litten. Ich mußte mich drei- oder viermal ziemlich heftig übergeben, Carol nur einmal, und dann weinte sie die ganze Nacht, so daß ich nicht schlafen konnte. Als ich das am nächsten Morgen erzählte, antwortete meine Mutter nur verärgert: ›Ja, ihr geht es nun einmal viel schlechter als *dir*.‹

Solche Geschichten wiederholten sich ständig. Wir durften nie krank sein, aber Carol schaffte es immer wieder, von meiner Mutter bemitleidet zu werden, wenn sie krank im Bett lag, während ich meine Zeit nicht damit verschwenden durfte, im Bett zu liegen. Ich mußte zurück in die Schule.«

Die Probleme zwischen der älteren und der jüngeren Schwester wurden noch verstärkt dadurch, daß die Mutter darauf bestand, daß Jean sich in ihrer Abwesenheit um Carol kümmerte. »Ich mußte eine Menge Verantwortung für Carol tragen«, erinnert sich Jean. »Ich mußte sie von der Schule abholen und nach Hause begleiten. Ich nahm meine Aufgabe sehr ernst – und wenn ich meinen Schlüssel verlor, war der Teufel los. Und dabei hatte ich den Schlüssel wahrscheinlich nur verloren, weil Carol mich zuvor geärgert hatte. Es war einfach ungerecht, wie die Dinge so liefen.

Normalerweise machte ich den Abwasch. Meine Mutter

bestimmte, wann ich dran war, und manchmal kam auch Carol an die Reihe – aber sie wusch einfach nicht ab. Ich ging häufiger für meine Mutter einkaufen als sie, ich war diejenige, die immer nachgab. Wir hatten jede unser eigenes Zimmer: sie ein großes, ich ein winzig kleines.«
Jean gibt nicht nur ihrer Mutter die Schuld an dieser Situation. »Es war zu einem Drittel ihre Schuld, zu einem Drittel meine und zu einem Drittel Carols. Ich interessierte mich nicht für Carol, ich mochte ihre Art nicht. Für sie war es das Wichtigste, sich durchzusetzen – und ich glaube, daß meine Mutter zu einem großen Teil dafür verantwortlich war, aber wir hatten auch damals schon jede unsere Persönlichkeit.«
Mit 18 Jahren verließ Jean das Elternhaus. Fünf Jahre später, nach einer Hochzeit und einer Scheidung, kam sie erst wieder nach Hause. Ihre Schwester war damals in ernsten Schwierigkeiten, und sogleich übernahm sie die Rolle der verantwortungsbewußten großen Schwester, eine Rolle, die sie seitdem ihrer Meinung nach ziemlich oft gespielt hat:
»Carol hat eine schlimme Zeit durchgemacht. Sie war mit einem furchtbaren Macho-Typen befreundet, der ihr ein Kind gemacht hatte. Er überredete sie, es nicht abtreiben zu lassen, und sagte ihr, daß er sie heiraten würde. Ihre Hochzeit war es, die mich nach Hause führte.
Sie brauchte dringend Hilfe, und ich war natürlich bereit, ihr zu helfen. Sie war mir dankbar, obwohl ich ihn nicht leiden konnte. Ich sagte ihr nicht, daß ich ihn in Ordnung fände; ich sagte ihr nur, daß ich hoffte, daß er sich um sie kümmern würde. Meiner Meinung nach hätte sie das Kind abtreiben lassen und ihn nicht heiraten sollen, aber das sagte ich nicht. War das ein Fehler? Darüber habe ich mit ihr erst viel später gesprochen, und da sagte sie mir, daß sie froh sei, daß ich ihr das damals nicht gesagt habe, da ich der einzige Mensch war, der ihr beistand. Wenn ich gesagt hätte: ›Nein, laß es bleiben‹, hätte sie sich auch von mir

abwenden können, genauso wie sie es später tat, als ich einen Freund von ihr kritisierte.«
Es dauerte nicht lange, bis Carols Ehe in die Brüche ging. Sie fand alleine einen Weg aus ihren Problemen, ohne die Hilfe der großen Schwester, und richtete sich in einem anderen Haus ein. Drei Jahre lang lebten die Schwestern in verschiedenen Städten. Sie hatten regelmäßig Kontakt: sie telefonierten viel, doch die Entfernung war zu groß, als daß ihr alter Streit wieder hätte aufflackern können.
Dann entschloß Carol sich, in Jeans Nähe zu ziehen. »Sie träumte davon, hierher zu kommen. Sie romantisierte das Leben hier, sie hatte die Vorstellung, ich ginge immer aus und hätte ein unterhaltsames Leben. Noch immer betrachtete sie mich als die große Schwester«, glaubt Jean.
Sie zweifelte daran, daß Carols Entscheidung gut war:
»Ich fand es nicht richtig. Ich hatte den Eindruck, daß sie eine völlig falsche Vorstellung von dem Leben hier hatte.«
Außerdem befürchtete Jean, daß die Schwierigkeiten aus Kindertagen erneut auftreten würden:
»Ich fühlte mich *völlig* für sie verantwortlich. Ich hatte Angst, daß ich mich wieder um sie kümmern müßte, so wie damals, als wir Kinder waren, und meine Befürchtungen traten mehr oder weniger ein. Sie blieb unendlich lange in meiner Wohnung, trug alle meine Kleider und ließ sie herumliegen. Sie wusch sie nicht einmal – und so was macht mich verrückt. Ich hatte keinen Freiraum mehr.
Dann mußte ich für sie eine Wohnung finden, weil sie sich selbst nicht darum kümmerte. Ich fühlte mich entsetzlich unter Druck. Es war der einzige freie Sommer, den ich hatte, und ich verbrachte ihn damit, mir um sie Sorgen zu machen. Das fiel mir sehr schwer.
Ich fand jemanden, mit dem sie eine Wohnung teilen konnte, und als das nicht funktionierte, hatte ich Schuldgefühle. Im Inneren war ich voller Widerwillen, den ich sie jedoch nicht spüren ließ, da ich den Eindruck hatte, daß sie mich zu diesem Zeitpunkt brauchte.

Wenn eine ihrer Männerbeziehungen in die Brüche ging, rief sie mich tränenüberströmt an, wann immer sie mich brauchte. Gestern abend kam sie mit zwei Waschmaschinenladungen an, machte drei Telefonanrufe von mir aus, trank einen Tee und machte sich dann auf, um ihren Freund zu treffen. Glücklicherweise fand ich den Mut zu sagen: ›Ist das der einzige Grund, warum du gekommen bist?‹ Manchmal habe ich auch heute noch das Gefühl, ihr gegenüber die Mutterrolle einzunehmen.«
Jean empfindet einerseits eine Abneigung gegen die Rolle der Verantwortungtragenden, Sorgenden – vielleicht auch in Erinnerung an die kleinen Tricks, deren sich die Schwester in der Kindheit bediente –, andererseits empfindet sie jedoch auch ein Gefühl von Schuld, weil sie es für ihre Aufgabe hält, so zu handeln, wie sie es tut.
»Ich bin der Meinung, daß eine Schwester so sein *sollte*. Doch gleichzeitig bin ich sicher, daß ich sie nicht um das gleiche bitten würde. Ich habe die Vorstellung, daß eine Schwester immer da sein sollte, doch das Verhältnis sollte ein Geben und Nehmen sein.
Ich finde immer noch, daß sie mir umgekehrt keinen Rückhalt bietet. Allerdings gebe ich ihr auch kaum eine Chance. Gestern abend habe ich einen Ansatz gemacht, darüber zu sprechen, wie es mir geht, und da sagte sie zu mir: ›Entschuldige, ich muß unbedingt einmal telefonieren.‹
Ich habe den Eindruck, daß ich ihr genauso helfen muß wie meinen Freunden, nur noch mehr, und ich weiß, daß ich mich davon nicht freimachen kann.
Ich mußte ihr klarmachen, daß in dem Haus, in dem sie lebte, einiges nicht richtig lief. Ich mußte ihr sagen, daß sie mich und andere Menschen ausnutzt. Sie nahm es mir sehr übel, aber sie hörte zu, weil sie mußte.«
Zur Zeit sehen sich die Schwestern nicht sehr oft. Jean sagt, daß es daran liegt, daß sie sehr viel zu tun hat, doch Carol hat das Gefühl, daß Jean ihren anderen Freundschaften Vorrang gibt. »Sie erzählte einer gemeinsamen Freundin, daß

ich sie nur aus einem Gefühl der Verpflichtung heraus besuche«, merkt Jean dazu an.
Doch die Schwestern haben gelernt, sich zu mögen und die alten Uneinigkeiten aus Kindertagen zu überwinden. »Wir haben eine ehrlichere Grundlage für unsere Beziehung gefunden«, berichtet Jean. »Wir mögen uns sehr und haben eine enge Beziehung zueinander aufgebaut. Doch es gibt noch viele Dinge, über die wir uns klar werden müssen – vor allem über das, was uns unterscheidet. Sie ist erwachsen, sie hat Humor. Sie ist jetzt ein eigenständiger Mensch – als wir Kinder waren, war sie das nicht – sie war einfach nur... meine Schwester.
Es gibt eine Barriere, die wir langsam überwinden, aber ich weiß nicht, ob wir es jemals ganz schaffen werden.«

Immer war sie das Goldkind, und auf einmal war ich es

Einen großen Teil ihres Lebens hat Laura ihre große Schwester Beth bewundert, hat ihr nachgeeifert und ist ihr gefolgt. Selbst ihre frühesten Erinnerungen an Beth, die fünf Jahre älter ist, sind voll Liebe und Wärme:
»Beth war wunderbar, sie war immer unheimlich nett zu mir. Ich kann mich an keinen Streit erinnern. Sie hat mich nicht schikaniert, sie war nicht dominierend. Sie brachte mir sogar das Lesen und Schreiben bei, als ich vier Jahre alt war. Ich habe daher früh mit dem Lernen angefangen, weil ich von Beths' Geduld profitieren konnte.«
Als die Mädchen größer wurden, kollidierte Beth zusehends mit der elterlichen Autorität. Es gab immer wieder Schwierigkeiten, wenn sie sich mit Jungen traf und zu spät nach Hause kam. Laura lernte aus den Fehlern ihrer Schwester:
»Ich entschloß mich, in einem Punkt von Beth abzuweichen: Ich nahm mir vor, meinen Eltern zu sagen, wohin ich ginge und wann ich zurück sein würde, und ich rief sie an,

wenn es später wurde. Ich bin nicht immer dorthin gegangen, wohin ich meinen Eltern gesagt hatte. Da Beth immer das Blaue vom Himmel heruntergelogen hatte und auf so viele Schwierigkeiten gestoßen war, kam ich zu der Überzeugung, daß ich, wenn ich vorsichtiger wäre, die gleichen Dinge tun könnte, ohne entdeckt zu werden. Es klappte.«
Weit davon entfernt, anders zu sein als Beth, entschloß sich Laura nur, anders zu *wirken*, um die gleichen Dinge tun zu können, ohne dabei erwischt zu werden. Denn nach wie vor blickte sie bewundernd zu ihrer Schwester auf:
»Sie tat alle möglichen verwegenen Dinge – sie fälschte zum Beispiel ihre mangelhaften Schulnoten. Ich bewunderte ihr abweichendes Verhalten sehr und fand sie sehr mutig. Ich hatte nicht das Gefühl, daß ich es ihr gleichtun müßte, aber vielleicht mache ich mir auch nur etwas vor. Sie hatte so viel Freiraum geschaffen, daß mein Spielraum einfach größer war. Es mußte schon viel passieren, bevor ich Schwierigkeiten bekam.«
Dann verließ Beth das Elternhaus und zog nach New York. Zwei Jahre später kam sie über Weihnachten nach Hause. Laura war noch keine zwanzig:
»Ich war furchtbar aufgeregt, sie wiederzusehen, und furchtbar beeindruckt. Sie war damals ein Beatnik, und ich fand sie viel aufregender als irgend jemand sonst, den ich kannte, oder irgendeine andere Schwester. Als ich das College besuchte, konnte ich mit ihr angeben und meinen Freunden von ihr erzählen. Ich kann mich daran erinnern, wie ich die High Street mit ihr herunterging und beobachtete, wie die Leute ihre Köpfe nach ihr umdrehten, weil ihre Jeans so eng saßen.«
Sobald Laura – mit 19 Jahren – alt genug war, besuchte sie Beth in den Vereinigten Staaten. Diese Flucht aus der elterlichen Umgebung – auch dieses Muster wiederholt sich in den Beziehungen vieler Schwestern – gab den beiden die Möglichkeit, zu einer Freundschaft unter Erwachsenen zu finden.

»Ich wohnte bei ihr und ihrem Freund in ihrem kleinen Haus. Das war eigentlich der Anfang unserer Beziehung.«
In Lauras Augen führte Beth noch immer ein glanzvolles, großartiges Leben: »Es war atemberaubend schön. Ich war von allem total beeindruckt: von ihrem Haus, von ihrem Freund – sie kannte alle diese berühmten Schauspieler, und auch ihr Freund war ganz schön bekannt.«
Doch immer noch war Laura die kleine bewundernde Schwester: »Ob sie mich damals wie eine gleichberechtigte Partnerin behandelt hat? Nein, sie hatte mehr Erfahrung als ich und zeigte mir, wo es lang geht.«
Zwei Jahre später hatte Laura ihre Collegeausbildung abgeschlossen. »Ich wußte nicht, was ich tun sollte, also ging ich nach Amerika und quartierte mich wieder bei Beth ein.«
Doch das Schicksal hatte sich gewendet, und die Dinge liefen für sie und ihren inzwischen arbeitslosen Freund nicht mehr so gut. »Ich fand einen Job, bezog ein eigenes Zimmer und bezahlte meine Miete. Ich war nun in einer viel gleichberechtigteren Position.« Je mehr Beths Glanz verblaßte, jedenfalls in Lauras Augen, desto ausgeglichener wurde ihre Beziehung untereinander.
Beth vertraute Laura ihre Probleme mit ihrem Freund an und verriet ihr einige Geheimnisse aus ihrem gegenwärtigen und vergangenen Leben, die sie niemandem sonst in der Familie mitgeteilt hatte. Laura blieb sechs Monate, bis Beth in einen anderen Teil der Vereinigten Staaten zog. »In der Zwischenzeit waren wir nicht mehr nur Schwestern, wir waren auch Freundinnen geworden. Wir kannten uns in- und auswendig. Es gab keine Hemmungen mehr.«
Dann heiratete Beth, bekam ein Baby und zog zurück in den Norden Englands. Laura erkannte plötzlich, daß sich das Leben ihrer Schwester verändert hatte:
»Vorbei war es mit dem Glamour der amerikanischen Tage. Sie war wie umgewandelt. Es war eine Schande. In England hatte sie keine Freunde. Sie führte ein einsames Leben. Sie hatte eine schwierige Zeit mit ihrem Baby, und die Leute

waren ihr gegenüber sehr kritisch. Seit der Geburt des Kindes hat sie sehr gelitten.«

Jetzt war das Leben der kleinen Schwester lustiger und aufregender: »Ich war mir immer bewußt, wenn ich sie anrief, daß ich viele Freunde und viel Freizeit hatte, während sie eine schwere Zeit durchmachte. Ich dagegen konnte ausgehen und das Leben genießen.« Laura gibt – widerwillig – zu, daß es ihr leid tut, daß sie das Vorbild der strahlenden älteren Schwester verloren hat und daß sie sich unwohl fühlt bei dem Gedanken, womöglich selbst die Rolle ihrer Schwester übernommen zu haben.

»Beth war immer ein Glückskind gewesen, aber plötzlich – zumindest in den Augen meiner Mutter – war alles, was ich tat, Gold, während Beth ihren Glanz verloren hatte. Sie begann sogar, mich ›Goldkind‹ zu nennen. Beth kotzte das wahrscheinlich an, ich fand es lediglich unangenehm.«

Nachdem es in der Kindheit niemals Streit gegeben hatte, war es eine schmerzliche Erfahrung für Laura, daß es zwischen Beth und ihr plötzlich zu Auseinandersetzungen kam. »Ich stritt viel mit ihr und verlor ihr gegenüber – zum ersten Mal – die Beherrschung, als sie in Nordengland lebte. Ich fand, daß sie sich selbst schadete.« Außerdem war es für Laura schwierig, die Veränderungen in ihrer früher so sorglosen und ungebundenen Schwester zu akzeptieren. »Ich fand sie zu pedantisch, zu langsam. Sie konnte einfach nicht aufstehen und gehen. Aber vielleicht war ich auch nicht in der Lage zu verstehen, was es heißt, die Mutter eines kleinen Kindes zu sein. Meine Verehrung für sie war zu diesem Zeitpunkt leider bereits völlig verflogen. Natürlich bedaure ich das, denn ich liebe Helden und Aushängeschilder. Darüber gesprochen haben wir nicht. Wenn überhaupt, empfand ich Verlegenheit, Ärger. Ich bin nicht sonderlich daran interessiert, den Respekt für meine Schwester zu verlieren. Und das war genau das, was passierte. Weil sie festgefahren schien in tiefer Verzweiflung und unfähig, sich selbst zu helfen.«

Laura hatte nicht den Wunsch, Beths frühere glanzvolle Position an sich zu reißen. Sie meinte sogar, daß sie jede Andeutung eines Konkurrenzkampfes vermeiden müsse: »Es gab eine Menge Dinge, die ich ihr vorenthielt, schöne Dinge, die ich ihr nicht erzählte. Bei mir klappte alles bestens, aber ich sprach mit ihr nicht darüber, weil ich nicht Salz in ihre Wunden reiben wollte. Das führte natürlich dazu, daß wir uns ein wenig auseinanderlebten. Sie war unglücklich, und ich genoß zumindest fünfzig Prozent meines Lebens.«

Laura begann, Beth gegenüber die Geduld zu verlieren, sie fand, daß Beth keine Perspektive hätte, daß sie sich nicht selbst aus ihrer Depression heraushalf. Da entschloß Beth sich, nach Amerika zurückzugehen. Diese Rückkehr zum früheren Status quo hat der schwesterlichen Beziehung viel von der Spannung der letzten Zeit genommen. In gewisser Weise scheint Beth sich von ihrem Sturz in die Ungnade erholt zu haben, obwohl sie den früheren Glanz nicht zurückerobern konnte. »Ja, es ist einfacher geworden, sie von weitem zu bewundern«, gibt Laura zu. »Ist es nicht schrecklich? Ihre Rückkehr nach Amerika war eine neue Chance für sie.«

Zweifellos hat der Abwärtstrend in Beths Leben auch eine andere deprimierende Bedeutung für Laura: schließlich war Beth immer der Inbegriff einer verheißungsvollen, aufregenden und reizvollen Zukunft gewesen, und Laura war in vielerlei Hinsicht den interessanten Möglichkeiten gefolgt, die Beth ihr aufgezeigt hatte.

Aber schließlich und endlich glaubt Laura an das unausgesprochene Vorurteil, daß der Vorteil der größeren Schwester, einige Jahre älter zu sein, sich in einen Nachteil verkehrt. »Wenn du dreißig bist, dann kann es gut sein, daß jemand, der 39 ist, gerne noch einmal fünf Jahre jünger wäre. So ist das Leben. Die Ältere ist eine Zeitlang im Vorteil, dann gleicht es sich aus. Mindestens dreißig Jahre lang war für sie die Tatsache, fünf Jahre älter zu sein, von Vorteil. Jetzt schlägt das Pendel zur anderen Seite.«

Wahrnehmen und Verstehen

Intuition

Wir alle haben ein öffentliches Ich, das sich – mehr oder weniger – von unserem inneren, privaten Ich unterscheidet. Für die meisten von uns ist das öffentliche Ich eine »zweite Natur«, ein gesittetes, dem Publikum zugewandtes Konversations-Ich, das das Telefon beantwortet, sich mit Kollegen unterhält und uns durch gesellige Ereignisse leitet.

Das private Ich ist jedoch unsere »erste Natur«, unsere Kernidentität, die unter unserem öffentlichen Ich verborgen ist – verletzlich, kompliziert und rätselhaft. Es gibt nur wenige Menschen, die sie je wirklich kennenlernen werden. *Manchmal* kennen wir sie selbst nicht einmal richtig.

Eine Schwester jedoch kennt oft das private Ich ihrer Geschwister besser – und länger –, als irgend jemand sonst es je tun wird. Schwestern gemein ist die Erfahrung, daß sie sich gegenseitig »durchschauen« können, ohne irregeleitet zu werden von Abwehrmechanismen und Vorwänden, intuitiv die wahren Gefühle spürend, die sich hinter der öffentlichen Maske verbergen.

Das ist eine Art der Vertrautheit, die der einen Schwester zumindest potentiell eine zerstörerische Macht über die andere einräumt, eine Macht, die sie dazu benutzen kann, die Maske herunterzureißen, zu demütigen und zu verletzen, ebenso wie Hilfe und Schutz zu gewähren. Wenn eine Schwester verärgert oder eifersüchtig ist, kann sie ihr besonderes Wissen dazu benutzen, ihrer Schwester Einhalt zu gebieten. Sie weiß, wie ihre Schwester *wirklich* ist und wird keine Schwindelei dulden.

Sie benutzt ihr Wissen über mich

Gwen ist Ende Zwanzig und fünf Jahre älter als ihre einzige Schwester Mandy. In den letzten Jahren haben die beiden es geschafft, eine erwachsene Freundschaft aufzubauen, in der sie den Altersunterschied, der sie als Kinder trennte, überwunden haben. Doch das ist nicht immer einfach gewesen. Gwen mußte Mandys schwesterliche Intoleranz erdulden, die sie auf eine Weise in Verlegenheit brachte, die nur wenige ihrer Freunde je bemerkten:
»Sie kennt mich so gut«, erzählt Gwen, »daß sie hin und wieder kleine Bemerkungen machen kann, die mich wirklich treffen. Sie kann mich ziemlich tief verletzen, aber ich glaube nicht, daß sie sich dessen bewußt ist. Ich glaube, sie sagt gewisse Dinge einfach, weil sie glaubt, daß sie wahr sind.
Ich war zum Beispiel einmal mit Freunden in einem Pub und sagte im Scherz zu den Leuten am Tisch nebenan: ›Wir hatten gehofft, daß sie gehen, damit wir mehr Platz haben.‹ Doch sie fühlten sich durch meine Bemerkung beleidigt.
Als ich Mandy dies bei einem Abendessen erzählte, sagte sie vor einer Unmenge anderer Leute: ›Wenn du diejenige gewesen wärst – *du* wärst auch wütend gewesen.‹ Ich konnte nichts darauf sagen, weil ich wohl tatsächlich wütend geworden wäre. Doch ich glaube, daß ich mich seit meiner Jugend geändert habe. Früher hätte ich einer solchen Stimmung nachgegeben oder sonstwie übersensibel reagiert. Ich war sehr verlegen und hatte den Eindruck, daß sie ihr Wissen über mich ausnutzte. Wenn ich es geleugnet hätte, wäre ich auch nicht glaubwürdiger gewesen.«
Bei anderer Gelegenheit nahm Gwen Mandy zu einem Abendessen bei einer Freundin mit, wo sich die Unterhaltung um feministische Politik drehte. »Mandy saß nur da und hörte der Unterhaltung schweigend zu«, berichtet Gwen, »bis ich sagte: ›Von dir geht ein sehr negatives Schweigen aus.‹ Woraufhin sie antwortete: ›Ich habe euch

zugehört und glaube, daß alles, was ihr sagt, Unfug ist.‹«
Gwen war über diese Reaktion sehr verärgert, und es dauerte lange, bis die Schwestern in der Lage waren, über diese Situation zu sprechen.
Was nach Mandys Ansicht – wir sprachen auch miteinander – geschehen war, war nämlich, daß Gwens öffentliches Ich wieder einmal nicht mit ihrem »wahren Ich«, das Mandy kannte, übereinstimmte.
In May Sinclairs Roman *The Three Sisters* wird dieses schwesterliche Wissen bewußt von der älteren Schwester Mary dazu benutzt, ihre jüngere Schwester Gwenda zu verletzen. Mary weiß, daß ihr Mann Steven in Gwenda verliebt war und vielleicht noch ist und daß es für ihre jüngere Schwester eine Tragödie war, ihn an Mary zu verlieren.
Doch eine Mischung aus Schuld und Eifersucht bringt Mary dazu, Gwenda auf eine Art und Weise zu verletzen, die nur sie beide wirklich wahrnehmen können. Für einen Außenstehenden wirkt das Gespräch der beiden wie ein Smalltalk:
»Mary bereitete es Freude, ihre Schwester ins Zimmer zu führen und zu beobachten, ob sie beim Anblick der Hinweise auf Stevens Inbesitznahme der Wohnung zusammenzukken würde. Sie lenkte Gwendas Aufmerksamkeit auf diese, wenn sie den Eindruck hatte, daß Gwenda sie nicht bemerkte.
›Wir haben unsere Betten umgedreht‹, erklärt sie. ›Das Licht tat Stevens Augen weh. Ich kann nicht sagen, daß es mir unbedingt Spaß macht, mit meinem Kopf in der Mitte des Raumes zu schlafen.‹
›Warum legst du dich dann nicht andersherum?‹ fragt Gwenda.
›Meine Liebe‹, antwortet ihre Schwester lässig, ›das würde Steven nicht gefallen.‹«

Häufiger ist es jedoch der Fall, daß die Diskrepanz zwischen dem öffentlichen und dem tatsächlichen Ich einer Schwester der anderen Schwester, die ihr nahe genug steht, um sie zu bemerken, Unbehagen bereitet – vor allem dann, wenn eine Schwester durch die öffentliche Maske hindurchschaut und ein Bild ihrer eigenen Angst dahinter entdeckt:

»Ihre Nervosität macht mich ganz verrückt«, sagt Zoe über ihre Schwester Hilary. »Uns beiden mangelt es bei geselligen Gelegenheiten an Selbstvertrauen. Deshalb lachen wir auch wie verrückt über Dinge, die nicht wirklich komisch sind. Ich glaube, wir sind beide furchtbar unsicher. Ich kann es nicht *ertragen*, sie so zu sehen. Es ärgert mich schrecklich. Denn ich weiß, daß sie nicht dumm ist, und ich weiß, daß sie es gar nicht nötig hat, dieses entsetzliche Minderwertigkeitsgefühl in Gegenwart anderer zu haben.

Es gibt eine Geschichte von ihr, über die wir beide immer wieder lachen müssen. Bei einer offiziellen Veranstaltung in der Firma ihres Mannes war sie so nervös, daß sie die Gesellschaft unbedingt verlassen mußte. Sie lief quer durch den Raum, fiel hin und mußte sich auf dem Boden übergeben. Alle die Dinge, vor denen sie am meisten Angst hatte, traten ein – und das bei einer Gelegenheit, wo sie als seine Ehefrau eingeführt wurde!«

Zoe glaubt, daß sie dieses Mitgefühl für ihre Schwester teilweise auch deshalb empfindet, weil sie sich selbst in ihr sieht. »Ich glaube, das liegt daran, weil man sich von seiner Schwester nicht täuschen läßt. Während andere Leute finden, daß Hilary sich mit Charme und Anmut bewegt, weiß ich, daß sie vor Nervosität und Angst völlig gehemmt ist. Ich weiß genau, was in diesen Momenten in ihrem Kopf vorgeht.

Eines macht mich allerdings wütend. Das ist, wenn meine Mutter und meine Schwester zusammen sind. Meine Mutter hat anscheinend nicht die geringste Vorstellung von den

Dingen, die Hilary wütend machen, und oft denke ich, warum sagt sie das nur? Weil ich genau weiß, daß Hilary vor Wut platzen wird. Und man kann sich darauf verlassen, daß sie tatsächlich im nächsten Augenblick meine Mutter anschreit.«

Von all den Formen sozialen Verhaltens, die eine Schwester mit großer Wahrscheinlichkeit als gekünstelt ansieht, ist Flirten wohl die unerträglichste.

»Sie flirtet sehr viel«, erzählt Zoe, »und das ärgert mich wirklich. Nachdem sie erst sehr spät in ihrem Leben ihre Anziehungskraft auf Männer erkannt hat, setzt sie sie ziemlich wahllos ein. Es ist eine Sache, sich selbst zu testen, wenn man 18 ist, aber es ist ein wenig unwürdig, wenn man vierzig ist. Ich empfinde es als ziemlich störend, wenn sie flirtet, denn dann ist sie plötzlich nicht mehr die Schwester, die ich kenne. Ich wünschte, sie würde es nicht tun – es ist dieses fremde, andere Wesen, was dann in ihrem Kopf herumspukt...«

Ich muß es ihr nicht erklären

Diese besondere Art der Wahrnehmung hat auch noch eine andere Seite, die mit unschätzbaren Vorteilen verbunden ist. Wie viele Schwestern mir erzählt haben, ergibt sich aus dieser Fähigkeit, die eigene Schwester zu durchschauen, das seltene Privileg, sich gegenseitig auch ohne Worte verstehen zu können:

»Bei ihr habe ich das Gefühl, daß sie jemand ist, der *versteht*, jemand, dem man nicht alles erklären muß«, sagt Zoe. »Das liegt zum Teil an den gemeinsamen Erfahrungen, dem gemeinsamen Background, aber auch an dieser wundervollen Beziehung, bei der man füreinander Verantwortung trägt, aber eine Verantwortung, die keine Bürde ist. Diese Beziehung besteht aus Geben und Nehmen. Man kann sich gegenseitig mit schwierigen Dingen konfrontie-

ren, mit denen man den eigenen Eltern vielleicht nicht gegenübertreten möchte, um sie nicht zu überfordern oder zu beunruhigen. Es macht mir jedoch nichts aus, meine Schwester zu beunruhigen.
Wir schreiben uns nicht sehr oft, aber ich würde ihr schreiben, wenn ich wirklich Angst hätte, weil sie der einzige Mensch ist, demgegenüber ich sie zum Ausdruck bringen könnte. Ich glaube, das gilt auch für ihre Beziehung zu mir. Manchmal ruft sie mich an und sagt: ›Ich bin so erschöpft – du bist der einzige Mensch, mit dem ich darüber sprechen kann‹, und ich weiß genau, wie sie sich fühlt.« Peggy hat die gleiche Mischung aus schmerzlichem Wissen und intuitivem Rückhalt bei ihrer älteren Schwester Jan erlebt:
»Ich durchschaue jeden Gesichtsausdruck Jans, fast *zu* sehr, na, danke. Das ist wahrscheinlich auch der Grund dafür, daß vor ein paar Jahren einiges zwischen uns noch nicht richtig gelaufen ist. Wenn ich ihr Gesicht anschaue, weiß ich genau, was sie denkt. Sie kann sagen, was sie will, ich weiß dennoch, was sie denkt.
Sie kann Dinge freundlich und charmant sagen und gleichzeitig etwas ziemlich Böses meinen. Außerdem hat sie eine außerordentliche Begabung, zu anderen Menschen grob zu sein. Das weiß ich nur, weil ich wie sie bin, und weiß, was sie *tatsächlich* meint. Es schockiert mich – denn ich bin nicht ganz so gut darin, zu anderen so grob zu sein wie sie.«
Gleichzeitig jedoch halten Peggy und Jan ihre Beziehung auch in positiver Hinsicht für sehr eng. »Jan und ich sind Schwestern *und* Freundinnen«, sagt Peggy. »Das liegt daran, daß wir so viel Vergangenes gemeinsam erlebt haben. Man kennt sich in- und auswendig, es gibt überhaupt keine Hemmungen voreinander.« Sie ist Jan gegenüber ungeheuer loyal und kann sich in schwierigen Zeiten in sie hineinfühlen. Einmal fing eine Bekannte von Peggy mit Jans langjährigem Freund an zu flirten und landete schließlich mit ihm hinter verschlossenen Badezimmertüren.
»Jan spielte verrückt«, erinnert sich Peggy. »Ich machte ihr

keinen Vorwurf. Ich saß neben Jan, zitterte vor Zorn und haßte das Mädchen ganz wahnsinnig. Ich fühlte mich Jan unheimlich verbunden.«
Umgekehrt hat auch Jan Peggy bei Problemen mit ihrem Freund geholfen. »Einmal war ich besonders unglücklich mit meinem Freund. Jan hielt zu mir, nicht zu ihm, obwohl sie ihn sehr gerne mag. Sie stellte sich auf meine Seite.«
Andere Schwestern enthebt dieses stillschweigende Verständnis der Notwendigkeit, Hintergrunddetails und Erklärungen zu geben, wie sie die meisten anderen Arten von Beziehungen erfordern.
»Wenn wir uns treffen, verstehen wir uns auch ohne Worte«, sagt Kaye. »Das liegt an der Ähnlichkeit unserer Charaktere. Ich würde die Dinge genauso tun wie sie und weiß, warum sie sie tut.«
Und das trotz der Tatsache, daß sie – oberflächlich betrachtet – nach außen hin nicht unterschiedlicher wirken könnten. Sue lebt auf dem Land als Frau eines Bauern und Mutter von zwei Kindern, während, Welten von ihr entfernt, Kaye in London alleine lebt, nur gelegentlich arbeitet und eine Beziehung zu einer Frau unterhält.

Wir kennen uns so gut

Bereits die Menge der Zeit, die Schwestern miteinander verbringen, schafft eine einzigartige Basis für Nähe und Vertrautheit. Freda und Joan lebten zusammen oder nahe beieinander, bis sie Mitte Zwanzig waren, und haben seitdem regelmäßig Kontakt miteinander.
»Wir verbrachten unsere ersten 24 oder 25 Jahre ziemlich nahe beieinander«, erzählt Freda. »Seitdem wir weiter voneinander entfernt leben, schreiben wir uns fast jeden Tag. Wenn wir uns treffen und miteinander reden, verfügen wir über eine siebzigjährige Kenntnis voneinander. Wir müssen nicht viel erklären, die Basis ist bereits da.«

Joan hat das gleiche Vertrauen in die Fähigkeit ihrer Schwester, zu verstehen:
»Es ist wie ein Resonanzboden. Freda kommt mich besuchen. Ich habe in der letzten Zeit einige Schwierigkeiten gehabt. Ich kann mich ihr mit Worten verständlich machen, die sie voll und ganz versteht – denn ich muß mich nicht als die Unschuldige, Ehrliche oder Gute präsentieren. Sie versteht, daß ich nicht im Unrecht bin, und das weiß ich. Das gleiche gilt für Freda und die Kinder und Dinge, die ihr zu Hause passieren – wir kennen uns so gut. Es ist, als ob ich ein verändertes Ego hätte.«
Für Außenstehende ist dieses besondere Wissen, das zwischen Schwestern existiert, manchmal beängstigend oder sogar bedrohlich. Es ist so, als ob Schwestern eine eigene Sprache hätten, die nur sie voll und ganz verstehen können. Ihre Witze und Kommentare haben einen Nachklang, der für ein Nicht-Geschwister nicht hörbar ist.
Leute, die mich in Gesellschaft meiner Schwestern getroffen haben, haben gesagt, daß sie uns vier ein »bißchen viel« finden, und ich glaube sehr wohl, daß unser Gruppenüberschwang – obwohl er für uns großen Spaß bedeutet – für andere schwer erträglich ist.
Als ein Freund von mir meine Schwestern *alle auf einmal* zum ersten Mal traf, war er so beeindruckt, daß er in der folgenden Nacht von uns allen träumte. In seinem Traum forderten wir alle vier, eine nach der anderen, seine sexuellen Dienste. Als er bei Nummer vier ankam, bat er darum, ihn zu entlassen. Doch wir zeigten kein Mitleid: es war nur zu fair, daß wir alle vier einmal drankamen.
Der Unglückliche war ganz einfach von dem Gedanken verwirrt, daß es mich mehr als nur einmal gab: Würde das bedeuten, daß möglicherweise die vierfachen Erwartungen an ihn gerichtet würden? Ebenso verstörte ihn die Vorstellung, daß ich in vier verschiedenen Versionen existierte, so daß er die These aufstellte, daß meine Eltern an einem genetischen Experiment teilgenommen haben mußten, um

die weibliche Familienform auf der Suche nach einem (unerreichten) Ideal in verschiedenen Kombinationen auszuprobieren.

Unsere enge Beziehung verstimmt meinen Mann

Schwesterliche Treue scheint für einen bestimmten Typ von männlichem Ego eine Gefahr darzustellen. In Timothy Mos Roman *Sour Sweet* (Süß-sauer) wird Chen – zum ersten Mal – mit der Beziehung zwischen seiner Frau Lily und ihrer älteren Schwester Mui konfrontiert, als er beginnt, zu Hause zu arbeiten. Chen hat immer angenommen, daß die Frauen den Tag bis zu seiner Rückkehr am Abend in einer Art Schwebezustand verbrächten. Jetzt sieht er, daß das nicht richtig ist:

»Nein, diese beiden Schwestern waren offensichtlich ziemlich gute Freundinnen. Das Leben hatte hinter seinem Rükken stattgefunden, ein lustiges, unverantwortliches, weibliches Leben. Kleine Scherze, Anspielungen, wortlose Verständigung, sie alle waren Zeugnis einer gemeinsamen Erfahrung. Chen stellte sich vor, wie sie telepathische Botschaften durch das Haus sandten.«

Seine Unterhaltungen mit den beiden sind ziemlich entmutigend, da die Schwestern auf der gleichen Wellenlänge zu liegen scheinen und ihm weit voraus sind in ihren Plänen für das neue Familien-Take-out-Restaurant:

»Chen stand in ihrer Mitte wie ein dummes, kleines Schaf, gequält von zwei älteren Schulmädchen, die sich gegenseitig Ideen zuwarfen, verzweifelt versuchend, sein Bündel zu schnappen – denn es handelte sich schließlich um sein Geschäft –, während es über seinem Kopf und außerhalb seiner Reichweite hin und her flog.«

Im besten Falle sind die Männer unangenehm berührt von einer solch nahen Frauenbeziehung. Die Unterhaltung zwischen Frauen wird oft zum »Geschwätz« degradiert. Wir

sind diejenigen, die nach den Aussagen von Popsongs ständig herumquasseln, deren Münder ununterbrochen, unzusammenhängenden Unsinn von sich gebend, auf- und zuklappen.
Diese defensive Reaktion auf Frauenfreundschaften mag auch der männlichen Haltung engen Schwesternbeziehungen gegenüber zugrunde liegen. »Mein Mann haßte es, wenn meine Schwester auf ein Schwätzchen zu uns kam«, erzählt Lynn, die sich in der Zwischenzeit scheiden ließ. »Er verließ normalerweise das Haus, obwohl ich mich an nichts erinnern kann, was ihn hätte aufbringen können. Er war ein richtiger Macho-Typ, und ich glaube, sein Ego konnte den Gedanken nicht ertragen, daß wir über unsere Beziehung sprechen könnten – was wir natürlich taten.«
Ich wuchs mit der Familienlegende auf, daß mein armer, verschüchterter Großvater in meiner mütterlichen Familie, in der es drei Schwestern gab, durch das Haus kroch, während die Frauen um ihn herum ein hartes Regiment führten. Diese »Drachen« – Gott vergib – regierten wie in einem Hühnerstall, und die Wände echoten den bunten Chor ihrer Stimmen. Alle brabbelten gleichzeitig, und niemand hörte ihnen zu.
Ich kenne den Ursprung dieser Legende nicht, aber ich hörte die Geschichte von meinem Vater und glaubte jahrelang, sie wäre wahr. Bis mir meine Mutter über ihre Familie erzählte. Die Schwestern waren sich alle drei sehr nahe gewesen und hatten sich gegenseitig unterstützt, so berichtete sie. Die ältere Tantengeneration hatte im Alter zusammengelebt, so wie sie sich vorstellen könnte, daß es auch die zweite Schwesterngeneration eines Tages tun würde.
Aber vielleicht ist gerade die männliche Feindseligkeit ein Beweis für die Intensität einer Schwesternbeziehung, denn die Solidarität, die mit der schwesterlicher Vertrautheit oft einhergeht, ist für viele Frauen ein wichtiger Kraftquell.

Telepathie und Träume

Manche Frauen berichten von seltsamen, unerklärlichen Erfahrungen mit ihren Schwestern, bei denen ihre besondere Nähe, ihr Instinkt füreinander den Bereich der Telepathie und Träume berührt.
Meine Träume sind oft erfüllt von meinen Schwestern, vertrauten, selbstverständlichen Erscheinungen, die Teil sind meiner Träume wie auch meines Lebens. Es gibt jedoch einen immer wiederkehrenden Traum, der mich ernsthaft beschäftigt und mir Hinweise auf einige tief in mir verborgene Gefühle ihnen gegenüber gegeben hat, die ich mir zuvor nicht eingestanden hatte.
Ich hatte diesen Traum zum ersten Mal, kurz bevor meine Schwester Fran, die achtzehn Monate jünger ist als ich, zu einem zweijährigen Aufenthalt nach Bangladesch aufbrechen sollte. Ich träumte, daß sie tot sei, und offensichtlich verbrachte ich die ganze Nacht in Wehmut und Trauer. Schließlich weckte mich mein eigenes Weinen auf, und am nächsten Tag tat mir der Hals weh, weil ich ein Gefühl der Beengung spürte.
Der Traum machte mir deutlich, wie überaus traurig ich war, daß sie wegging, und für so lange Zeit wegging. Im Grunde war es das Eingeständnis, daß ihre Abreise eine Art von Tod bedeutete – der Tod der alten Fran, die ich kannte. Ihre Erlebnisse würden sie tiefgreifend verändern, und wenn sie zurückkäme, würden wir eine veränderte Beziehung aufbauen müssen.
Nicht lange danach telefonierte ich mit der nächsten Schwester. Lucy war sechs Monate zuvor für eine befristete Zeit nach Australien gegangen. Auch sie hatte ich sehr vermißt. Wie üblich war ich den Tränen nahe, als ich den Hörer auflegte, und nach ihrer Stimme zu urteilen, ging es ihr auch nicht anders. Sie hatte mir zuvor gesagt, daß sie für ein weiteres Jahr in Australien bleiben würde, und es schien

durchaus möglich, daß sie Australien auf Dauer zu ihrer neuen Heimat machen würde.
Dann entschied sich meine dritte Schwester, Emily, daß auch sie nach Australien gehen würde, um dort für ein Jahr bei Lucy zu bleiben. Diese Neuigkeiten brachten mich mehr durcheinander, als ich zugeben wollte: Zum ersten Mal in meinem Leben, so fühlte ich, waren meine Schwestern von mir abgeschnitten, und ich begann, die Tage bis zu Emilys Abreise zu zählen. Es war ein schmerzliches, leeres Gefühl, so als ob ein Teil meiner selbst über die ganze Welt verstreut werden sollte.
Mein Traum kehrte wieder, nur träumte ich dieses Mal, daß alle drei Schwestern tot seien. Es war wieder eine alptraumhafte Nacht, und wieder wachte ich tränenüberströmt auf. Ich bin nicht abergläubisch, und ich glaube auch nicht, daß dies eine Art der Vorhersehung war. Für mich war dieser Traum ein Fingerzeig aus dem Unterbewußtsein, der mir deutlich machte, wie sehr mich ihre Abwesenheit berührte. Es war nicht so wichtig, daß wir uns auch nicht regelmäßig sahen, wenn wir im gleichen Land waren. Was zählte, war das Wissen, daß wir füreinander erreichbar waren. Diese Träume haben mir wieder einmal deutlich gemacht, wie sehr wir untereinander verbunden sind.

Hier, an dieser Stelle, hat meine Schwester Schmerzen

Andere Frauen, die den Verlust einer Schwester befürchteten – oder tatsächlich eine Schwester verloren –, haben berichtet, wie sie ihre Gefühle in ihren Träumen verarbeiteten. Alice Bloch hat in *Lifetime Guarantee* (Lebenslange Garantie) einen bewegenden Bericht über Krankheit und Tod ihrer Schwester Barbara geliefert. Alice selbst träumte wiederholt von Barbara und hatte telepathische Erlebnisse und »Visionen«.
Die beiden Schwestern wuchsen in einer fünfköpfigen Fami-

lie auf. Alice war fünf Jahre älter als Barbara. Vom ersten Augenblick an waren sie sich sehr nahe:

»Ich erinnere mich daran, wie glücklich ich war, als Barbara geboren wurde. Großmutter kam mitten in der Nacht in mein Zimmer gelaufen und rief: ›Alice! Du hast eine Schwester!‹ Ich wußte sofort, daß Barabara und ich Verbündete sein würden.«

Die Schwestern teilten ihr Zimmer, ihre Spiele und ihre Vorstellungen von der Welt:

»Sie brachte mir bei, in einer Winterlandschaft Farben zu sehen, wo ich vorher nur schwarz und weiß gesehen hatte, und ich half ihr, die ersten Wirrnisse des Heranwachsens zu überwinden.«

Alice als die ältere Schwester wurde »eine Art ehrenamtlicher Mutter«, eine Rolle, die durch den Tod der Mutter noch verstärkt wurde. Dadurch bedingt gewannen auch die Mutter-Tochter-Elemente der Liebe zwischen den Schwestern an Bedeutung.

Ihr Verhältnis wurde ausgewogener, nachdem die beiden das Elternhaus verlassen und sich ein eigenes Zuhause geschaffen hatten. Aber Barbara hatte nicht lange zu leben. Noch als Studentin erkrankte sie an Leukämie, und Alice eilte herbei, um sich im Krankenhaus um sie zu kümmern. Während dieser Zeit träumt sie, daß jemand sie zum Flughafen fährt, weg von ihrer Schwester, an einen Ort, an dem sie nicht sein will. Der Traum reflektiert Alices Schmerz und Schuldgefühle, weil sie nicht unbegrenzt an der Seite ihrer Schwester bleiben kann – und will – und weil sie folglich ihre Schwester nicht retten kann. Er ist ebenso eine Vorwegnahme der realen Trennung, die Barbaras Tod mit sich bringen wird.

Als Alice für eine gewisse Zeit nach Kalifornien zurückkehren muß, entdeckt Barbara einen neuen Schmerz in ihrer Brust. Alice entwickelt aus Mitgefühl den gleichen Schmerz in ihrer eigenen Brust: »Hier, an dieser Stelle, hat meine Schwester Schmerzen.«

Auf dem Flughafen »hört« Alice die Schwester ihren Namen rufen. Voller Angst, daß Barbara gestorben sein könnte, läuft sie zum Telefon, um herauszufinden, was ist – doch sie hatte nur die Stimme ihrer eigenen Angst gehört. Barbara lebt – noch.
Während Alice in Kalifornien ist, beginnt sie eine neue Liebesbeziehung und muß gegen ihre Schuldgefühle ankämpfen, Barbara verlassen zu haben. Sie träumt, daß sie Barbara im Krankenhaus besucht. Ein verheiratetes Paar wartet mit Geschenken beladen darauf, die Patientin zu sehen. Sie erzählen Barbara, daß Krankenhausinnovationstag sei und daß sie Barbaras neue Familie seien. In ihrem Traum fühlt Alice große Erleichterung, daß diese neue Familie die Verantwortung für Barbara übernommen hat und damit Alice ermöglicht, mit ihrem neuen Liebhaber nach Hause zu gehen.
In einem anderen Traum kommt Barbara nach Kalifornien, um Alice zu besuchen. Als sie das Flugzeug verläßt, folgt ihr eine ganze Schar von Familienmitgliedern, die auch auf Besuch zu ihr gekommen sind. Die träumende Alice schreit »Stop« und versucht, die Verwandten mit Ausnahme von Barbara wieder zurückzuschicken.
Inzwischen befindet sich Alice am Rande eines Nervenzusammenbruchs und quält ihren Freund, indem sie mit einem anderen Mann flirtet. Sie beginnt eine Therapie, um den Grund für ihr Verhalten zu erkunden. Sie sieht eine Verbindung zu dem Sterben ihrer Schwester. Sie vermutet, daß sie aus dem Wunsch heraus handelt, ihren Liebhaber zu verletzen und im Stich zu lassen, wie ihre tote Mutter es mit Alice getan hat und Barbara es nun mit ihr tut. Barbara stirbt, während Alice in Kalifornien ist. Alice beschreibt ihren Tod in einer tröstenden, verinnerlichten Art und Weise:
»Am Morgen nach Barbaras Tod, eine Vision. Meine Eltern und sie stehen im Wohnzimmer. Sie erscheinen wirklich, aber halb-transparent... eine Geisterfamilie. Dann bewegen sich meine Mutter und mein Vater langsam fort und

verschwinden; und Barbara kommt langsam auf mich zu und verschmilzt mit meinem Körper. Ein friedvolles Erlebnis. Sie ist ein Teil von mir geworden.«
In der Folgezeit träumt Alice, daß sie Barbara von ihrer Krankheit befreit und damit beide frei macht für ein sorgloses Glück. Doch wenn sie wach ist, sieht sie sich der Realität ihres Verlustes gegenüber und drückt ihr eigenes Gefühl des Verlassen- und Getrenntseins in diesem Gedicht aus:

> In dem Traum half ich dir, aus dem Krankenhaus zu fliehen
> Wir kicherten, wir rannten auf die Wiese
> Wir rollten die Hügel hinunter
> Ich brauche dich jetzt, Schwester
> Wie du mich damals brauchtest
> Der Traum allein reicht nicht
> Hilfe, ich habe meine Schwester verloren.

Ich träumte vom Tod meiner Schwester

Die Träume von ihrer Schwester dienten Alice Bloch als ein Barometer ihrer Gefühle. Sie machten sie darauf aufmerksam, wie sehr ihre Gefühle sie bedrückten, und halfen ihr, sie zu verarbeiten. Für einige Frauen jedoch hat das Träumen von ihrer Schwester eine zusätzliche, übersinnliche Dimension.
Brenda Mellon ist Psychologin und hat sich in den letzten fünf Jahren mit dem Thema Traum beschäftigt. Sie hat Recherchen angestellt, Informationen gesammelt und hat festgestellt, daß Schwestern telepathische Träume voneinander haben, daß sie die »Schreie« der anderen hören, wenn sie Schmerzen hat, und manchmal auch die Geburt eines Babys oder selbst den Tod vorhersagen können. Folgenden erschreckend prophetischen Traum wußte ihr eine Frau zu berichten:

»Unmittelbar bevor meine Schwester an einer starken Lungenblutung starb und bevor ich wußte, daß dies überhaupt möglich war – obwohl ich wußte, daß sie krank war –, träumte ich zweimal von Blut. In dem ersten Traum blutete jemand, und das Blut floß unter der Türe durch.
Der zweite Traum war lebhafter: Er handelte davon, daß man mir eine Bluttransfusion verabreichte, und von meinem Gefühl der Verzweiflung, als ich versuchte zu erklären, daß nicht ich das Blut benötigte. Doch niemand achtete darauf, und ich war verzweifelt. Durch den Tod meiner Schwester einige Tage später prägte sich dieser Traum meinem Gedächtnis unauslöschlich ein. Ihr Tod und der Traum gehören für mich zusammen.«
Eine andere Frau, die in Manchester wohnte, während ihre Schwester in London lebte, berichtete der Psychologin von folgendem Traum:
»Ich träumte von einem furchtbaren Schmerz in meinem rechten Ohr, als ich aber wach wurde, war ich ohne Schmerzen. Am nächsten Tag rief mich meine Schwester an, um mir zu erzählen, daß sie fürchterliche Schmerzen in ihrem rechten Ohr habe und in die Notaufnahme eines Krankenhauses gegangen sei, um das Ohr ausspritzen zu lassen.«
Brenda Mellons Schwester ist vor einem Jahr gestorben: »Bevor sie starb, träumte ich, daß ich in einer Kirche sei, in der eine Totenmesse gelesen wurde. Ich wußte, daß diese Messe für ein Mitglied meiner unmittelbaren Familie gehalten wurde, denn meine beiden Cousins waren anwesend, die ich sonst nur bei größeren ›Bestattungszeremonien‹ sehe.
Ich wachte auf, völlig durcheinander, und fand es schwer, die trübe Stimmung, die mich umgab, abzuschütteln. Ich empfand diese Traurigkeit noch stärker, weil ich sonst nur selten unglückliche Träume habe.
Ungefähr drei Wochen später rief mein Schwager mich an, um mir zu sagen, daß meine Schwester mit einer Gehirn-

blutung auf der Intensivstation liege und daß ihr Zustand kritisch sei. Ich hatte gerade an sie gedacht, weil sie an diesem Tag ihren 43. Geburtstag feierte.
Später stellte ich fest, daß meine Schwester ihre Gehirnblutung genau an dem Tag meines Traums hatte, aber im Krankenhaus war man nicht in der Lage gewesen, die richtige Diagnose zu stellen.«
Brendas Schwester schien sich zu erholen, wenn man von ihren furchtbaren Kopfschmerzen absieht, und starb dann doch einige Wochen nach der Blutung – und nach Brendas Traum.
»Keiner von uns wußte davon bis zu jenem schicksalhaften Telefonanruf, denn sie wollte nicht, daß wir uns Sorgen machten, und glaubte, daß sie sich erholen würde. Für mich gehören diese beiden Ereignisse und der Traum unauslöschlich zusammen.«

Wir spürten, daß mit unserer Schwester etwas nicht in Ordnung war

Andere Schwestern halten eine bestimmte Art der übersinnlichen Wahrnehmung untereinander für selbstverständlich. Es scheint, als seien sie auf geistig-seelische oder übersinnliche Weise miteinander verbunden, selbst wenn sie weit voneinander entfernt sind.
Julie ist zwei Jahre jünger als ihre Schwester Caroline, und obwohl die beiden ihre Schwierigkeiten miteinander haben, sind ihre Lebensläufe seit ihrer Kindheit eng verbunden. Heute leben sie an entgegengesetzten Enden Englands und stehen hauptsächlich über das Telefon miteinander in Verbindung.
»Oft bin ich es, die Caroline anruft«, berichtet Julie, »und in dem Moment, wo ich den Hörer abheben will, klingelt das Telefon – und sie ist am Apparat. Es ist so, als ob wir zur gleichen Zeit Entzugserscheinungen bekämen.«

Julie hatte auch sehr angeregte Träume über ihre zehn Jahre jüngere Schwester Sue:
»Ich sehe sie heute noch sehr lebhaft als Baby vor mir. Ich erlebte sie hauptsächlich als Baby. Dann verließ ich das Elternhaus und sah sie über lange Strecken hinweg nicht. Immer wenn ich dann nach Hause kam, war es für mich schwierig, mich auf diese junge Frau einzustellen, die meine kleine Schwester war – so müssen auch Mütter empfinden, wenn ihre Töchter groß werden.«
Julies Schwierigkeiten, die neue, erwachsene Sue in Einklang zu bringen mit dem Baby, das sie gekannt hatte, wird in folgendem Traum symbolisiert:
»Ich träumte, daß ich sie im Kinderwagen schob und sie vor sich hin brabbelte, wie Babys das so tun. Doch zur gleichen Zeit ging ich auch neben einer erwachsenen Frau her. Da realisierte ich plötzlich, daß die Person, neben der ich ging, die erwachsene Sue war. Ich sagte zu ihr: ›Das ist sehr eigenartig‹, und wir unterhielten uns darüber.«
Die vier MacTavish-Schwestern: Yvonne, 33, Penny, 30, Mary, 18, und Kate, 16, haben ebenfalls die Erfahrung gemacht, daß ihr Denken oft in einer Weise miteinander verbunden ist, die sie nicht erklären können. Sie wuchsen in einer zehnköpfigen Familie in Schottland auf und haben ein ausgeprägtes Sippenbewußtsein.
Die Familie hat trotz der Altersunterschiede ein sehr enges Verhältnis zueinander. Während des Sommers gab es eine Zeit, in der acht der Geschwister in London waren und alle zusammenwohnten.
Yvonne bestätigt, daß sie ein besonderes Verhältnis zueinander haben: »Manchmal passiert es, daß einer von uns etwas sagen will, der andere es aber für ihn ausspricht. Neulich wollte ich etwas tun, und Kate tat es an meiner Stelle. Wie oft ist das schon passiert! Es ist, als ob wir auf der gleichen Wellenlänge schwämmen. Sie weiß, was ich tun will, und tut es einfach.«
»Oder«, erzählt Kate, »ich sitze mit einer Schwester irgend-

wo zusammen und entdecke plötzlich etwas. Sie entdeckt es ebenso. Wir haben beide das gleiche gesehen und wissen genau, was die andere dazu sagen wird.«
Die Schwestern haben auch gleichzeitig die gleichen Einfälle. »Gestern abend war ich eingeladen«, berichtet Mary, »und ich wollte Penny anrufen, aber ich kam nicht durch. Ihr Telefon war besetzt, denn sie telefonierte mit meiner Schwester Kate. Wir beide hatten zur gleichen Zeit die gleiche Idee gehabt.«
Penny lebt in der Nähe ihrer Familie in Schottland. Ihre jüngeren Schwestern besuchen sie regelmäßig und hüten ihre Kinder, während Yvonne in London mit ihr telefonisch Kontakt hält. Sie alle treffen sich an Weihnachten und tauschen immer noch oft Kleider untereinander aus.
Mary war dieses Jahr in London, während ihre Examensergebnisse auf dem Weg nach Schottland waren. »Penny öffnete den Brief zu Hause – ich brannte darauf, die Ergebnisse zu erfahren, und so ging es auch ihr, aber sie konnte mich telefonisch nicht erreichen. Als das Gespräch endlich durch war, wählten sie die Nummer einer Telefonkabine am Ende der Straße, um irgend jemanden auf der Straße zu bitten, mir Bescheid zu sagen. Sie war so begeistert von meinen Resultaten, daß sie sie mir unbedingt mitteilen wollte.«
»Man fühlt einfach mit seiner Schwester«, erklärt Yvonne. »Wir hatten alle auf Marys Examensergebnisse gewartet, und es hätte uns alle geärgert, wenn sie sie nicht erfahren hätte. Es wäre nicht einfach nur ›schade‹ gewesen – es war ein wirklich tiefes Gefühl.«
Umgekehrt hat auch Yvonne diese gegenseitige Sorge erfahren, als ihren Schwestern klar wurde, daß sie ein Problem hatte, das sie selbst nicht einmal zugab. »Nachdem mein Baby geboren war«, erzählt sie, »war ich sehr bedrückt – so sehr ich das Baby auch liebte – zu Hause, alleine innerhalb meiner vier Wände und niemand, mit dem ich sprechen konnte. Als ich mit meiner Familie telefonierte, sagte ich,

daß es mir, so weit es mich beträfe, gut ginge. Doch das leuchtete meinen Schwestern offensichtlich nicht ein.«
Die Schwestern hatten gespürt, daß mit Yvonne etwas nicht stimmte, und entschlossen sich, jede für sich und unabhängig voneinander, nach London zu fahren und sie zu besuchen. »Plötzlich«, erinnert sich Yvonne, »standen sie alle zusammen vor der Türe.«
Diese Art der geistig-seelischen Verbindung ist nach Aussagen der Schwestern, mit denen ich sprach, unter Schwestern ziemlich weit verbreitet – und wird sogar als selbstverständlich hingenommen. Doch es ist kein Phänomen, über das viel gesprochen wird.
Man nimmt allgemein an, daß Zwillinge über telepathische Fähigkeiten verfügen. Das ist ganz zweifellos bei vielen der Fall. Ich habe das Thema Zwillinge in diesem Buch vermieden, da Zwillinge ein Sonderfall sind, eine winzige Minderheit unter Schwestern, und dieses Thema auch schon anderweitig untersucht worden ist. Doch ich habe mich entschlossen, über einige Fälle dieses intuitiven Verständnisses zwischen Zwillingen zu berichten, da diese, wie mir scheint, noch über die Erfahrungen hinausgehen, von denen mir andere, Nicht-Zwillingsschwestern berichtet haben.
Eine ganze Reihe von Schwestern, deren Altersdifferenz nicht groß war, beschrieben mir, daß sie sich wie Zwillinge fühlten. Dieses Gefühl, eine austauschbare Identität zu besitzen, ein Ich und zwei Körper zu sein, spiegelt die extreme Verbundenheit zwischen einigen Schwestern wider.
Die Geschichte der eineiigen Zwillinge Greta und Freda, die 1980 in der englischen und amerikanischen Presse breitgetreten wurde, ist ein bizarrer Fall von Telepathie zwischen Zwillingsschwestern. Die beiden Schwestern erschienen zusammen bei Gericht, angeklagt der öffentlichen Ruhestörung, nachdem sie das gemeinsame Objekt ihrer Verehrung – einen früheren Nachbarn – über die Grenzen seiner Duldung hinaus verfolgt hatten. Sie kamen zusammen, jede von

ihnen bestückt mit einem pinkfarbenen Fausthandschuh und einem braunen Handschuh. Sozialarbeiter berichteten Einzelheiten aus ihrem Leben und beschrieben sie als einen Geist in zwei Körpern.

Die beiden waren in jeder Hinsicht gleich: ihr Aussehen, ihre Art zu reden, ihre Gedanken, Bewegungen, ihre Kleidung. Sie waren untrennbar, und jeder Versuch, sie zu trennen, wurde mit Schreien und Schmollen beantwortet. Besonders eigenartig war die Tatsache, daß die beiden unisono reden konnten, die gleichen Dinge in der gleichen Weise zur gleichen Zeit ausdrücken konnten, wodurch ein einzigartiger Echoeffekt entstand.

Ein Psychiater soll angeblich gesagt haben, daß »ihre völlig parallele Identität, besonders ihr beständiges Einssein im Sprechen, weit über das hinausgeht, was in der psychologischen Medizin ansonsten über eineiige Zwillinge bekannt ist. Dies muß dem am nächsten kommen, was die Welt je an einer ständig spontanen, faszinierenden Vorführung von Telepathie miterleben konnte.«[19]

Erst in jüngster Zeit hatte die englische Presse ihren großen Tag mit der Geschichte der Zwillingsschwestern Pat und Pauline Welsh, die die Zwillingsbrüder Peter und John Collister heirateten. Ihre Geschichte ist eine lange Kette von außerordentlichen, deckungsgleichen Ereignissen, doch viele Nicht-Zwillingsschwestern werden ähnliche Erfahrungen gemacht haben, wenn auch vielleicht weniger durchgängig.

Die Schwestern, Mitte Zwanzig, sind beide Kindergärtnerinnen. Es ist ihnen schon passiert, daß sie die gleichen Dinge in den gleichen Geschäften, ohne voneinander zu wissen, gekauft haben, und – wie andere Schwestern – gelegentlich von der Angst überwältigt wurden, daß die andere bei einem Unfall verletzt worden sein könnte.

[19] London AP vom 9.12.1960. Zitiert in Bank, Stephen and Khan, Michael: The Sibling Bond. New York: Basic Books 1982.

Die Schwestern lernten John Collister zur gleichen Zeit kennen, und beide waren von ihm angetan, wodurch der Weg bereitet gewesen wäre für ihren ersten wirklichen Streit. Doch die Ankunft seines Zwillingsbruders Peter löste das Problem. Ihre Doppelromanze führte zu einer Doppelhochzeit, und dann machten sich die beiden Paare an die Gründung ihrer Familien.

Pat hat dem *Sunday*-Magazin erzählt, daß ihre Schwester ohne Erfolg versucht habe, schwanger zu werden, während sie sich entschlossen hatte, noch ein paar Jahre zu warten. Doch dann stellten die Schwestern fest, daß sie beide ein Baby erwarteten und daß die Geburtstermine innerhalb der gleichen Woche lagen.

Während der Schwangerschaft hatten sie die gleichen Essensgelüste und hatten die gleichen Aversionen gegen bestimmte Sachen. Einmal, berichtete Pat, »wachte ich um vier Uhr morgens auf und hatte furchtbare Rückenschmerzen. Ich weckte John und bat ihn, meinen Rücken zu massieren, bis ich mich besser fühlte. Am nächsten Tag besuchte Pauline mich zum Tee und erzählte mir, sie habe in der Nacht furchtbare Rückenschmerzen gehabt und habe – um vier Uhr morgens – Peter aufwecken müssen, damit er ihr den Rücken rieb.«

Bei anderer Gelegenheit besuchte Pauline ihre Schwester zum Tee und brachte ihr einen Dattel-Walnußkuchen mit, um bei ihrer Ankunft feststellen zu müssen, daß Pat den gleichen Kuchen gekauft hatte, im gleichen Geschäft, einige Stunden zuvor.

Im August 1984 hatte Pat ihren Geburtstermin bereits um vier Tage überschritten, so daß man im Krankenhaus die Geburt einleiten wollte. Als nächstes erfuhr Pat, daß Pauline mit Wehen ins Krankenhaus eingeliefert worden sei. Von diesem Augenblick an verliefen ihre Geburten nach dem gleichen Muster. Ihr Arzt berichtete von seiner Verblüffung über diese Doppelgeburt: Es war nicht ganz einfach, die Babys zu entbinden, weil beide falsch herum lagen. Ohne

vorher darüber gesprochen zu haben, hatten beide Schwestern sich entschieden, ihr Baby Thomas zu nennen, falls es ein Junge werden sollte. Glücklicherweise war einer der »Zwillinge« ein Mädchen, doch genetisch gesehen sind sie gleichzeitig Cousin und Cousine sowie Bruder und Schwester.
Auch die Stimmungen der Schwestern in der Folgezeit waren deckungsgleich: Beide waren gleichzeitig den Tränen nahe, beide hatten ihre guten Tage zusammen. Sie hatten den gleichen Alptraum, in dem sie ihr Baby verloren, und wachten tränenüberströmt in der gleichen Nacht zur gleichen Zeit auf.
Die Bande zwischen Schwestern – ob sie nun Zwillinge sind oder nicht – gehen oft tiefer als unsere Fähigkeit, sie zu verstehen.

Ein nicht zu zerstörendes Verstehen

Die meisten Beziehungen – Freundschaften, Liebesbeziehungen, Ehen – erfordern ein gewisses Maß an Pflege, um sie am Leben zu erhalten. Wenn ein Jahr vergeht, ohne daß man etwas von Freunden gehört hat, dann sagt man, man habe »den Kontakt verloren«. Wenn Ehepaare getrennt in Urlaub fahren, runzeln die Leute die Stirn. Und von Verwandten erwartet man zumindest einen gelegentlichen Telefonanruf oder einen Weihnachtsgruß.
Die schwesterliche Beziehung jedoch scheint eine dramatische Ausnahme zu sein. Für viele Schwestern ist das in der Kindheit geknüpfte Band nicht nur von Dauer, es erfordert auch kaum eine formale Pflege trotz der großen zeitlichen Unterbrechungen und räumlichen Entfernungen, die oft das Leben der erwachsenen Schwestern bestimmen. »Das Kon-

takt-Verlieren« ist im allgemeinen kein Thema. Und das setzt nicht voraus, daß die Beziehung in der Kindheit immer nur einfach und unproblematisch war.

Ich entdeckte eine Seelenverwandte wieder

Linda behauptet, als jüngste von drei Schwestern in der Kindheit eine ziemlich harte Zeit durchgemacht zu haben. Sie wurde von den älteren beiden, Kath und Sally, die sich gegen sie verbündeten, ausgeschlossen. Sie zahlte es ihnen heim, indem sie petzte und das »verwöhnte Balg« hervorkehrte. Heute sind die Schwestern über dreißig und die besten Freundinnen. Und das, obwohl Kath im Norden Englands, Sally in New York und Linda in London lebt.
»Wir haben heute untereinander ein sehr inniges Verhältnis, inniger, als es je gewesen ist«, erklärt Linda. »Die Beziehung, die wir als Kinder zueinander hatten, hat sich grundlegend verändert. Sally, mit der ich mich als Kind nie verstanden habe, ist heute völlig anders. Sie ist großartig. Sie ist super. Ich habe gerade drei Wochen bei ihr in New York verbracht und habe ihr gesagt: ›Ich kann gar nicht glauben, daß du der gleiche Mensch bist.‹«
Linda kam erst als Teenager nach England und sah Sally, die in Amerika geblieben war, nicht einmal aus der Ferne:
»Es gab einmal einen Zeitraum von sieben Jahren, in denen ich keinen Kontakt zu Sally hatte. Selbst heute, wo wir uns bestens verstehen, ist es kaum möglich, einen Brief von ihr zu bekommen. Sie ist eine miese Briefschreiberin, und ich hatte kein Telefon.
Es wäre mir nicht einmal eingefallen, sie zu vermissen. Und dann kam sie vor ein paar Jahren hierher. Ich war entsetzt. Ich wußte nicht, ob wir uns verstehen würden. Sie sagte mir nicht, wann sie kommen würde, sie stand einfach vor meiner Tür.
Als wir uns jedoch trafen, war alles ganz unproblematisch.

Es ging blitzschnell, wie ein Haus, das in Flammen aufgeht. Sally blieb eine Woche bei mir, und wir redeten ununterbrochen – über alles. Ich erfuhr alles über ihre Eheschwierigkeiten, sie erfuhr alles über mich, und wir sprachen über alles, was unser Leben betraf. Wir holten die Vergangenheit nach.

Dann half ich ihr, eine Wohnung zu finden, und wir sahen uns, als ob wir immer in dieser Entfernung voneinander gelebt hätten – ungefähr einmal alle zwei Wochen.

Vor kurzem besuchte ich sie für drei Wochen in Amerika. Es war großartig. Sie tat das gleiche für mich, was ich für sie getan hatte. In der ersten Woche ließen wir uns nicht aus den Augen, obwohl wir uns dieses Mal nur eineinhalb Jahre nicht gesehen hatten. Sie stellte mir alle ihre Freunde vor, und dann machte ich mich selbständig. Und wieder war es wie ein Haus in Flammen.«

Geographisch gesehen ist Kath Linda näher. Die beiden sehen sich zweimal im Jahr. »Wir verstehen uns prima«, sagt Linda. »Ich rufe sie einmal pro Woche an. Sie fragt mich, wie es meinem Hund geht, und ich frage sie, wie es ihrem Pferd geht.

Das Außerordentliche an meinen Schwestern und mir ist, daß wir uns so verstehen, als ob nichts geschehen wäre, als ob es diese Lücke nie gegeben hätte.«

Es mag außergewöhnlich sein, dennoch ist es nicht ungewöhnlich. Betty hat mit ihrer älteren Schwester Vicky die gleiche Erfahrung gemacht. »Ich hatte sie fünf Jahre lang nicht gesehen, während der sie in den Vereinigten Staaten gelebt hatte. Wir hatten uns ziemlich viel geschrieben, aber gegen Ende der Zeit fühlte ich mich doch ein bißchen verloren.«

Dann zog Vicky nach Irland, und Betty empfand die gleiche Mischung aus Angst und freudiger Erregung wie Linda bei dem Gedanken daran, die Schwester wiederzusehen: »Ich hatte schon ein bißchen Angst, sie zu sehen, aber ich war auch voller Freude. Ich hatte einen Minibus und hatte

vor, eine Zeitlang durch Irland zu reisen und Vicky zwischendurch zu besuchen. Daraus wurde jedoch nichts. Ich fuhr sofort zu ihr und verbrachte die ganzen drei Wochen bei ihr.
Es war toll, unser Treffen. Wir waren wieder wie Schulkinder. Wir kicherten tagelang, bis Vicky verlegen wurde und sagte: ›Aufhören!‹, was uns nur noch alberner machte. Es war einfach wunderbar. Es machte solchen Spaß, über alles und nichts zu kichern. Ich glaube, wir waren ziemlich aufgekratzt.
Wir saßen einfach da und sprachen über Erinnerungen an unsere Kindheit. Bei dieser Gelegenheit erzählte sie mir viele Dinge, an die ich mich nicht mehr erinnern konnte. Ungefähr nach der zweiten Woche bekam ich allmählich das Gefühl, daß ich mich zwischen Vicky und ihren Mann stellte, denn ich kannte ihn nicht sehr gut. Es war schwierig, ihn kennenzulernen, aber das lag vielleicht auch daran, daß ich meine ganze Zeit mit Vicky verbringen wollte.«

Sie war wie mein Spiegelbild

Dieses belebende und erheiternde Gefühl, einen Seelenverwandten wiederentdeckt zu haben, und der Drang, in Gesellschaft der Schwester zu sein, stellt sich oft sogar auch nach noch größeren Zeitabständen ein. Dies ist die Geschichte von Meg, die in London lebt, Welten entfernt von ihrer Schwester Lucy in Kanada.
»Ich wurde unmittelbar vor dem Krieg geboren, sie vier Jahre später, mitten im Krieg. Während des Krieges wurden wir von London nach Wales evakuiert, und Lucy schrie und schrie. Zu dieser Zeit hegte ich ziemlich mütterliche Gefühle für sie, ich war nett zu ihr, wenn ich mich recht erinnere, aber ich habe nicht zugelassen – und daran erinnert sie sich –, daß sie in meinem Bett schlief.«
Als Meg zehn Jahre alt war, zog die Familie nach Kanada,

wo die Kinder groß wurden und Lucy auch heute noch lebt. Zwischen den Schwestern entstand damals eine große Kluft: »Wir hatten kein sehr enges Verhältnis, wir waren sehr unterschiedlich. Ich war furchtbar selbständig, immer alleine unterwegs, während sie eher anhänglich schien, sich immer an meine Mutter klammerte. Daher war ich sehr ungeduldig mit ihr und wohl auch ziemlich tyrannisch.
Auch körperlich waren wir sehr unterschiedlich. Sie war relativ klein, während ich immer groß und schlaksig war – und viel sportlicher als sie. Sie war, was Musik angeht, sehr gut, dafür war ich auf diesem Gebiet schlecht und widerspenstig und mußte zur Musik gezwungen werden. Ich bin sicher, daß Lucy, was das Musische betrifft, für meine Mutter das dankbarere Objekt war.
Ich war ziemlich gut in der Schule, und meine Eltern schienen mit mir ganz einverstanden zu sein, während für Lucy die Schule und das Leben im allgemeinen immer mit mehr Aufregung verbunden waren. Meine Eltern müssen sich wohl um sie und unsere Beziehung zueinander Sorgen gemacht haben.«
Keine besonders vielversprechende Basis für eine lebenslange Bindung, so scheint es. Und als Meg mit über zwanzig heiratete und nach England emigrierte, hatte es den Anschein, daß, hätten die Schwestern je eine Chance gehabt, sich näherzukommen, diese nun endgültig verspielt war. Es sollte 21 Jahre dauern, bevor sich Meg und Lucy wiedersahen. Doch dieses Wiedersehen war eine der ganz großen Überraschungen ihres Lebens.
»Ich hatte doch ein wenig Angst, sie wiederzusehen«, berichtet Meg. »In den vorangegangenen Jahren hatten wir uns geschrieben. Wir hatten beide geheiratet, und beide hatten wir zwei Kinder. Ich kannte ihren Mann – er war ein Freund der Familie, schon bevor ich das Elternhaus verließ – aber nicht ihre Kinder. Zu Weihnachten gab es einen regen Briefwechsel, der im Laufe des Jahres wieder nachließ. Ich hatte eine Vorstellung von ihren Interessen und ihrer Per-

sönlichkeit, doch hatte ich sie niemals als Erwachsene erlebt. Sie war 16 Jahre alt, als ich ging, und 36, als ich sie wiedersah. Ich hätte mir nie vorstellen können, daß es so lange dauern würde.«

Meg beschreibt ihr Treffen als eine »große Erleuchtung«. Nachdem sie über zwanzig Jahre das Bild eines Menschen mit sich herumgetragen hatte, der grundlegend anders war als sie, sah sie sich plötzlich einem Menschen gegenüber, der fast ihr Doppelgänger hätte sein können:

»Die erste große Überraschung war, daß sie fast genauso aussah wie ich – wir sahen uns ähnlicher, als wir erwartet hatten. Wir waren beide fasziniert, es war *wirklich* interessant. Ich hatte ihre kleinen Ticks vergessen, ich empfand sie als einen Spiegel meiner selbst. Ich hörte sie Dinge sagen, in denen ich mich wiedererkannte.

Jemand, der uns beide gekannt hätte, hätte es wohl gewußt, doch für mich war es wie ein Schock, denn ich hatte es nicht gesehen, als wir Kinder waren. Ich hatte immer geglaubt, daß wir sehr unterschiedlich wären, doch dieses Treffen schien deutlich zu machen, wie ähnlich wir uns waren. Obwohl wir noch immer unterschiedlich groß sind, überließ ich ihr alle meine Kleider.«

Die Schwestern waren sich nicht nur in ihrer äußeren Erscheinung ähnlich. Sie entdeckten auch alle möglichen anderen Parallelen, was ihr übriges Leben anbetraf: Meg ist Kinderpsychologin und Lucy hat Kinderbücher geschrieben und illustriert.

»Wir schienen uns in unseren Interessen, Haltungen, Ansichten von der Welt unwahrscheinlich nahegekommen zu sein. In vielerlei Bereichen, von denen ich nichts gewußt hatte – was Politik, Bücher, Literatur betrifft –, hatten wir uns offensichtlich in ganz ähnlichen Bahnen bewegt. Ich stellte fest, daß sie ganz ähnlich auf Bücher reagierte wie ich.«

Wie auch schon Betty und Linda wollte Meg ausschließlich mit ihrer Schwester zusammensein. Und auch sie waren beide in überschwenglicher Stimmung. »Wir verbrachten fünf Tage fast ununterbrochen zusammen, und am meisten waren wir verblüfft darüber, daß ich, soweit ich mich entsinnen kann, in einem solchen Zeitraum noch nie zuvor soviel gelacht hatte. Das lag zu großen Teilen sicher an dem Aufruhr unserer Gefühle.

Wir lachten vor allem über die Vergangenheit – über Dinge, an die keine von uns in den letzten Jahren mehr gedacht hatte. Wir sprachen über das Jungsein und darüber, wie schrecklich ich gewesen war. Ich verstand plötzlich eine ganze Reihe von Dingen. Doch am wichtigsten war mir, mit ihr zusammenzusein.

Ein Bereich, über den wir mit sehr viel Leichtigkeit und großem Vergnügen sprachen, war der Sex. Das hatten wir nie zuvor getan, was vielleicht auch ein Grund ist, warum ich so erstaunt war, wie einfach alles war, als wir uns wiedertrafen.«

Das Familienleben, das Leben mit ihren Eltern, wurde auch unter die Lupe genommen in einem, wie Meg es nennt, »Prozeß des Aufdeckens«. Eine Menge Dinge waren ihrer Meinung nach unter den Teppich gekehrt worden, den die beiden Schwestern »wieder hochhoben«. Sie sprachen darüber, wie die äußerst strengen religiösen und idealistischen Ansichten ihrer Eltern sie und ihre Entwicklung geformt hatten.

»Wir sprachen darüber, wie ich den Weg bahnte und wieviel nachsichtiger und verständnisvoller meine Eltern geworden waren. Doch auch wir haben uns verändert, sind toleranter geworden, sind uns nähergekommen.« In ihrer Schwester entdeckte Meg einen Menschen mit »einem wachen Auge« – einem intuitiven Gespür dafür, die Wahrheit zu erkennen.

Meg bringt diese »Erleuchtung« in bezug auf ihre Schwester in Verbindung zu einer anderen Erfahrung, die sie machte, als sie nach England zurückkehrte – sie verliebte sich. »Es war eine weitere großartige Zeit voller Emotionen, und daß ich ihn so bald nach Lucy traf, war für mich von großer

Bedeutung, obwohl ich nicht glaube, daß unser Wiedersehen einen Einfluß darauf hatte, daß ich mich in diesen Mann verliebte.« Sie schließt jedoch nicht aus, daß sie durch das Zusammentreffen mit Lucy emotional offener geworden war sich selbst und anderen gegenüber. »Ich habe mit Vergnügen daran gedacht, daß sie sich bestimmt gut verstehen würden.« Meg plant, ihn zu Weihnachten nach Kanada einzuladen.
»Ich war furchtbar traurig, sie verlassen zu müssen. Ich wollte mich festklammern an dem, was da war; ich wollte es nicht zurücklassen. Jetzt weiß ich, daß es auf jeden Fall da ist, daß wir es wissen und daß wir uns nie mehr darüber Sorgen machen müssen. Es ist sehr stark – und war doch völlig unerwartet.
Es ist wie ein enger Freund, doch was hinzukommt, das sind all die gemeinsamen Erfahrungen. Ich hatte mir wirklich nicht vorgestellt, daß es so sein würde wie...
Obwohl die Gefühle und Emotionen völlig anders sind, ist es doch beinahe so stark, als würde man sich verlieben.«

Schwesterlicher Rückhalt – in Krisen, im Alter, im Tod

Ich vertraue meiner Schwester vorbehaltlos, wie sie umgekehrt auch mir. Im Falle einer Krise gehe ich als erstes zu ihr

Wenn Schwestern das Elternhaus verlassen, um sich ihr eigenes Leben einzurichten, dann kann durchaus der Eindruck entstehen, als hätten sie weniger Zeit füreinander. Es kann sein, daß ihr Verhältnis ruht und andere Verpflichtungen der Arbeit, dem Mann, den Kindern gegenüber Vorrang genießen.

Doch ganz gleich, wie selten sich Schwestern sehen oder wie weit sie voneinander entfernt leben, in schwierigen Zeiten werden sie sich immer wieder aneinander wenden. Geburten, Todesfälle, Krankheiten, Unfälle, das Scheitern von Beziehungen: Wenn es hart auf hart geht, erwacht die schwesterliche Beziehung zu neuer Bedeutung.

Ethel ist Ende Sechzig und lebt mit ihrer älteren Schwester Eileen zusammen.

»Als mein Mann so krank war, wäre ich ohne Eileens Hilfe nicht ausgekommen«, berichtet sie. »Sie nahm sich Urlaub und blieb bei mir im Krankenhaus. Das war sehr hilfreich... Ich weiß nicht, was ich ohne sie getan hätte. Sie half mir unwahrscheinlich in dieser schwierigen Situation.

Nach seinem Tod nahm sie mich mit in Urlaub – ich hätte nicht alleine fahren können. In solchen Situationen waren wir uns immer sehr nahe gewesen. Ich würde sagen, daß Eileen die erste war, an die ich mich in dieser Situation wandte.«

Wenn ein männlicher Partner eine Frau mißhandelt oder gewalttätig ist, wenn eine Beziehung einfach nicht funktioniert, dann ist die Schwester oft der erste Zufluchtsort. Marions Mann mußte erst jahrelang trinken und gewalttätig sein, bevor sie akzeptierte, daß ihre Ehe zu Ende war. In der Zwischenzeit hatte ihre Schwester Jane ihr moralisch und praktisch beigestanden:

»Als ich Ende Zwanzig war, trennte ich mich eine Zeitlang von meinem Mann und zog zu Jane. Bei ihr suchte ich Zuflucht vor ihm. Und dann, nach sechs oder sieben Jahren, mißhandelte er mich immer stärker, und ich suchte mehr und mehr Schutz bei ihr.«

Das Mitgefühl einer Schwester gewährt einer Frau oft erste Hilfe in der Not, und egal, ob sie sich nun entscheidet, ihren Mann zu verlassen oder nicht, das Wissen, daß sie die Möglichkeit hat, ist bereits ein Trost. Sandras Schwester Tina machte in ihrer Ehe eine schlimme Zeit durch, während der sie sich sehr auf Sandra stützen konnte:

»Wenn ich sie besuchte, holte sie mich ab und auf dem Weg nach Hause schüttete sie mir ihr Herz aus«, erzählt Sandra. »Sie wurde alle ihre Sorgen los, bevor wir zu Hause ankamen. Sie bat mich, ihr irgendwie zu helfen, denn ich hatte mit meinem Mann noch Schlimmeres durchgemacht. Ich konnte ihr von meinen Erfahrungen berichten, was ihr wirklich guttat.
Sie berichtete mir Dinge wie: ›Er hat mich neulich – zum ersten Mal – geschlagen. Ich fühle mich entsetzlich – aber du hast ja noch viel mehr miterlebt.‹ Ich wußte genau, was sie fühlte. Später schrieb sie mir, daß sie im Begriff sei, ihren Mann zu verlassen. Also schrieb ich ihr, daß sie jederzeit mit ihren drei Kindern zu mir kommen könne. Es tat mir leid, daß sie sich in einer solchen Notlage befand, aber ich war froh, daß ich ihr mein Haus anbieten konnte.«
Viele Schwestern sind in der Lage und auch bereit, solche lebenswichtigen Alternativen anzubieten – selbst wenn sie sich sonst nicht so nahestehen. Carol, eine alleinstehende 33jährige Mutter, berichtet, daß sie nicht viele Gemeinsamkeiten mit ihrer verheirateten, jüngeren Schwester Peggy hat, doch daß sie nicht dabeistehen und zusehen könne, wie sie von einem untreuen Ehemann schlecht behandelt wird:
»Ich habe zu ihr gesagt: ›Schau, Peggy. Ich fände es besser, du wärst hier bei mir als unglücklich mit ihm. Du könntest unten mit deinen Kindern leben, und ich würde oben mit meinen leben.‹ Wenn ich darüber nachdenke, dann ist meine Schwester nicht unbedingt der Mensch, mit dem ich zusammenleben wollte. Ich lebe gerne für mich alleine, aber ich wollte ihr klarmachen, daß es eine Alternative gibt.
Es wäre sicherlich eine ziemliche Bürde, wenn ich mich um meine Schwester kümmern müßte, aber das wäre mir lieber, als sie bei ihm zu wissen. Ich habe keine utopische Vision unseres Zusammenlebens. Ich finde nur, daß niemand – und vor allem nicht meine Schwester – das mitmachen sollte, was sie mitmacht.«

Wie können andere Menschen ohne die Hilfe einer Schwester oder eines Bruders überleben?

Auch die Verantwortung für einen älteren Verwandten kann Anlaß sein, das schwesterliche Verhältnis zu reaktivieren. Für die Mittdreißigerin Carmel und ihre ältere Schwester Pat ist die gegenseitige Unterstützung bei den Problemen mit ihrer älter werdenden Mutter die Bestärkung einer Bindung, die ihren Ursprung in der Kindheit hat:
»Wir haben ein unglaublich inniges Verhältnis«, sagt Carmel. »Das liegt daran, daß wir das Gefühl haben, einiges zusammen durchgemacht zu haben. Wir wuchsen beide unter schwierigen Bedingungen auf – weil unsere Eltern sich stritten und schließlich scheiden ließen. Es war interessant, über diese Zeit zu sprechen und – trotz des zehnjährigen Altersunterschiedes zwischen uns – zu wissen, wie ähnlich unsere Erfahrungen waren. Es ist unglaublich hilfreich, von jemandem verstanden zu werden, ohne immer alles erklären zu müssen.
Was ich mir nicht vorstellen kann, ist, wie Menschen ohne die Hilfe eines Bruders oder einer Schwester zurechtkommen können. Wir sprechen unaufhörlich über die Situation unserer Mutter. Wir sagen Dinge, die kein anderer sagen könnte – manchmal fünf bis sechs Stunden lang. Es ist eine großartige Erleichterung, und am Ende sitzen wir da und lachen.«
Manchmal mündet dieses Bedürfnis, einer Schwester beizustehen, in einer totalen Abwehrhaltung. Selbst Schwestern, die sich durchaus kritisch gegenüberstehen, dulden von einem Außenstehenden keinerlei negative Äußerungen über die Schwester. Viele Schwestern haben auch berichtet, daß sie mit unmittelbarer Heftigkeit jeden – verbal oder physisch – angegriffen hätten, der ihre Schwester bedroht hätte. Es ist ebenfalls nicht ungewöhnlich, daß eine Schwester der anderen ihren Körper in einem Notfall zur Verfügung stellt, indem sie als Leihmutter oder Organspenderin fungiert.
Vor zwei Jahren wurde Madges ältere Schwester Karen in die

Nierenstation eines Krankenhauses eingeliefert. Sie war nicht einmal vierzig Jahre alt, aber man sagte ihr, daß sie entweder bis zum Ende ihres Leben von Dialysegeräten abhängig sein würde oder daß sie eine Nierentransplantation benötige. Madge war sofort bereit, die Niere zu spenden, und damit begannen viermonatige Tests, um festzustellen, ob sich die Gewebe der Schwestern vertrügen.

»Wir fühlten uns wie ein und dieselbe Person: Wir erschienen zusammen in fast den gleichen Kleidern, und manchmal konnten uns die Krankenhausangestellten nicht einmal auseinanderhalten. Wir waren wie Teile des gleichen Puzzles oder Stücke, die vom gleichen Kuchen abgeschnitten wurden. Wir paßten zusammen. Es wäre uns nie in den Sinn gekommen, daß eine Transplantation nicht möglich wäre.«

Doch Karen bekam nach der Transplantation eine Lungenentzündung und eine Virusinfektion. Auch Madge brauchte Wochen, um sich von der Operation zu erholen. Eine Zeitlang konnten die beiden sich über Telefon unterhalten. Während eines solchen Gesprächs spürte Madge, daß ihre Schwester deprimiert war, und ging sofort zu ihr:

»Ich glaube, sie wußte, daß sie sterben würde. Der Teil von mir, der Krankenschwester gewesen war, wußte es, aber der Teil von mir, der Schwester war, hoffte, daß es ihr besser gehen würde. Hätte ich mir eingestanden, daß sie sterben würde, so wäre das gewesen, als ob ich den Glauben an sie verloren hätte. Welche Hoffnung hätte sie dann noch gehabt?

Karen weinte, als ich sie besuchte. Ich umarmte sie und sagte ihr, daß ich sie liebte. Ich war der letzte Mensch, den sie sah, bevor sie in der gleichen Nacht kollabierte. Um meine Niere herum brach alles zusammen – es war furchtbar.«

Madge kämpft noch immer gegen ein völlig irrationales Schuldgefühl an, weil sie nicht in der Lage war, das Leben ihrer Schwester zu retten. Manchmal meint sie sogar, sie habe ihre Schwester mit der eigenen Niere getötet. Sie

trauert noch heute um Karen. Aber sie hat auch das Gefühl, daß ihr Band dennoch irgendwie weiterexistiert:
»Ihr Tod war ein furchtbarer Verlust. Aber es gibt einen Gedanken, der mir hin und wieder kommt, den sie vielleicht auch gehabt hätte und den sie sicherlich kennt – es ist die Überzeugung, daß sie noch lebt. Ich fände es wunderbar, wenn sie zurückkäme und mir sagte, wo.«
Wenn sich früher die Schwestern untereinander beigestanden haben, so erstreckt sich die Hilfe heute auf Karens Kinder. Madge tut ihr Bestes, um sich an Karens Stelle um sie zu kümmern:
»Es ist schön, daß ich so ein enges Verhältnis zu ihren Kindern habe. Ich fühle mich für sie verantwortlich. Ihr Sohn ist Vegetarier geworden, und ich habe ihm einen Brief über eine entsprechende sinnvolle Ernährung geschrieben. Ich tue praktische Dinge für Karen. Wir waren der Meinung, daß man keinen einzigen Tag damit verschwenden dürfe, sich elend und negativ zu fühlen – und das versuche ich auch heute noch aufrechtzuerhalten.«

Ich zählte auf ihre Liebe bis ans Ende meines Lebens

Die Krankheit einer Schwester kann dazu führen, daß das schwesterliche Verhältnis stärker in den Vordergrund rückt – um im Falle ihres Todes plötzlich ganz durchtrennt zu werden. Alice Bloch war so stark von dem Verlust ihrer Schwester Barbara berührt, die im Alter von zwanzig Jahren an Leukämie starb, daß sie ihr Buch *Lifetime Guarantee* zur Erinnerung an sie und als Ventil für ihre Trauer schrieb.
Als Alice zum ersten Mal von der Krankheit ihrer Schwester hörte, wurde ihr die Stärke ihrer Bindung schmerzlich bewußt:
»Sie ist meine Schwester. Ich brauche sie. Ich muß wissen, daß sie irgendwo auf dieser Welt ist, für immer. Bitte, sie ist jünger. Ich habe auf ihre Liebe, ihre Anwesenheit bis zum

Ende meines Lebens gebaut. Barbara ist so voll von Vitalität, so voll von verrückten, wundervollen Ideen.«
Dann wird Alice von dem irrationalen Schuldgefühl übermannt, daß sie als Barbaras ältere Schwester ihr Leiden hätte verhindern können:
»Es ist mein Fehler, daß sie krank ist. Weil ich aufhörte, eine gute Jüdin zu sein. Weil... weil... Aberglauben. Schlechte Gedanken. Muß aufhören. Ich stehe nicht im Mittelpunkt dieses Dramas.«
Es ist, als ob Alice – bei der Aufteilung des Terrains zwischen Schwestern – die »gute Gesundheit« genommen und sie damit ihrer Schwester geraubt hätte:
»Das ist die äußerste Form der geschwisterlichen Rivalität, der letzte, grimmige Wettstreit: Wer wird länger leben? Wer ist stärker? Glücklicher? Wer wird überleben?... Eine gewaltige Illusion. Sie macht mich zur dreifachen Kannibalin. Als hätte ich ihr gesundes Knochenmark ausgespült, um es in meine Knochen zu füllen. Als ob ich aus ihrem Fleisch, ihrem Fett, ihrem Haar einen Mantel gemacht hätte, um mich zu schützen, ein Polster gegen den Winter, in dem sie erfror.«
Alice machte eine Reise, um Barbara im Krankenhaus zu besuchen – und die Krankenschwestern (die sie für Barbara hielten) sagten ihr, sie müsse sich wieder ins Bett legen. Ihre Schuldgefühle erwachten erneut beim Anblick der Besucher ihrer Schwester, und sie sah sich gezwungen, sich des egoistischen Aspekts ihrer engen Bindung an Barbara bewußt zu werden:
»Ich habe durchaus akzeptable Gründe, jeden einzelnen von ihnen (den Besuchern) nicht zu mögen, aber der wirkliche, schmähliche Grund ist der, daß sie Rivalen sind um die Aufmerksamkeit Barbaras. Ich habe das Gefühl, daß ich nicht gebraucht werde, wenn sie da sind. Und was zum Teufel tue ich hier, wenn ich nicht gebraucht werde?
Es gibt eine gute Regel, an die man sich erinnern sollte. Wenn du schon krank werden mußt, dann tue das nur, wenn

deine Schwester sich in einer Übergangsphase befindet, wenn sie keinen Liebhaber, keinen Job, kein Zuhause hat. Tue es, wenn sie deprimiert ist und einen Sinn in ihrem Leben sucht. Ach, ich kann mich selbst nicht ausstehen, wenn ich mein Verhalten in diesem Licht betrachte.«

Doch da die Gefühle von Schwestern oft ineinander verflochten sind, stimmen Eigeninteresse und Interesse der Schwester oft überein:

»Das Eigenartige ist, daß ich nirgenwo sonst sein möchte, nichts anderes tun möchte, als mich um Barbara zu kümmern. In gewisser Weise kümmere ich mich auch um mich selbst. Es ist – für uns beide – wie eine Zeit des Heilens. O Gott«, bittet Alice, »Barbara muß wieder gesund werden. Sie ist vielleicht der einzige Mensch, von dem ich sicher bin, daß ich ihn liebe.« Doch Barbara wird nicht gesund. Alice entdeckt, daß sie einen Teil ihrer Unterstützung, einen Teil von sich zurückziehen muß, um sich selbst vor dem bevorstehenden Verlust zu schützen. Daher entschließt sie sich, mit ihrem neuen Liebhaber nach Kalifornien zu gehen.

Doch als Alice ihre Schwester verlassen muß, klammern sich beide weinend aneinander. »Andere müssen sich jetzt um dich kümmern. Sie können es«, sagt Alice.

»Ich weiß«, antwortet Barbara, »aber niemand kümmert sich so um mich wie du, weil ich niemanden sonst so liebe.«

Der Verlust Barbaras bedeutet für Alice auch den Verlust eines Teils von sich selbst. Doch später entdeckt sie, daß Barbara in ihr fortlebt. »Barbara gab mir einen Teil meiner Spontaneität und meiner Kreativität. Sie ist ein Teil von mir. Durch die Liebe zu Barbara lernte ich, was es heißt, Schwester zu sein.«

Es ist die Persönlichkeitsspaltung zwischen Schwestern, die hier eine – wenn auch tragische – Lösung findet. Nicht länger müssen sie nun um ihre eigenen Bereiche kämpfen. Alice kann nun in sich selbst die Persönlichkeitsaspekte verkörpern, die Barbara zugeteilt worden waren.

Alice hatte eine Keramikfliese gemacht, um festzuhalten,

wann ihre Schwester zu ihr kam und wann sie ihre Freundschaft als Erwachsene begründeten. Auf der Fliese sind zwei Vögel zu sehen. Einer von ihnen hebt unbekümmert seinen Kopf, der andere wendet seinen Kopf traurig zur Seite. Dieses Bild hat für die überlebende Schwester eine neue Bedeutung gewonnen:

»Sie zeigt Barbara in dem Augenblick, in dem sie die Welt verläßt, und mich, wie ich angestrengt den Kopf hebe... um meinen Platz einzunehmen dort, wo sie einst stand... Die Fliese zeigt mich in dem Augenblick, in dem ich beginne, um Ganzheit zu kämpfen, darum, sowohl der fröhliche, aufmerksame Vogel zu werden, wie auch der traurige, sehnsüchtige.«

Gefährtinnen, die sich gesucht und zu ihrem Glück gefunden haben

Sowohl für Alice als auch für Madge war es eine doppelte Tragödie, ihre Schwestern in verhältnismäßig frühen Jahren verloren zu haben. Denn sie mußten nicht nur mit dem plötzlichen schmerzlichen Verlust fertig werden, sie hatten gleichfalls den Menschen verloren, der ihre größte Stütze im Alter hätte werden können.

Einigen Wissenschaftlern[20] zufolge ist es heute wahrscheinlicher denn je, daß Schwestern ihr Leben gemeinsam in einem Haus oder einem Altenheim beenden. Wir überleben mühelos unsere männlichen Partner: Ab sechzig übertreffen die Frauen die Männer zahlenmäßig um mehr als fünfzig Prozent, und mit achtzig gibt es doppelt so viele Frauen wie Männer. Die zunehmende Lebenserwartung vergrößert die Chance, daß wir im Alter noch zusammen sein werden, wenn die Kinder, die wir gehabt haben, ihre eigenen Wege

[20] Bank, Stephen and Khan, Michael: The Sibling Bond. New York: Basic Books 1982.

gehen. Die Größe der Familien nimmt ebenfalls ab, wodurch die Verbindung zu der Schwester zusätzlich an Bedeutung gewinnt.
Unsere Untersuchungen bestätigen, daß Geschwister, je älter sie werden, desto mehr an Bedeutung füreinander gewinnen. In einer Studie[21] beschrieben über zwei Drittel einer Gruppe von Geschwistern im mittleren Alter ihre Beziehung als sehr nahe. Nur fünf Prozent empfanden kein Gefühl der engen Verbundenheit. Schwestern waren sich unter Geschwistern die nächsten, und je älter die Geschwister waren, desto enger bezeichneten sie ihr Verhältnis.
Es ist ebenfalls dargelegt worden, daß Schwestern sich gegenseitig ermutigen, im Alter ihre sozialen Fähigkeiten und ihre Beziehungen zu Personen außerhalb der Familie aufrechtzuerhalten, sich am Gemeindeleben zu beteiligen und sich mit jüngeren Menschen auseinanderzusetzen.
Es gibt durchaus Sinn, daß Schwestern, sobald sie älter werden, die Eltern sterben und die Welt, wie sie sie kannten, verschwindet, sich zu denen hingezogen fühlen, die ihre Erinnerungen teilen. Eine Schwester, die noch am Leben ist, gehört vielleicht zu den wenigen Menschen, die im Alter übriggeblieben sind und die wissen, wie es in der Kindheit war und die die Vergangenheit und Gegenwart der Schwester kennt.
Die Anthropologin Margaret Mead hatte ihr ganzes Leben lang ein sehr enges Verhältnis zu ihren jüngeren Schwestern, die eine große Faszination auf sie ausübten. In ihrer Autobiographie *Brombeerblüten im Winter* denkt sie darüber nach, wie sich das besondere Verhältnis zwischen den Schwestern mit dem Alter entwickelt hat:
»Das Nachdenken über die Unterschiede zwischen meinen Schwestern brachte mich auch dazu, mir Gedanken zu machen über die anderen Frauen in der Familie meiner

[21] Cicirelli, Victor: Siehe Lamb, Michael and Sutton Smith, Brian (Hrsg.): Sibling Relationships – Their Nature and Significance across a Lifespan. US: Ehrlbaum and Associates 1982.

Mutter und die engen Freundschaftsbeziehungen, die die Schwestern der Familie, Generation für Generation, zueinander hatten.«

Margaret Mead schreibt, daß ihre Tante Fanny »noch immer bedauere, daß ihre Schwester Emily, meine Mutter, nicht bei ihr ist, um mit ihr die letzten Jahre gemeinsam zu verbringen«. Sie hat die Erfahrung gemacht, daß das in der Kindheit begründete Band zu einer festen Grundlage einer lebenslangen innigen Schwesternbeziehung werden kann:

»Sie haben nicht nur gemeinsame Erinnerungen an ihre Kindheit und an ihre Beziehungen zu den Kindern der anderen, sondern auch an das gleiche Elternhaus, an die gleiche Art der Haushaltung, die gleichen kleinen Handhabungen in der Haushaltsführung, die noch von der Stimme der Mutter widerhallen, die sie ermahnt: ›Füllt die Teekanne nicht mit Wasser aus dem warmen Wasserhahn!‹, ›Spült das Ei sofort von den silbernen Löffeln!‹ und ›Trocknet die Gläser als erstes ab!‹«

Der Kampf um die eigene Persönlichkeit kann zu einer Zeit voller Konflikte führen, doch bei den meisten Schwestern vertieft und verstärkt sich die Bindung mit der Zeit:

»Während der Zeit des Heranwachsens neigen Schwestern dazu, miteinander zu konkurrieren, und auch als junge Mütter neigen sie noch dazu, ihre Kinder zu vergleichen. Doch sobald die Kinder älter werden, kommen sich die Schwestern näher und werden im Alter oft die Gefährtinnen, die sich gesucht und zu ihrem Glück gefunden haben.«

Schwestern sprechen über sich

Eine Liebe, die nicht aufgibt

Fiona Burke stammt aus einer großen Familie. Sie ist eine von drei Schwestern, und alle drei sind – wie sie es ausdrückt – Schwestern im doppelten Sinn, denn alle drei sind katholische Nonnen. Fiona ist inzwischen über sechzig, sie arbeitet aktiv in Frauenkomitees und ist Leiterin einer Klosterschule.

Das nüchterne Image einer Nonne, das ihr anhaftet, lockert sie nur zu gerne mit Anekdoten auf, die nicht dem religiösen Bereich entstammen. Auch spricht sie bereitwillig und förmlich, aber offen über ihre Beziehung zu ihren Schwestern.

Sie zeichnet ein idyllisches Bild ihrer glücklichen Kindheit, die sie als fünftes von sieben Kindern in einer Provinzstadt erlebte. Ihre Schwester Elspeth war das älteste Kind der Familie. Auf sie folgten zwei Brüder und dann ihre Schwester Kathleen. Fiona wurde drei Jahre später, vor den zwei jüngsten Brüdern der Familie, geboren.

Ihre Eltern hatten eine gute Ausbildung und akademische Berufe. Sie erfreuten sich eines hohen Ansehens in ihrer Gemeinde, an deren Leben sie aktiv teilnahmen. »Wir hatten einen sehr ausgeprägten Familiensinn, ein starkes Zusammengehörigkeitsgefühl«, sagt sie, »und eine sehr enge Bindung aneinander. Ich glaube, daß andere Familien uns oft um unsere Sicherheit beneideten. Meine Brüder kümmerten sich immer um uns und wußten immer, wo wir waren. Sie haben uns sehr beschützt. Sie ließen uns bis zu einem gewissen Grad unsere eigenen Fehler machen, aber ab einem bestimmten Punkt sagten sie nein. Sie hatten Autorität, doch es war eine Autorität, die geprägt war von tiefer Liebe.«

Obwohl Fiona die Mischung aus traditioneller Autorität und Liebe bei ihren Brüder akzeptierte, fiel ihr dies bei ihren Schwestern schwerer. Denn jede von ihnen kämpfte um ihre eigene Individualität innerhalb der dichtgefügten Familienidentität – ein Kampf, um das Unähnliche innerhalb des Ähnlichen durchzusetzen.

»Meine Schwestern und ich mußten einiges durchmachen, um eine, wie ich es nennen würde, erwachsene Freundschaft unter Gleichrangigen aufzubauen. Kathleen und ich mußten beide die Tatsache überwinden, eine jüngere Schwester zu sein, und mußten beide zu selbständigen, erwachsenen Schwestern werden, die freundschaftlich miteinander verbunden waren.«

Elspeth, die Älteste, scheint diese Schwierigkeiten nicht gehabt zu haben.

»Schon in meinen frühesten Erinnerungen ist Elspeth ein enorm liebevoller Mensch. Als Kind blickte ich zu ihr auf. Ich kann mich noch daran erinnern, daß ich Angst hatte, wenn nachts die Katzen heulten. Ich brauchte nur in ihr Bett zu klettern und ich fühlte mich geliebt. Sie war sehr freundlich, liebevoll und gut zu uns allen. Sie war und ist ein wirklich wundervoller Mensch, und ich glaube, sie ist allen anderen Menschen gegenüber in ihrem Leben genauso gewesen.

Elspeth betrachtete allem Anschein nach ihre Autorität als vollkommen natürlich. Sie empfand ihren Platz in der Familie als derart selbstverständlich, daß sie es als nur zu natürlich ansah, daß alles so in Ordnung war – und in gewisser Weise war es das auch. Sie war als Älteste in einem gewissen Grad verwöhnt, insofern sie Privilegien hatte, die wir nicht hatten – das dachte sie zumindest.

Ich hatte keine Auseinandersetzungen mit ihr. Sie verstand sich mit jedem in der Familie, sie spielte sich nicht als Autorität auf. Sie machte einfach das, was sie wollte. Ich kann mich nur an einen einzigen Streit erinnern, der stattfand, als ich zwölf Jahre alt war. Meine Großmutter hatte

mir eine Uhr geschenkt, und sie trug sie. Als ich ihr sagte: ›Das ist meine Uhr‹, antwortete sie nur: ›Aber du bist jünger als ich ... ‹
Sie war immer nur liebevoll, doch dadurch, daß ich jünger war, gehörte ich in eine andere Kategorie. Ich hatte völlig andere Rechte. Hätten wir in jüngeren Jahren mehr Auseinandersetzungen gehabt, dann hätten wir damals mehr durchgemacht – dies blieb uns, zu einem späteren Zeitpunkt, dennoch nicht erspart, um zu unserer jetzigen großartigen Freundschaft zu finden.«
Die Familienethik, die auf Solidarität zielte, schien Streitigkeiten jedoch mit einem unausgesprochenen Bann zu belegen, Streitigkeiten, von denen die Psychologen heute sagen, daß sie ein wichtiges Element bei der Herausbildung der eigenen Individualität seien und dazu dienten, die Unterschiede zwischen Geschwistern auszudrücken und deutlich zu machen.
Es war ein Bann, der – wie die Atmosphäre in der Familie überhaupt – durch das elterliche Beispiel geschaffen wurde. »Als Elspeth einmal von meinem Vater vom Tisch geschickt wurde«, erinnert sich Fiona, »war ich so bedrückt, daß ich heulend vom Tisch aufstand, weil es mit Elspeth, zu der ich so sehr aufblickte, zu Meinungsverschiedenheiten gekommen war. Mein Vater wies uns so selten zurecht, daß es bereits eine große Sache war, wenn gesagt wurde, daß man mit dem Diskutieren aufhören solle.«
Fiona hat Elspeths Position nie so weit in Frage gestellt, daß es zu einer Auseinandersetzung gekommen wäre, aber sie kann sie mit diesem Thema necken. »Das Wunderbare ist, daß Kathleen und ich Elspeth auf sehr humorvolle Weise sagen können: ›Jetzt höre aber auf, Mami zu spielen.‹ Normalerweise ärgert sie sich darüber, weil sie nicht so sein will. Doch es ist schwer, dem zu entfliehen – sie hat es so gelernt, weil sie die Älteste war, sie hat es verinnerlicht, aber es entspringt nicht ihrem Intellekt.«
Mit Kathleen zusammen, der drei Jahre älteren Schwester,

sollte Fiona eine, wie sie es nennt, »brandmarkende« Veränderung durchlaufen. Und wieder ging es darum, unter den Schwestern einen Ausgleich zwischen »Autorität« und »Liebe« zu finden.

»Ich war eine ziemliche Plage für Kathleen«, erinnert sich Fiona. »Ich war hoch aufgeschossen, und sie war sehr besorgt darum, daß ich nichts Gefährliches, moralisch Gefährliches tat.«

Und wie in so vielen Schwesternbeziehungen war das Verhaltensmuster zwischen den beiden sehr stark durch die Erwartungshaltung der Eltern geprägt. »Erst vor kurzem erzählte Kathleen mir, daß meine Mutter ihr ausdrücklich aufgetragen hatte, nach mir zu sehen«, berichtet Fiona. »Das war, als meine Zwillingsbrüder geboren wurden und meine Mutter mit ihnen sehr beschäftigt war.

Ich glaube, daß ich noch zu jung war, um zu verstehen, was für eine Verantwortung das für Kathleen war. Sie hatte ein sehr ausgeprägtes Verantwortungsgefühl, doch sie konnte mich nie dazu bringen, das zu tun, was sie wollte. Ich war ein Dorn in ihrem Fleisch.«

Die beiden älteren Schwestern waren beide, auf ihre Weise, Fiona gegenüber in der Rolle der Mutter. »Elspeth bedeutete für mich Liebe, Heiterkeit, strahlenden Glanz, und Kathleen war diejenige, die mit mir schimpfte.« Die arme Kathleen unterdessen saß in der Mitte: »Was Kathleen für mich war, war Elspeth für Kathleen«, erinnert sich Fiona. »Elspeth trug Kathleen die Verantwortung gegenüber, wie Kathleen sie mir gegenüber trug.«

Fiona ist heute der Überzeugung, daß der ausdrückliche Auftrag der Mutter, daß Kathleen sich um sie kümmern sollte, ihre gesamte Persönlichkeit geformt hat – ein übliches Entwicklungsmuster bei älteren Schwestern. »Dieser Auftrag hatte eine, wie sich zeigte, ziemlich nachteilige Wirkung auf Kathleen. Ich betrachtete sie immer nur als eine Person, die mir etwas verbot, und lehnte mich gegen sie auf. Heute ist mir bewußt, was für eine gewaltige Sache sich zwischen uns abspielte. Sie war sehr lustig und ging großartig mit den Jungen um, und daher hielt sie jeder für sehr selbstsicher und ›auf Draht‹. Doch mir war nicht klargeworden, daß die Tatsache, daß ich eine schwierige jüngere Schwester war, die zudem noch größer war als sie, sie in gewisser Weise verletzte.«

Zu dieser Erkenntnis kam Fiona allerdings erst viel später durch bestimmte Ereignisse im Leben der Schwestern: »Ich weiß nur, daß sie das traf, weil sie sich Jahre später mir gegenüber genauso verhielt, als ich einen kritischen Punkt in meinem Leben erreicht hatte.«

Doch in der Zwischenzeit waren alle drei Schwestern Nonnen geworden. »Ich weiß nicht, wie es dazu kam«, berichtet Fiona, »denn ich kann mich nicht daran erinnern, daß meine Mutter oder sonst jemand in der Familie uns auf die Idee gebracht hätte, daß es großartig sei, Nonne zu werden. Es gab Priester in unserer Familie – mein Vater hatte eine Zeitlang daran gedacht, Priester zu werden, wie auch meine Mutter mit dem Gedanken gespielt hatte, Nonne zu werden, bis sie einander trafen. Meine Mutter sprach niemals über das Dasein einer Nonne, aber sie sprach auch nie über Ehe und Sex. Wenn ich nicht Brüder gehabt hätte, hätte ich ein ziemlich affektierter Mensch werden können.«

Elspeth wurde Nonne, nachdem sie ihr Studium beendet hatte. »Ich wußte nicht, was ich darüber denken sollte«, erzählt Fiona. »Mit Sicherheit wollte ich nicht, daß sie so wird wie die Nonnen bei uns in der Schule. Eine von ihnen hatte uns einen großartigen Aufklärungsunterricht gegeben. Sie sagte: ›Ich verbrächte die Nacht lieber mit einem brüllenden Löwen als mit einem Mann!‹«

»Als nächste wurde ich Nonne. Ich hatte es nicht vorgehabt. Ich studierte Medizin und trat sechs Jahre nach Verlassen der Universität in ein Kloster ein.« Fiona bestreitet jedoch, daß sie dem Beispiel der geliebten älteren Schwester folgte: im Gegenteil. Sie besteht darauf, daß sie alles Erdenkliche tat, um sich selbst von Elspeth zu unterscheiden, um eine

Entscheidung als eigenständiges Individuum treffen zu können.

»Elspeth war nicht so sehr ein Vorbild für mich, daß sie mich dahingehend beeinflußt hätte. Als Kind schon hatte ich ein sehr ausgeprägtes Gefühl für Religion, und mein Vater erzählte mir später, daß er, wenn er gedacht hätte, daß eine von uns Nonne werden würde, sicherlich an mich dabei gedacht hätte. Er wollte nicht, daß Elspeth Nonne wird, denn er glaubte nicht, daß sie dazu geeignet war.

Ich sprach mit Elspeth nicht über meine Pläne, denn ich hatte Angst, sie könnte mich überreden, und ich wollte meine eigene Entscheidung treffen. Ich erzählte ihr nichts von meinen Überlegungen, bis ich schließlich zur Schwester Oberin des Klosters ging, in dem auch sie war. Ich erzählte ihr nichts davon, bis ich selbst und völlig unabhängig den ersten Kontakt geknüpft hatte. Ich wollte selbst entscheiden – wahrscheinlich ist eine Schwester uns *zu* nahe, hat zu viel Einfluß.

Elspeth fand es unfaßbar, daß ich daran gedacht hatte, Nonne zu werden, ohne mit ihr darüber zu reden. Sie freute sich sehr und sagte mir: ›Ganz gleich, was man dir sagt, das klösterliche Leben ist voller Liebe. Selbst wenn du jede Vase in der Kapelle zerbrechen würdest, würde man noch voller Liebe auf das schauen, was du getan hast.‹

Inzwischen hatte Kathleen ihr Studium abgeschlossen und eine Zeitlang an der Universität unterrichtet. Sechs Jahre nach meinem Eintritt ins Kloster traf sie ihre Entscheidung. Sie tat, was ich getan hatte, und entschied, bevor sie mit uns gesprochen hatte. Darin zeigt sich das Bedürfnis einer Schwester, sie selbst zu sein, autonom zu sein, eine Distanz zu wahren. Ich bin froh, daß das in einer Schwesternbeziehung möglich ist.«

Erst als Fiona Ende Zwanzig war, führte dieses Bedürfnis, »Distanz zu wahren« zu der Schwester, an die sie am stärksten gebunden war, Kathleen nämlich, zu einer Krise.

»Als wir Kinder waren, war es Kathleens Rolle, sich um

mich zu kümmern«, führt Fiona aus. »Diese Rolle hatte sie inne, bis ich – mit Ende Zwanzig – in eine schwerwiegende Krise geriet. Da wurde das in ihr schlafende Verhaltensmuster ›Ich muß mich um Fiona kümmern‹ wieder wach. Es hätte fast das innige Verhältnis zwischen uns zerstört. Wir hätten aus dieser Situation als Schwestern hervorgehen können, die nichts mehr miteinander zu tun haben, doch glücklicherweise entwickelte sich alles anders.
Ich traf mich regelmäßig mit einem Mann und hatte zu ihm eine sehr tiefe Beziehung geknüpft. Ich stand vor einer äußerst schwerwiegenden Entscheidung. Und sie sah, sie erkannte, was, wie ich glaubte, niemand anders gewagt hätte, zu sehen oder zu kommentieren. Ich fühlte mich bloßgestellt und innerlich aufgewühlt, daß es jemanden gab, der meinen inneren Zustand erkennen konnte.
Sie berührte meinen wunden Punkt, und ich ging zum Angriff über. Ich sagte ihr, sie habe kein Recht, selbst wenn ich am nächsten Tag das Kloster verlassen sollte, sie habe keinerlei Recht. Doch sie erhob Anspruch auf ihr Recht als Schwester.« Und genau diese Autorität verweigerte ihr Fiona. Sie lehnte sich gegen dieses ›Kathleen wird es mir nicht erlauben‹ auf, wie sie es auch während der Kindheit getan hatte.
»Ich hatte Jahre gebraucht, um Abstand von ihr zu gewinnen, um mit meinen Problemen fertig zu werden, um meine eigenen Schlachten zu schlagen. Sie wäre weiser gewesen, wenn sie nichts gesagt hätte. Es wäre sicherer gewesen, wenn ein Freund, nicht ein Familienmitglied, mit mir über meine Probleme gesprochen hätte. Ich weiß nicht warum. Kathleen war mir zu nahe, sie kannte mich zu gut. Vielleicht lag es daran, daß ich nicht wollte, daß sie ein Urteil über mich fällt. Ich weiß nur, daß wir für eine ganze Zeit getrennte Wege gingen.
Doch letztlich half mir diese Distanz zwischen uns, zu erkennen, wie tief und wahr ihre Liebe zu mir war, welche das Risiko auf sich nehmen konnte, mir zu sagen, was sie

meinte, sagen zu müssen. Und von da aus sind wir zu einer großen Liebe fortgeschritten, die es uns beiden möglich macht, dem anderen alles zu sagen, was wir sagen möchten.
Und dann kam eine Zeit, als sie zu mir sagte – und es war wie ein Schrei aus ihrem Herzen –, daß sie mich, mein wahres Ich, nicht berühren könne. Darüber haben wir dann gesprochen. Ich werde es nie vergessen. Ich lernte an diesem Tag meine Schwester kennen, ihre Integrität, ihre Sorge, und sie lernte mein *wahres* Ich kennen.
Ich begann zu erkennen, daß dieses wahre Ich mein ganzes Leben lang mein Ich gewesen war. Ich weiß nicht, wie es kam oder woran es lag, aber... ihre Integrität war – nicht eine Herausforderung, nicht eine Warnung – sondern ein Spiegel, ein wirklicher Spiegel. Es war Wahrheit in ihr, eine Wahrheit, die ich nicht hatte erkennen wollen.
Wir gelangten an einen Punkt, wo ich Angst hatte, daß wir die Distanz zwischen uns niemals überwinden würden. Doch wir fanden von dort aus zu einem tiefen Respekt füreinander, und heute können wir uns viel mehr sagen als je zuvor.
Das alles ereignete sich im Laufe von fast einem Tag, an dem wir redeten und redeten. Und da entdeckte ich plötzlich, daß sie entsetzlich litt und daß sie auch gelitten haben mußte, als wir noch Kinder waren. Denn sie fühlte sich der Verantwortung nicht gewachsen, die sie glaubte, mir gegenüber tragen zu müssen. Ich glaube, daß die Rolle, die meine Mutter ihr aufgetragen hatte, alle ihre Erfahrungen und wahrscheinlich auch ihre Persönlichkeit gefärbt hat selbst im Verhältnis zu anderen Menschen.
Wir sprechen von Tod und Wiederauferstehung: Meine Erfahrungen mit Kathleen haben mir gezeigt, daß sich der Prozeß der Transformation von Tod und Wiederauferstehung bereits hier für uns Menschen erfahrbar vollzieht. Es geht nicht darum, wie wir nach dem Tod sein werden, es geht darum, was wir *jetzt* aus uns machen.
Es war eine großartige Erfahrung, sich durchzukämpfen bis

zu dem wahren Ich – es hat mir geholfen, mich selbst kennenzulernen, und es hat mir geholfen, einen tiefen Respekt und eine große Rücksichtnahme zu lernen. Es war eine Bewegung in das Unendliche. Denn sie ist immer gläubig gewesen. Sie hat mir eine Liebe gezeigt, die nicht aufgibt – und das, obwohl ich ihre Liebe sowohl als Kind als auch als erwachsene Frau zurückgewiesen habe. Nicht willentlich, aber wenn ich zurückschaue, dann sehe ich, was ich getan habe. Es ist die Art Liebe – wie auch die Liebe der Eltern –, der wir entfliehen müssen, um zu wachsen.«

Und diese Flucht, so glaubt Fiona, ist für alle Schwestern notwendig, um sich zu einer reifen, selbständigen Persönlichkeit zu entwickeln. »Denn ich habe Schwestern gesehen, die nie dem Anfangsstadium entwachsen sind. Noch als Frauen über fünfzig sind sie wie Kinder.

Es ist in Ordnung, wenn sie entfliehen, um eine Beziehung einzugehen, die sie zwingt, sie selbst zu sein. Ich glaube, es gibt einen Unterschied zwischen zölibatären oder unverheirateten Schwestern und Schwestern, die eine Beziehung eingehen, die aus ihnen die Frau macht, die sie sein sollten, die sie sind.«

Vielleicht hätte die Ehe oder das Leben als Erwachsene außerhalb eines Klosters die Burke-Schwestern gezwungen, früher zu »sich« zu finden, doch Fiona ist der festen Überzeugung, daß sie dies auch innerhalb ihrer verschiedenen Klöster erreicht haben. »Wir haben den emotionalen Zwang überwunden und zu einem außerordentlichen Vertrauen gefunden«, sagt sie.

»Mein Verhältnis zu meinen Schwestern hilft mir, eine bessere Schwester im religiösen Sinne zu sein. Wenn es Probleme in der Gemeinschaft gibt, versuche ich zu denken: ›Jetzt sehen sie mich vielleicht, wie mich Elspeth oder Kathleen sahen, und wir werden versuchen, das Problem zu lösen. Sie sehen mich jetzt so, aber das könnte sich ändern.‹

Ich glaube, ›Schwestern‹ ist der richtige Ausdruck für die Beziehungen innerhalb einer religiösen Gemeinschaft, wenn man ihn dahingehend versteht, daß er eine Bindung zwischen eigenständigen, erwachsenen Frauen bezeichnet – und nicht die Kinder von Mami und Papi. Ich bin froh, nicht ›Mutter‹ genannt zu werden. Das ist im geistigen Sinn unzutreffend. ›Schwestersein‹ steht für eine erwachsene Beziehung.«

Die Beziehung der beiden jüngeren Schwestern zu Elspeth, deren Rolle als »Mami« sie neckend zurückweisen, war ebenso Veränderungen unterworfen, wenn auch in einer viel leiseren, weniger »brennenden« Weise.

»Kathleen und ich glauben nicht, daß Elspeth in der Lage wäre, eine Beziehung psychologisch so zu analysieren wie wir. Sie könnte nicht wirklich darüber sprechen. Sie hätte das Gefühl, daß man in sie eindränge, so wie das bei Kathleen und mir der Fall war. Daher haben wir sehr vorsichtig mit ihr gesprochen. Aber ich habe den Eindruck, daß Elspeth durch das Sprechen über eine Situation mehr verletzt werden könnte, als wenn sie sie durchleben müßte. Manche Menschen können besser analysieren, andere können besser aus ihren Erfahrungen Rückschlüsse ziehen. So auch Elspeth. Doch die beiden – Elspeth und Kathleen – haben ihre Probleme untereinander gelöst, und sie haben etwas außerordentlich Wertvolles erreicht.«

Das Anerkennen des Ungleichen im Gleichen hat die Erfahrung der Burke-Schwestern entscheidend geprägt. »Jeder Mensch muß seinen Platz in der Familie finden«, stellt Fiona fest. »Ein Problem entsteht erst, wenn die Familienmitglieder sich untereinander nicht erlauben, den einzelnen *sein* zu lassen, den einzelnen sich selbst finden zu lassen, das wahre Ich des anderen zu entdecken, mit dem sie eine Beziehung anknüpfen können.

Wenn ich etwas über Schwestern sagen könnte, wäre es: ›Laß niemals die Sonne bei Ärger untergehen. Man mag Zeit benötigen, um den Ärger abklingen zu lassen – aber es gibt etwas in einer Beziehung unter Blutsverwandten, das stärker ist als jeder Unterschied.‹

Ich habe wundervolle Freundschaften. Ich habe gute Freunde, mit denen ich seit Jahren befreundet bin und mit denen ich es immer sein werde. Doch ich kann mir nicht vorstellen, daß meine Beziehung zu meinen Schwestern jemals vergessen oder tot sein sollte. Ganz gleich, wo ich auch bin. Ich kann es nicht erklären, doch das ist meine Überzeugung. Obwohl wir weit voneinander entfernt leben, ist da etwas außergewöhnlich Starkes zwischen uns.
Nachdem wir nun alle diese Probleme gelöst haben, hat diese Beziehung alle Merkmale einer tiefen, dauerhaften Freundschaft mit den zusätzlichen Qualitäten einer Blutsverwandtschaft, die nicht zu definieren sind, die einfach da sind. Es hat etwas zu tun mit der Anerkenntnis des gemeinsamen Ursprungs, der gemeinsamen Erfahrungen. Es ist die Anerkennung der eigenen Persönlichkeit und der des anderen. Es ist eine unendlich wertvolle Beziehung.«

Bibliographie

ATKINS, DALE V.: Sisters. New York: Arbor House 1984.

AUSTEN, JANE: Three Sisters. (First volume Jane Austen's Early Works) Oxford: Clarendon Press 1933.

BANK, STEPHEN and KHAN, MICHAEL: The Sibling Bond. New York: Basic Books 1982.

BANKHEAD, TALLULAH: Tallulah – My Autobiography. London: Gollancz 1952.

BEECHEY, WINIFRED: The Rich Mrs. Robinson. Oxford: Oxford University Press 1984.

BELL, QUENTIN: Virginia Woolf. London: Hogarth Press 1982.
Deutsche Ausgabe: Virginia Woolf. Frankfurt: Suhrkamp 1983.

BLOCH, ALICE: Lifetime Guarantee. Massachusetts: Persephone Press 1981.

CALMAN, STEPHANIE: Gentlemen Prefer My Sister. London: Heinemann 1984.

CHESNEY, MARION: The Six Sisters. Volume 2: The Taming of Annabelle. London: Macdonald 1984.
Deutsche Ausgabe: Sechs Töchter von Hochwürden. Bd. 2: Annabelle: der Widerspenstigen Zähmung. München: Goldmann 1985.

CICIRELLI, VICTOR: siehe LAMB, M. and SUTTON SMITH, B.

CLIFF, MICHELLE: Claiming an Identity They Taught me to Despise. Massachusetts: Persephone Press 1980.

FINLAY, WINIFRED: Tattercoats and Other Folk Tales. London: Kaye and Ward 1976.

HAVILAND, VIRGINIA (Hrsg.): The Faber Book of North American Legends. London: Faber 1979.

LAMB, MICHAEL and SUTTON SMITH, BRIAN (Hrsg.): Sibling Relationships – Their Nature and Significance across a Lifespan. USA: Ehrlbaum and Associates 1982. (enthält Kapitel von CICIRELLI, VICTOR und MILGRAM and ROSS).

MEAD, MARGARET: Blackberry Winter. London: Angus and Robertson 1973.
Deutsche Ausgabe: Brombeerblüten im Winter. Hamburg: Rowohlt 1983.

MILGRAM and ROSS: siehe LAMB, M. and SUTTON SMITH, B.

MITFORD, JESSICA: Hons and Rebels. London: Gollancz 1960.

Mo, Timothy: Sour Sweet. London: Deutsch 1982.
Rossner, Judith: Looking for Mr. Goodbar. London: Cape 1975. Deutsche Ausgabe: Auf der Suche nach Mr. Goodbar. Hamburg: Rowohlt 1978.
Sheldon, Sidney: Master of the Game. London: Collins 1983. Deutsche Ausgabe: Diamantendynastie. München: Goldmann 1985.
Sinclair, May: The Three Sisters. Erstausgabe 1946. Neuauflage: London: Virago 1982.